科学社会主义

重要文献导读

主　编　丁法迎　魏联合　张远忠

副主编　王秋波　孙明奇

山东大学出版社

SHANDONG UNIVERSITY PRESS

·济南·

图书在版编目(CIP)数据

科学社会主义重要文献导读/丁法迎,魏联合,张远忠主编.—济南:山东大学出版社,2014.8(2025.8重印)

ISBN 978-7-5607-5126-9

Ⅰ.①科…

Ⅱ.①丁…②魏…③张…

Ⅲ.①科学社会主义理论—学习参考资料

Ⅳ.①D0-0

中国版本图书馆CIP数据核字(2014)第202899号

责任编辑:赵　岩　谭学秋　邵淑君

封面设计:蓝海文化

出版发行:山东大学出版社

社　址　山东省济南市山大南路20号

邮　编　250100

电　话　市场部(0531)88364466

经　销:山东省新华书店

印　刷:济南巨丰印刷有限公司

规　格:720毫米×1000毫米　1/16

12.75印张　228千字

版　次:2014年8月第1版

印　次:2025年8月第2次印刷

定　价:51.00元

前言

马克思主义理论素养是党员领导干部乃至青年学生的必备素质和保持政治上坚定的思想基础，而提高马克思主义理论素养的一个重要途径就是重视学习马克思主义经典著作。我们党作为以马克思主义为指导的工人阶级政党，从成立之日起，就始终重视马克思主义经典著作的翻译出版和学习研究。在社会主义革命和建设时期，我们党更加重视马克思主义经典著作的推广。习近平曾经指出，马克思主义经典著作蕴含和集中体现着马克思主义基本原理，是马克思主义理论的本源和基础，只有认真学习马克思主义经典著作，系统掌握马克思主义基本原理，才能完整准确地理解中国特色社会主义理论体系，才能创造性地运用马克思主义立场观点方法去分析和解决我们面临的实际问题，不断把中国特色社会主义事业推向前进。他还要求领导干部要"专心致志地读、原原本本地读，努力掌握贯穿经典著作中的马克思主义立场观点方法，学懂学通马克思主义基本原理"。本教材即是根据习近平总书记的重要讲话精神和要求，并适应党校党员领导干部和科学社会主义专业研究生的教学需要而编著的。

马克思主义经典著作包含着经典作家所汲取的人类探索真理的丰富思想成果，体现着经典作家攀登科学理论高峰的不懈追求和艰辛历程。习近平总书记在新进中央委员会的委员、候补委员学习贯彻党的十八大精神研讨班开班式上的讲话从六个时间段分析了社会主义思想从提出到现在的历史过程，内容包括空想社会主义产生和发展，马克思、恩格斯创立科学社会主义理论体系，列宁领导十月革命胜利并实践社会主义，苏联模式逐步形成，新中国成立后我们党对社会主义的探索和实践，我们党作出进行改革开放的历史性决策、开创和发展中国特色社会主义。本教材力争把马克思主义、列宁主义、毛泽东思想、邓小平理论、“三个代表”重要思想以及科学发展观等重大战略思想作为一个整体，按照马克思主义发展历程，选择每一时期最能体现马克思主义发展成就的具有代表性、权威性的著作，以其发表出版的时间先后为序，在介绍相关写作背景、主要内容的基础上，结合时代发展和人们的思想实际，对人们关心、困惑的一系列思想理论问题进行解读，力图既体现马克思主义一脉相承的思想体系，又突出各自创新性发展。它既是一部供人们学习的参考教材，又是一部科学研究的著作。通过学习能够使读者对马克思主义基本理论和发展进程有一个深入理解和把握，既能展示马克思主义与时俱进的理论品格和强大生命力，又能够增强对马克思主义的坚定信仰和致力于中国特色社会主义建设的信心、决心。在文字上也力求通俗易懂、深入浅出，因此也可以作为广大群众和青年学生学习科学社会主义经典著作的参考用书。

学习科学的理论，需要科学的方法。马克思主义经典著作卷帙浩繁，因此要坚持“突出重点，精选精学”和“读原著，取真经”的要求。本教材选取的科学社会主义重要文献，均是学习马克思主义经典著作的代表性篇目。对于这些经典文献，要静下心来认认真真读原著，原原本本读原著，反反复复读原著，下苦功、下真功，深入理解马克思主义的精神实质和思想精髓，努力掌握贯穿经典著作中的马克思主义立场观点方法，学懂学通马克思主义基本原理。还要树立正确的学风，以马克思主义的立场观点方法为指导来研究和解决中国的现实问题，学会正确判断形势，保持头脑清醒，坚定理想信念，增强学习和工作中的科学性和全面性，不断开创各项工作的新局面。正如习近平总书记在新进中央委员会的委员、候补委员学习贯彻党的十八大精神研讨班开班式上的讲话指出的，历史和现实都告诉我们，只有社会主义才能救中国，只有中国特色社会主义才能发展中国，这是历史的结论、人民的选择。随着中国特色社会主义不断发展，我们的制度必将越来越成熟，我国社会主义制度的优越性必将进一步显现，我们的道路必将越走越宽广。我们就是要有这样的道路自信、理论自信、制度自信，真正做到“千磨万击还坚劲，任尔东西南北风”；党的十八大精神，说一千道一万，归结为一点，就是坚持和发展中国特色社会主义。习近平强调，中国特色社会主义是社会主义而不是其他什么主义，科学社会主义基本原则不能丢，丢了就不是社会主义。通过学习，我们要提高对这一问题的认识。同时，还需要特别注重将学习经典文献与学习贯彻党的十八大以来习近平总书记系列重要讲话精神结合起来。这对于提高学习效果，统一思想行动，具有十分重要的

理论意义和现实意义。总之，要将阅读经典著作的过程，成为增长知识、开阔眼界、增加思想深度和训练思维方式的过程，成为培养高瞻远瞩的战略洞察力和脚踏实地的工作作风的过程，使我们在潜移默化中受到经典作家们崇高风范和人格力量的熏陶，从而实现自己思想境界和道德情操的升华。

理论意义和实践意义。总之，要想阅读经典著作的过程，成为增长知识，开阔视野，增加思想深度和提升分析方式的过程，成为培养高度重视的经济洞察力和判断[illegible]

人格力量的[illegible]

目录

第一章

共产主义的“圣经”和“福音书”

——《共产党宣言》导读

1848年2月,《共产党宣言》在英国发表。《共产党宣言》是无产阶级革命导师马克思、恩格斯于1848年1月合作为世界第一个无产阶级政党“共产主义者同盟”制定的第一个“周详的理论和实践的党纲”。自从1848年2月24日《共产党宣言》面世到今天,已经历了160多年的风风雨雨,先后被译为200多种文字出版了1000多种版本。这本小册子之所以有如此巨大的威力,是因为它的发表诞生了一个伟大的真理——马克思主义。《共产党宣言》第一次对马克思主义进行了完整而系统的阐述,它的问世标志着无产阶级的独立意识形态马克思主义科学体系的基本形成,标志着马克思主义的诞生,被视为马克思主义的“出生证”,是马克思主义经典著作中影响最大、传播最广的作品,是革命的工人阶级和共产党人必读的教科书。正如列宁所说:“这本书篇幅不多,价值却相当于多部巨著:它的精神至今还鼓舞着、推动着文明世界全体有组织的正在进行斗争的无产阶级。”①《共产党宣言》对马克思学说“作了完整的、系统的、至今仍然是最好的阐述”②,是马克思主义的入门和奠基之作。斯大林曾评价《共产党宣言》是共产主义的“圣经”和“福音书”。一个半多世纪以来,在《共产党宣言》精神的指引下,国际共产主义运动蓬勃发展,全世界无产阶级和被压迫民族的解放事业不断取得新的胜利。

---

① 《列宁选集》第1卷,人民出版社1995年版,第93页。

② 《列宁选集》第2卷,人民出版社1995年版,第305页。

1896年，孙中山在英国大英博物馆的图书馆认真研读了《共产党宣言》，他可以说是中国最早较为系统地接触《共产党宣言》的人。

中国人民最早见到的《共产党宣言》中文译本是1920年由上海“马克思主义研究会”的发起人之一、上海共产主义小组成员陈望道根据日文本翻译的。这是《共产党宣言》在我国的第一个中文全译本，也是中文发行的第一本马克思主义的经典著作。1920年8月，浙江第一师范学校教师、年仅28岁的陈道望，翻译了第一本中文全译本，并由上海社会主义研究会出版。同《共产党宣言》第一次面世一样，在中国第一次也是印刷了1000本。

1920年9月，李大钊在北京大学第一次将《共产党宣言》搬上了中国大学的课堂，用《共产党宣言》的思想哺育了中国知识青年，使马克思主义传播在中国大地上提高到了一个新的水平。

陈望道翻译的《共产党宣言》直接影响了毛泽东、刘少奇等一大批革命家，为中国革命作出了卓越贡献。

《共产党宣言》在中国的传播，成为不灭的革命火种，给中国共产党人提供了基本理论和强大的思想武器，从此，燃起了中国革命的燎原之火。

《共产党宣言》总共不到3万字，却讲了那么多丰富深刻的内容，它既是具有高度理论性的科学著作，又是马克思主义的入门书籍。一个人如果没有读过《共产党宣言》，就不能算是一个觉悟工人，更不能算是共产党员甚至党的干部。作为一名共产主义的忠实信徒，我们有必要去了解、认识、研究《共产党宣言》。

一、《共产党宣言》发表的社会历史背景

思想是时代的产物，任何新的思想、新的理论，只有当物质生产发展向社会提出新的任务时才会产生出来。《共产党宣言》产生于19世纪40年代的欧洲并不是偶然的，它有着深刻的政治、经济和社会历史根源。

(一)社会经济条件

19世纪40年代，西欧资本主义的发展已经进入大机器生产阶段。资本主义生产方式已经开始在欧洲许多国家占据统治地位。从生产力发展水平来看，当时英国已经基本上完成了工业革命，而其他许多国家也先后进入了产业革命阶段，欧洲已经是资本主义化的欧洲了。随着资本主义的迅速发展，资本主义社会的基本矛盾，即生产的社会化与生产资料资本家私人占有之间的矛盾开始显露出来。

(二)社会政治条件

资本主义产业革命的又一结果是形成人数众多的现代无产阶级。资本主义基本矛盾又派生出一系列的矛盾,这些矛盾反映在阶级关系上,集中地表现为无产阶级与资产阶级之间的矛盾和斗争不断加剧。最早是自发斗争。19世纪30～40年代,这种矛盾和斗争达到了空前尖锐的程度。在法、英、德等主要资本主义国家先后发生了资本主义发展史上著名的三大工人运动,即1831年、1834年法国里昂工人两次大规模起义,1836～1848年英国工人争取政治权利的宪章运动,1844年德国西里西亚纺织工人起义。"三大运动"之所以最后都归于失败,其主要原因是缺乏科学社会主义理论的指导,尤其是没有一个真正先进的无产阶级政党的领导。"三大运动"虽然失败了,但它雄辩地说明了欧洲无产阶级已经作为一支独立的政治力量登上了历史舞台。工人运动的深入发展,在客观上要求产生自己的科学的革命理论来指导斗争实践,克服小资产阶级及各种各样空想社会主义流派对工人运动的不良影响。马克思、恩格斯正是适应无产阶级革命斗争的需要,深入革命斗争实际,深刻总结工人运动经验,并进行了大量的理论研究,从而创立了无产阶级革命理论科学社会主义学说,写成了国际共产主义运动史上最为著名的具有划时代意义的纲领性文献——《共产党宣言》。

(三)社会科学和自然科学的成就是思想来源和文化条件

科学社会主义产生之前,从社会科学方面,已经产生了以黑格尔辩证法和费尔巴哈唯物论为代表的德国古典哲学、以资产阶级经济学思想体系为核心的英国古典政治经济学和英法空想社会主义学说。黑格尔恢复了辩证法思想,但其辩证法是唯心的,他的唯心主义与辩证法之间存在着不可克服的矛盾,导致黑格尔体系的流产,标志着旧哲学的终结。费尔巴哈批判了黑格尔的唯心主义,但却陷入形而上学,成为机械唯物论者。恩格斯指出:"了解了以往的德国唯心主义的完全荒谬,这就必然导致唯物主义。"①当然,这绝不是恢复18世纪的形而上学,而是上升为辩证唯物主义,唯心辩证法被唯物辩证法所代替,正如前面的发展过程一样是人类思维发展的必然结果,这个历史任务则是由马克思完成的。马克思、恩格斯批判地吸收了黑格尔辩证法中合理的东西,又批判地吸收了费尔巴哈的唯物主义的合理内核,利用了当时自然科学的最新成就,从而创立了科学的辩证唯物论。辩证唯物主义是一种崭新的世界观和方法论,它

---

① 《马克思恩格斯全集》第20卷,人民出版社1971年版,第28页。

的创立是哲学史上的一场巨大的变革，是人类认识史上的第一次革命，它的产生为唯物史观和剩余价值学说的创立奠定了理论基础，为科学社会主义的创立提供了科学的世界观和方法论。马克思、恩格斯正是运用辩证唯物主义世界观去考察人类社会的发展历史，揭示了人类社会的发展规律，创立了唯物史观，实现了哲学的彻底变革。17 世纪中叶以后，首先在英国，然后在法国，资本主义工场手工业逐渐发展成为工业生产的主要形式。资产阶级为了同封建势力作斗争，必然要求从理论上说明资本主义生产、分配的规律，论证资本主义生产的优越性。这就产生了以 A. 斯密和 D. 李嘉图为主要代表的资产阶级古典政治经济学。18 世纪末到 19 世纪初，资本主义生产逐渐由工场手工业向机器大工业过渡，无产阶级与资产阶级之间的斗争不断发展，直接威胁着资产阶级。1825 年经济危机的爆发，使资本主义制度的矛盾日益显露出来。面临这种形势，资产阶级更加需要的是对资本主义制度的辩护。适应这种需要，产生了庸俗政治经济学。庸俗经济学者抛弃了古典政治经济学中的许多科学成分，致力于抹杀阶级利益的对立，用各种各样的辩护理论维护资产阶级利益。在资产阶级经济学领域中，到 19 世纪 30 年代以后，庸俗经济学逐渐取代了古典政治经济学。19 世纪上半叶，在资本主义生产方式形成时期，产生了小资产阶级政治经济学。小资产阶级政治经济学抨击了资本主义制度，揭露了资本主义的矛盾，但是它们不了解资本主义矛盾产生的原因，只是站在维护小私有制的立场来反对资本主义私有制。19 世纪 40 年代初，马克思和恩格斯在批判地继承了资产阶级古典政治经济学的基础上创立了马克思主义政治经济学，实现了政治经济学的伟大革命。在小资产阶级政治经济学产生的同时，也产生了空想社会主义。空想社会主义者在应用政治经济学剖析资本主义方面作了最初的尝试。他们对资本主义制度作了尖锐和无情的批判，否定了资本主义制度的永恒性，论证了社会主义制度代替资本主义制度的必然性。空想社会主义思想为《共产党宣言》的发表乃至马克思主义的创立提供了直接思想来源。从 19 世纪开始，自然科学已经从搜集材料的科学发展到整理材料的科学，天体演化学、胚胎学、生理学、有机化学的产生使自然科学取得了一系列重大科学成果，在这一系列重大科学成果中，细胞学说的创立，能量守恒定律的发现，达尔文生物进化论的问世，具有特别重要的划时代意义。自然科学的这些成就，为辩证法关于普遍联系和运动发展的观点，为马克思主义哲学和马克思主义的产生作了思想理论的准备，提供了科学的依据。

(四)直接原因

《共产党宣言》既是马克思、恩格斯对西欧无产阶级反对资产阶级斗争的经验总结和同资产阶级及各种非科学的社会主义思潮进行斗争中所取得的理论成果，又是马克思、恩格斯将科学理论运用于革命工人运动、创立无产阶级政党的实践的产物。1845 年，马克思、恩格斯在比利时首都布鲁塞尔建立了"共产主义小组"。1846 年，在这个小组的基础上成立了"共产主义通讯委员会"，以此来联系各国共产主义者，宣传科学共产主义。1847 年春，马克思和恩格斯应德国革命流亡者组织"正义者同盟"领导人的请求，正式答应加入同盟并对同盟进行了彻底改造，终于使它成为一个用无产阶级革命理论武装起来的政党。1847 年 6 月，在伦敦召开了改组后的"同盟"第一次代表大会，马克思因经济困难未能与会。会上决定将"正义者同盟"改称为"共产主义者同盟"，用"全世界无产者联合起来"口号代替"四海之内皆兄弟"，并郑重地讨论了党的纲领——恩格斯起草的《共产主义信条草案》。之后，恩格斯又起草第二稿本《共产主义原理》。同年 11 月，"共产主义者同盟"在伦敦召开第二次代表大会，马克思和恩格斯都出席了这次大会。会上以马克思、恩格斯为代表的共产主义者与魏特林分子、"真正的"社会主义分子展开了激烈的斗争，经过热烈的讨论，大会最后接受了马克思、恩格斯的共产主义世界观，并委托他们为同盟起草一个新纲领公布于世，于是有了 1848 年 2 月出版的《共产党宣言》。

二、《共产党宣言》的结构和主要内容

初版《共产党宣言》的正文由一个简短的引言和四章组成。从 1872 年开始，马克思、恩格斯为《共产党宣言》的再版先后撰写了七篇序言，进一步阐发了《共产党宣言》的基本思想和随着实践的发展对其所作的若干必要修正和补充。因此，后人一般都把这些序言看成是学习《共产党宣言》不可缺少的重要文献。这七篇序言也因此成为《共产党宣言》不可分割的有机组成部分。

下面按"序言"和"正文"两个部分分别对《共产党宣言》的主要内容作一简要介绍。

(一)《共产党宣言》的七篇序言

从 1872 年到 1893 年间，马克思、恩格斯先后为《共产党宣言》几种文字的版本写了七篇序言，它们是：1872 年德文版序言、1882 年俄文版序言、1883 年德文版序言、1888 年英文版序言、1890 年德文版序言、1892 年波兰文版序言和 1893 年意大利文版序言。其中，前两篇是马克思、恩格斯合写的，后五篇是恩格斯单独写的。这七篇序言本着尊重《共产党宣言》作为历史文献不宜随意改动

的精神，回顾了《共产党宣言》同国际工人运动相结合的历史，总结了《共产党宣言》问世以来无产阶级革命斗争的新鲜经验，丰富和发展了《共产党宣言》所阐明的基本原理，其思想十分丰富。下面就把七篇序言中所包含的主要内容和基本原理归纳如下：

第一，指出了理论与实践的关系问题，即对待马克思主义的态度问题。在1872年德文版序言中，马克思、恩格斯指出："不管最近25年来的情况发生了多大的变化，这个《宣言》中所阐述的一般原理整个说来直到现在还是完全正确的。"但是，"这些原理的实际运用，正如《宣言》中所说的，随时随地都要以当时的历史条件为转移"①。这段话里包含着这样的思想：《共产党宣言》中的基本原理不是一成不变的、僵化的教条，而是人们行动的指南，它必然随着无产阶级革命和建设事业的发展而不断地丰富、发展。它的实际运用并不是千篇一律的，而是要求与各国具体实际和时代特征相结合，不断进行理论创新。这正是马克思主义实事求是、与时俱进的理论品格。这不仅是正确对待《共产党宣言》的态度，也是正确对待马克思主义的态度。

第二，阐明了《共产党宣言》的性质和任务。关于宣言的性质，1872年德文版序言和1888年英文版序言指出，《共产党宣言》是共产党的一个"详细的理论和实践的党纲"，是世界各国"千百万工人公认的共同纲领"。关于宣言的任务，1882年俄文版序言中明确指出："《共产党宣言》的任务，是宣告现代资产阶级所有制必然灭亡。"②共产党人不但要消灭资产阶级生产资料私有制，而且要消灭一切生产资料私有制。只有如此，才能杜绝产生剥削和压迫的根源。这样，《共产党宣言》就宣判了资本主义的死刑。

第三，阐明了《共产党宣言》的基本思想。恩格斯在1883年德文版序言中指出，《共产党宣言》中始终贯彻的基本思想就是："每一历史时代的经济生产以及必然由此产生的社会结构，是该时代政治的和精神的历史的基础；因此，(从原始土地公有制解体以来)全部历史都是阶级斗争的历史，即社会发展各个阶段上被剥削阶级和剥削阶级之间、被统治阶级和统治阶级之间斗争的历史；而这个斗争现在已经达到这样一个阶段，即被剥削被压迫的阶级(无产阶级)，如果不同时使整个社会永远摆脱剥削、压迫和阶级斗争，就不再能使自己从剥削它压迫它的那个阶级(资产阶级)下解放出来。——这个基本思想完全是属于马克思一个人的。"③在1888年英文版序言中，恩格斯重申了这一思想。在上述两篇序言中，恩格斯极其精辟、清晰地阐明了《共产党宣言》的基本思想，同时也

① 《马克思恩格斯文集》第2卷，人民出版社2009年版，第5页。

② 《马克思恩格斯文集》第2卷，人民出版社2009年版，第5、13、8页。

③ 《马克思恩格斯文集》第2卷，人民出版社2009年版，第9页。

充分体现了无产阶级革命导师恩格斯的谦虚品质和博大胸襟。

第四,根据国际共产主义运动的新鲜经验,提出了对《共产党宣言》的重要修改和补充。在1872年德文版序言中,马克思、恩格斯根据1848年欧洲革命特别是1871年巴黎公社革命的最新经验,指出:"工人阶级不能简单地掌握现成的国家机器,并运用它来达到自己的目的。"[①]这就是说,1848年革命和1871年巴黎公社的实践经验证明,无产阶级要想夺取革命的彻底胜利,就必须通过暴力革命,打碎旧的国家机器,建立无产阶级专政。列宁认为,这是马克思、恩格斯认为必须做的唯一修改。这个修改,是对《共产党宣言》中基本原理的重大发展,具有深远的历史影响。

第五,提出了落后国家可以取得社会主义革命胜利的重要思想。在1882年俄文版序言中,马克思和恩格斯在通过对欧美革命和俄国革命客观情形的对比分析之后指出:"假如俄国革命将成为西方无产阶级革命的信号而双方互相补充的话,那么现今的俄国土地公有制便能成为共产主义发展的起点。"[②]这里,马克思、恩格斯修正了过去认为社会主义革命只能在发达国家取得胜利的观点,预示了在一定历史条件下落后国家可以取得社会主义革命的胜利,并寄希望于东方相对落后国家的社会主义革命的发生。这一思想,后来为列宁所发展,并在俄国、中国革命中得到了验证。

第六,论证了民主革命与社会主义革命的关系原理。在1893年意大利文版序言中,恩格斯在评价1848年革命的性质及意义时阐述了这一思想。恩格斯指出:"1848年革命虽然不是社会主义革命,但它毕竟为社会主义革命扫清了道路,为这个革命准备了基础。"[③]而社会主义革命又是民主革命的必然趋势和发展方向。在这篇序言的最后,恩格斯还满怀激情地预见:一个新的历史纪元——无产阶级的新纪元正在到来。

第七,论述了马克思主义的策略思想。在1888年英文版序言中,恩格斯针对1848年革命失败后工人运动发展的现状提出了与马克思一致的重要策略思想:无产阶级必须联合起来。因为只有联合起来才能使"正在进行战斗的整个无产阶级团结为一个整体"[④]。同时,他们认为,这种联合应该是既有原则,策略上又是灵活的。在1890年、1892年和1893年所作的三篇序言中,恩格斯还对独立自主和国际联合的关系问题作了透彻的论述。这些策略思想对国际工人运动的健康发展和世界无产阶级解放事业起了重要的指导作用。

---

① 《马克思恩格斯文集》第2卷,人民出版社2009年版,第6页。

② 《马克思恩格斯文集》第2卷,人民出版社2009年版,第8页。

③ 《马克思恩格斯文集》第2卷,人民出版社2009年版,第26页。

④ 《马克思恩格斯文集》第2卷,人民出版社2009年版,第12页。

(二)《共产党宣言》正文的主要内容

《共产党宣言》正文由一个简短的引言和四章构成。引言部分虽然只有6个自然段,却非常形象地说明了《共产党宣言》产生的历史背景、目的和任务。

第1～2自然段陈述"事实",即写作的历史背景。在《共产党宣言》的一开始,马克思和恩格斯即指出这样一个事实:一个幽灵,共产主义的幽灵,在欧洲徘徊。一切旧势力深感恐慌,为了驱逐这个"幽灵"纷纷结成同盟。共产主义和共产党人到处遭到污蔑和咒骂。

第3～5自然段引出"结论",即写作的主要目的。从上述事实中,马克思、恩格斯得出两个结论:其一,共产主义已经被欧洲的一切势力公认为一种势力;其二,共产党人为了对抗旧势力关于"共产主义幽灵"的神话,必须向全世界公开表明自己的观点、目的和意图。各国共产党人集会于伦敦,拟订《共产党宣言》,正是为了实现这一目的和意图。

1. 第一章"资产者和无产者"

在本章中,马克思、恩格斯运用历史唯物主义的基本观点和方法,深刻分析了资产阶级和无产阶级产生、发展及其相互斗争的历史过程,正确揭示了资产阶级的灭亡和无产阶级的胜利是同样不可避免的客观规律,科学地阐明了无产阶级的伟大历史使命。其主要内容:

(1)阐述了马克思主义的阶级斗争学说,即共产党人对过去全部历史的理解。阶级斗争学说是马克思主义学说的基础,它像一根红线贯穿《共产党宣言》的始终。这一学说由三个相互联系的观点构成:到目前为止的一切社会的历史都是阶级斗争的历史;阶级斗争是阶级社会发展的直接动力;历史上存在过的几种阶级社会的阶级划分及各自特点。

(2)揭示了资本主义的产生、发展及其必然灭亡的规律。马克思、恩格斯依据生产关系必须适合生产力性质的原理,科学地论证了资本主义的发生、发展和灭亡的规律。主要有三层意思:

第一层,详细论述了资产阶级的产生和发展过程:"现代资产阶级本身是一个长期发展过程的产物,是生产方式和交换方式的一系列变革的产物。"①最早,从中世纪初期城市的城关市民中发展出最初的资产阶级分子。后来,美洲的发现给新兴的资产阶级开辟了新天地。工业的发展使工场手工业代替了行会的工业经营方式,行会师傅也就被工业的中间等级排挤掉了。由于市场的扩大和工业革命,现代大工业代替了工场手工业,工业中的百万富翁即现代资产者代

① 《马克思恩格斯文集》第2卷,人民出版社2009年版,第33页。

替了工业中的中间等级。由此可见,现代资产阶级本身是一个长期发展过程的产物。

第二层,对资产阶级在历史上起过非常革命的作用作了客观评价,同时也指出了它的局限性和内在矛盾。革命作用:(1)破坏了一切封建的、宗法的关系,使一切关系都成了赤裸裸的利害关系,把医生、律师、教士、诗人和学者变成了它出钱招雇的雇佣劳动者。家庭关系变成了纯粹的金钱关系。(2)资产阶级对生产工具从而对生产关系从而对全部社会不断进行革命,使它在不到一百年的阶级统治中所创造的生产力,比过去一切世代创造的全部生产力还要多、还要大。(3)资产阶级奔走于全球各地,使一切国家的生产和消费都成了全球性的,把一切野蛮民族都卷到文明中来。(4)资产阶级的所有制关系的发展终于使封建的所有制关系不再适应已经发展了的生产力,变成了束缚生产力的桎梏。它必须被炸毁,它已经被炸毁。

第三层,科学地预见了资产阶级的未来:资本主义的灭亡和社会主义的胜利都是不可避免的。资本主义经历了几个世纪的发展,由于一切生产工具的迅速改进,由于交通的迅猛发展,资本主义冲破了过去那种地方的和民族的自给自足和闭关自守状态,“起而代之的是自由竞争以及与自由竞争相适应的社会制度和政治制度、资产阶级的经济统治和政治统治”[①]。现在,我们眼前又进行着类似的运动,资本主义的生产关系已经再也容纳不下它所焕发出来的生产力;资产阶级的关系太狭隘了,再也容纳不了它本身所造成的财富。这种生产关系与生产力之间的矛盾,突出表现在周期性的经济危机。随着危机的频繁和加深,无产阶级同资产阶级的矛盾日益尖锐。

(3)阐明了无产阶级的伟大历史使命。资本主义必然灭亡和共产主义必然胜利,这是一个不依人们意志为转移的客观规律。但是资本主义的灭亡并不等于自行消灭,它必须通过无产阶级反对资产阶级的革命斗争才能实现。所以,无产阶级必须采取革命手段,夺取政权,打碎资产阶级的国家机器,建立无产阶级专政,并逐步消灭阶级和阶级差别,过渡到共产主义社会。这就是无产阶级的伟大历史使命。具体说有三层含义:

第一层,无产阶级在资本主义社会的发生、发展及其地位。随着资本的发展,无产阶级也发展了起来。无产阶级是失去生产资料靠出卖劳动力为生的阶级,它是随着资产阶级的发展而发展起来的。《共产党宣言》指出:“资产阶级不仅锻造了置自身于死地的武器;它还产生了将要运用这种武器的人——现代的工人,即无产者。”[②]

---

① 《马克思恩格斯文集》第2卷,人民出版社2009年版,第36～37页。

② 《马克思恩格斯文集》第2卷,人民出版社2009年版,第38页。

第二层，叙述了无产阶级反对资产阶级斗争的各个发展阶段。

第三层，论证了“在当前同资产阶级对立的一切阶级中，只有无产阶级是真正革命的阶级”①以及无产阶级革命的特点，说明只有无产阶级能够担负起推翻资本主义制度的历史使命。无产阶级既是一个受剥削压迫最重的阶级，又是一个最革命最有前途的阶级。无产阶级受着残酷的剥削和压迫，他们不仅是资产阶级的、资产阶级国家的奴隶，而且每日每时都受机器、监工，首先是受经营工厂的资产者本人的奴役。但是，随着工业的发展，无产阶级不仅人数增加了，而且它结合成更大的集体，它的力量日益增长，它越来越感觉到自己的力量。所以，它又是一个最革命最有前途的阶级。无产阶级的历史使命是用暴力推翻资产阶级而建立自己的统治。

哪里有压迫哪里就有反抗。无产阶级反对资产阶级的斗争是和它的存在同时开始的。这种斗争经历了各个不同的发展阶段。最初是单个的工人，然后是某一工厂的工人，然后是某一劳动部门的工人，同直接剥削他们的单个资产者作斗争。他们不仅攻击资产阶级的生产关系，而且攻击生产工具本身；他们毁坏那些来竞争的外国商品，捣毁机器，烧毁工厂，这是斗争的自发阶段。后来，由于大工业的日益发展，交通也发展起来，这就促进了各地的工人彼此联系，逐渐把地方性的斗争汇合成全国性的斗争，汇合成阶级斗争。而一切阶级斗争都是政治斗争。它不再是以单个资产者为目标，而是把斗争矛头指向资产阶级所代表的社会制度；最终目标是要建立无产阶级自己的统治。过去的一切斗争都是少数人的或者为少数人谋利益的斗争，无产阶级的斗争是绝大多数人的、为绝大多数人谋利益的独立的斗争。过去的一切斗争都是以一种私有制代替另一种私有制，无产阶级的斗争则是要摧毁一切私有制。

(4)在经过上述分析和论证后，马克思、恩格斯得出了一个划时代的结论：“资产阶级的灭亡和无产阶级的胜利是同样不可避免的。”②这是一个不以人们的意志为转移的客观规律。资产阶级生存和统治的根本基础是财富在私人手里的积累，是资本的形成和增殖；资产阶级无意中造成而又无力抵抗的工业进步，使工人通过结社而达到革命的联合，这样，随着大工业的发展，资产阶级赖以生产和占有产品的基础本身也就从它的脚下被挖掉了，它产生出了它自己的掘墓人——无产阶级。资产阶级的灭亡和无产阶级的胜利是同样不可避免的。

2. 第二章“无产者和共产党人”

在第二章里，马克思和恩格斯揭示了无产阶级要实现自己的历史使命，就必须有无产阶级政党的领导。为此，马克思、恩格斯阐明了共产党的性质、特点

① 《马克思恩格斯文集》第2卷，人民出版社2009年版，第41页。

② 《马克思恩格斯文集》第2卷，人民出版社2009年版，第43页。

和纲领，严正驳斥了资产阶级对共产党人和共产主义的种种责难，论述了无产阶级专政的基本思想，提出无产阶级革命的步骤和目标。主要讲三个问题：

(1)阐明共产党的性质、特点和党的纲领。共产党是各国工人阶级的政党，共产党人是各国工人政党中最坚决的、始终起推动作用的部分。共产党不是同其他工人政党相对立的特殊政党，没有任何同整个无产阶级利益不同的利益，不提出任何特殊原则来塑造无产阶级运动。包括三层意思：第一层，马克思、恩格斯通过对共产党和无产阶级的关系的论述，阐明了共产党的性质，即共产党是无产阶级的先锋队。第二层，指出共产党的特点在于共产党人革命的彻底性和国际主义精神。第三层，阐明共产党人的纲领，即共产党人的最近目标和最终目的。共产党人的最近目的是使无产阶级形成为阶级，推翻资产阶级的统治，由无产阶级夺取政权。

(2)通过对资产阶级对共产党人的种种攻击和污蔑的批驳，阐明了共产党人的理论原则和无产阶级革命的基本任务。主要有两层含义：第一层，通过对资产阶级的各种谬论的批判，阐明了共产党人关于消灭私有制及打破过去遗留下来的各种观念的基本观点；第二层，结论性地阐明共产主义革命的两大基本任务，即同传统的所有制关系实行最彻底的决裂，同传统的观念实行最彻底的决裂。

关于消灭个人挣得的、自己劳动得来的财产。所谓“个人挣得的、自己劳动得来的财产”，如果是指资产阶级财产出现以前的那种小资产阶级和小农的财产，那种财产用不着共产党人去消灭，工业的发展已经把它消灭了，并且每天都在消灭它。至于工人占有的只是自己的劳动力，从来就没有自己的私有财产，当然也就无从消灭。共产党人要消灭的只是资产阶级的所有制，是资本家剥削雇佣劳动得来的财产。共产主义并不剥夺任何人占有社会产品的权力，它只剥夺利用这种占有去奴役他人劳动的权力。资本不是一种个人的力量，而是一种社会的力量。资本是资本家剥削雇佣劳动得来的财产，共产党人把资本变为公共的属于全体成员的财产，这并不是把个人财产变为社会财产，而是剥夺剥夺者。这里所改变的只是财产的社会性质，它将失掉它的阶级性质。

关于消灭家庭关系。资产阶级家庭是建立在资本和私人发财上面的，这种家庭关系将随着资本的消失而消失；至于父母和子女的亲密关系在资产阶级家庭中实质是一种金钱关系，这种关系只有对资产阶级才是需要的。思想意识归根到底是由物质生产决定的，它必将随着物质生产的改造而改造。任何一个时代的统治思想都是统治阶级的思想。共产主义思想意识是以生产资料公有制为基础的，是无产阶级的意识形态，与以往一切以私有制为基础的社会思想意识即传统的剥削阶级的意识形态是完全对立的。结论：“共产主义革命就是同传统的所有制关系实行最彻底的决裂；毫不奇怪，它在自己的发展进程中要同传统的观念实行最彻底的决裂。”①

(3)通过对无产阶级专政的基本思想的论述，阐明了共产党人的最高纲领和最低纲领。这里也有两层意思：

第一层，指出共产党人的最低纲领，亦即“工人革命的第一步就是使无产阶级上升为统治阶级，争得民主”②，并运用国家政权的力量剥夺资本，变私有制为公有制，采取各种措施大力发展社会生产力。

第二层，进一步论述了共产党人的最高纲领，即通过无产阶级专政，消灭阶级对立和阶级本身存在的条件，国家消亡，实现共产主义。具体步骤：

第一，无产阶级将利用自己的政治统治，夺取资产阶级的全部资本。

第二，把一切生产工具集中在组成为统治阶级的无产阶级手里。

第三，尽可能快地增加生产力的总量。

第四，针对当时欧洲最先进的国家，提出无产阶级在上升为统治阶级以后可以采取的十大措施。

第五，消灭了阶级对立，将出现这样一个联合体，“在那里，每个人的自由发展是一切人的自由发展的条件”③。

3. 第三章“社会主义和共产主义的文献”

在本章中，马克思和恩格斯站在无产阶级的立场上，运用辩证唯物主义和历史唯物主义的观点和方法，分析了各种社会主义流派产生的社会原因和历史背景，指出了它们的实质和危害，揭露和批判了各种假社会主义，并对空想社会主义和共产主义进行了客观的分析和评价，划清界限。这里主要讲三个问题：

(1)关于反动的社会主义。主要分析了三种类型的反动的社会主义即封建的社会主义、小资产阶级的社会主义及德国的或“真正的”社会主义产生的历史背景、政治主张、实质及危害性。

(2)关于保守的或资产阶级的社会主义。有两层含义：第一层，分析了资产阶级社会主义产生的历史条件及其政治主张；第二层，指出资产阶级社会主义的实质及危害性。

(3)关于批判的空想的社会主义和共产主义。第一层，分析了空想社会主义产生的历史条件；第二层，客观评价了三大空想家的历史功绩及主要缺陷，并指出空想社会主义对工人运动的危害性。

它们尽管形色不一，但从总体上看存在以下几个问题：

---

① 《马克思恩格斯文集》第2卷，人民出版社2009年版，第52页。

② 《马克思恩格斯文集》第2卷，人民出版社2009年版，第52页。

③ 《马克思恩格斯文集》第2卷，人民出版社2009年版，第53页。

第一，世界观、历史观是唯心的，就是说它们不是在正确科学的世界观、历史观的指导下去分析资产阶级及其所代表的资本主义制度，有的是赤裸裸的唯心史观，如反动的社会主义；有的是英雄史观，如资产阶级和空想的社会主义；有的是倒退的历史观，如小资产阶级的社会主义。

第二，以上这些社会主义流派各自代表着不同的阶级利益，唯独没有一个是真正代表无产阶级的利益的。

第三，在对待资产阶级统治的问题上，它们都反对进行暴力革命，有的甚至公开反对阶级斗争和暴力革命。

第四，正是在以上这些主要方面，把马克思主义的共产主义和其他社会主义流派区别了开来。

4. 第四章“共产党人对各种反对党派的态度”

无产阶级要完成自己的历史使命，共产党人要实现自己的纲领，除了要有一整套正确的理论原则来指导，确立正确的革命道路，还应该有相应的斗争策略原则来加以保证。因此，马克思、恩格斯在最后一章中集中阐明了无产阶级政党的策略原理。可以归纳为三个问题：

(1)论证了不断革命论和革命发展阶段论相统一的原理，进而阐明了无产阶级长远利益和当前利益的辩证关系。

(2)论证了共产党人对资产阶级民主政党的又联合又斗争的统一战线策略，阐明了共产党人革命的原则性和策略的灵活性相统一的原理。

(3)阐明了无产阶级的国际主义的原则。

结语：这是本章的总结，也是全书的总结。《共产党宣言》结尾再次郑重申明共产党人的观点和意图，并公开宣告共产党人实现自己目的的手段和途径：共产党人只有用暴力才能推翻全部现存的社会制度；全世界无产者只有联合起来，共同作战，才能砸碎旧的锁链，获得整个世界。最后以“全世界无产者，联合起来”的伟大号召作为《共产党宣言》的结束语。

三、《共产党宣言》的基本内容以及学习的现实意义

(一)基本内容

1.“两个必然”理论。《共产党宣言》运用生产关系必须适合生产力性质这一唯物史观的原理，剖析了资本主义生产方式的产生、发展的历史过程，揭示了资本主义必然灭亡、共产主义必然胜利的客观规律。

2. 无产阶级历史使命原理。《共产党宣言》对资本主义社会各阶级的历史地位和无产阶级的特性作了科学的分析，论证了无产阶级作为资本主义的掘墓人和共产主义建设者的伟大历史使命。

3. 马克思主义阶级斗争理论。《共产党宣言》总结了人类历史上阶级斗争的经验，特别是总结了无产阶级反对资产阶级的斗争经验，论证了无产阶级革命和无产阶级专政是无产阶级获得解放的根本道路。

4. 无产阶级政党理论。《共产党宣言》阐明了无产阶级政党的性质、特点和作用，规定了党的奋斗目标。

5.《共产党宣言》论述了党的策略原理。眼前、局部利益与长远、整体利益相结合，原则的坚定性与策略的灵活性结合，统一战线思想，不断革命的原则等。

6.《共产党宣言》阐述了无产阶级的国际主义原则，强调了无产阶级国际团结的重要性。

7. 关于共产主义社会的理论。公有制、没商品货币买卖、消灭三大差别、国家消亡、人的全面发展等。

(二)学习的现实意义

《共产党宣言》问世一个半多世纪以来，形形色色的遭遇真是不可胜数，对它缄口不理者有之，查禁、中伤者有之，歪曲、篡改者有之，把它付之一炬者有之，在法西斯统治下，甚至把《共产党宣言》持有者定为死罪。但尽管如此，《共产党宣言》仍然是世界政治文献中译文最多和传播最广的著作，仍然吸引着千百万人的心。今天学习《共产党宣言》有什么现实意义？

第一，掌握《共产党宣言》阐述的科学的世界观和历史观，正确分析我国社会和世界发展的趋势，走历史必由之路。《共产党宣言》所指出的社会主义取代资本主义的历史必然性表明，只有社会主义才能最终消灭压迫和剥削，才能使整个人类摆脱贫困和灾难，获得真正的幸福和自由。因此，为实现社会主义和共产主义而奋斗，不仅是走历史必由之路，也是我们最崇高的理想和最伟大的实践。

第二，立足现实，下大的决心，把我们自己的事情办好。千里之行，始于足下。我们这个民族在这一个半多世纪内遭受的磨难比《共产党宣言》遭受的还要多、还要深。至今我们仍在承受落后与贫穷所带来的后果。中国的先进分子之所以祭起《共产党宣言》，其根本目的乃在于为灾难深重的中华民族探寻一条国家富强、民族振兴、人民幸福之路。从 20 世纪 20 年代到现在，近一百年过去了，不管共产党人走了多少弯路，这一宏愿没有丢。在今天，只要中国坚持中国特色社会主义道路，把中国特色社会主义建成了，我们对国际共产主义运动、对整个人类就作出了无愧于我们这个民族的贡献。

第三，《共产党宣言》的理论基础、基本原则至今仍然没有过时，每一共产党人必须坚持。这种坚持不是照搬《共产党宣言》的条文，而是要将它同当代国际国内实际紧密结合起来。现在我们已经有了这种结合的典范，这就是中国特色社会主义理论体系。只要我们在实践中坚持党的基本路线和中国特色社会主义理论不动摇，就一定能把我国建设成为一个伟大的、现代化的社会主义国家。这也是中国共产党人对《共产党宣言》在今天的维护、运用和发展。

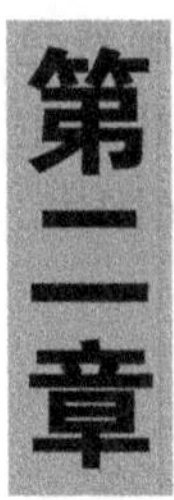

第二章 巴黎公社经验的总结

——《法兰西内战》导读

《法兰西内战》是马克思著作中的重要篇章，这篇文章发表在巴黎公社失败之后。它不但总结了巴黎公社经验教训，而且第一次在实践的基础上论证了无产阶级打破剥削阶级国家机器的可能性和必要性，是总结巴黎公社经验的思想结晶，是科学社会主义思想的结晶。作为马克思的重要著作之一，《法兰西内战》无论是在理论上还是实践上，都对科学社会主义的基本原理进行了丰富和发展，为社会主义建设指出了方向。

一、《法兰西内战》写作的背景

《法兰西内战》这篇文章写于 19 世纪 70 年代资本主义社会矛盾积累冲突的时期，是法国阶级斗争尖锐化的产物，是巴黎公社革命斗争经验的总结。

巴黎公社革命发生于 1871 年的法国并非偶然，而是法国长期阶级斗争发展、法国资本主义社会矛盾发展的必然结果。1789 年开始的法国大革命推翻了封建波旁王朝，从此以后，法国在相当长的一个时期是欧洲革命的中心。1830 年七月革命确立了资产阶级统治，建立了奥尔良王朝。这时法国的阶级关系发生了改变，无产阶级与资产阶级的斗争日益尖锐。从 19 世纪 30 年代到 1871 年巴黎公社失败，法国无产阶级一直是国际工人运动的先锋队。1831 年和

1834年的两次里昂工人起义，是法国无产阶级政治觉醒的重要标志。自此之后，正如恩格斯所说："法国从1789年起的经济发展和政治发展使巴黎在最近50年来形成了这样的局面：那里爆发的每一次革命都不能不带有某种无产阶级的性质，就是说，用鲜血换取了胜利的无产阶级，在胜利之后总是提出自己的要求……所有这些要求归根到底都是要消灭资本家和工人之间的阶级对立。"①

1848年法国二月革命后，由于无产阶级和资产阶级矛盾斗争的加剧，巴黎工人发动了著名的六月起义。这次起义因遭到资产阶级的残酷镇压而失败。"资产阶级第一次表明了，一旦无产阶级敢于作为一个具有自身利益和要求的单独阶级来同它相对抗，它会以何等疯狂的残暴手段来进行报复。"②1848年革命失败后，大资产阶级利益的代表、反革命投机家路易·波拿巴窃取政权，建立了法兰西第二帝国。法兰西第二帝国代表的是当时法国最反动、最有侵略性的大资产阶级、大银行家的利益。"第二帝国开创了这样一种局面：由一帮政治冒险家和金融冒险家剥削法国，同时工业也发展起来。"③在法兰西第二帝国统治时期，法国基本上完成了工业革命。到19世纪60年代末，法国工业总产量增加了3倍，成为仅次于英国的第二强国。然而，由于重工业仍落后于轻工业，中小型企业还占优势，法国基本上还是小生产占优势的国家。为了满足大银行家和工业巨头的经济政治需要，第二帝国连年发动对外战争。资本主义工业金融业的发展造成的结果就是：一方面是资本越来越集中到少数金融巨头和大银行家的手里；另一方面使工人日益贫困，农民和小资产阶级纷纷破产，法国资本主义社会的各种矛盾日益尖锐。

1857年经济危机后，法国工人运动有所复兴。1862年，巴黎印刷工人举行大罢工。1864年立法团补选时，工人首次提出自己的候选人，并利用《霞白利法》的废除，在著名工人领袖瓦尔兰领导下开始组织印刷工人工会。同年9月，法国先进工人参加了在伦敦举行的第一国际成立大会，随后1865年，在巴黎等城市建立第一国际支部。第一国际在法国的活动，遭到反动政府的疯狂迫害。1866～1867年经济危机时，工人罢工浪潮风起云涌。1869～1870年，里水玛尔矿工、克勒佐制炮厂工人罢工斗争异常激烈。巴黎40多个工人团体联合建立了"工会联合会"，同第一国际支部合作，宣传社会主义，还提出了建立革命公社政府的要求。1870年初，巴黎发生20万人的群众大示威，几乎演变成起义。第二帝国已处于严重危机之中，帝国变得摇摇欲坠。

路易·波拿巴为了制止革命，转嫁国内矛盾和转移人民视线，于1870年7

① 《马克思恩格斯选集》第3卷，人民出版社2012年版，第45页。

② 《马克思恩格斯选集》第3卷，人民出版社2012年版，第46页。

③ 《马克思恩格斯选集》第3卷，人民出版社2012年版，第46页。

月 19 日发动对普鲁士的战争。然而 8 月初，普鲁士军队深人法境。9 月 1 日，法军大败于色当，法皇及其下属 10 万多名法军官兵当了俘虏。色当决战消息传到首都，巴黎人民于 9 月 4 日发动革命，一举推翻第二帝国，宣布成立法兰西第三共和国，但政权落入另一伙大资产阶级手中。这时普法战争的性质，法国方面已是反侵略的民族自卫战争。人民纷纷武装起来，组成 30 万人的国民自卫军无产阶级营，随后又成立国民自卫军中央委员会，第一国际会员、优秀工人代表积极参加和领导了该委员会工作。但资产阶级政府对外卖国投降，对内向工人阶级节节进攻，阶级矛盾空前激化。国民自卫军中央委员会发表宣言："巴黎的无产者，目睹统治阶级的无能和叛卖，已经懂得：由他们自己亲手掌握公共事务的领导以挽救时局的时刻已经到来……他们已经懂得：夺取政府权力以掌握自己的命运，是他们无可推卸的职责和绝对权利。"[①]1871 年 3 月 18 日，巴黎无产阶级举行武装起义，推翻了资产阶级，夺取了政权。3 月 28 日，经过普选成立了世界历史上第一个无产阶级专政政权——巴黎公社。

巴黎工人不仅具有同反动派敢于斗争敢于胜利的英勇豪迈气概，而且发挥了改造社会、改造历史的首创精神。他们打碎了资产阶级国家机器，创造了自己的新型国家政权。他们在当时被围困的艰苦环境中，实行了一系列政治、经济、文化、教育等方面的革命措施。

第一，实行公职人员的民主选举。在第二帝国时期，从中央到地方，各级行政长官都是由皇帝直接或间接任命。议会议员虽然是选举产生，但这不过是形式，实际上皇帝的代理人操纵了选举，使选举成为无意义的东西。巴黎公社不但通过民主选举选出公社最高权力机关，而且公社所属单位——工厂企业的负责人、国民军各级领导人、司法部门的工作人员（法官、公证人）也都是通过选举产生的。"这些委员对选民负责，随时可以罢免。……公社是一个实干的而不是议会式的机构。"[②]

第二，监督权和罢免权。无产阶级在夺取政权后所面临的一个十分尖锐的问题，就是要防止产生官僚集团，防止出现一个脱离人民的贵族阶层，防止"社会公仆"蜕化为人民的主人。为了解决这个问题，公社赋予选民对权力机关及公职人员的监督权和罢免权。3 月 22 日，国民军中央委员会在一份公告中写道：公社的"基点在于经常征求大多数人的意见，不断得到大多数人的赞助"，"市政议会的委员不断受到舆论的检查、督促和批评，是可信赖的，对选民负责的，并且随时可以撤换的"[③]。

---

① 转引自《马克思恩格斯选集》第 3 卷，人民出版社 2012 年版，第 95 页。

② 《马克思恩格斯选集》第 3 卷，人民出版社 2012 年版，第 98 页。

③ 罗新璋编译：《巴黎公社公告集》，上海人民出版社 1978 年版，第 23 页。

第三，取消高级官员的高薪制。为了更有效地防止国家机关人员蜕化为人民的主人，公社还采取了一个重大举措：取消高薪制。在第二帝国时期，高级官员的薪金收入与一般职员、工人的收入相比是天壤之别。拿破仑三世本人每年领取 2500 万法郎的皇帝赡养费。马克思在《法兰西内战》中就说道，梯也尔上台之后第一件事情“就是给自己规定了 300 万法郎的年俸”①。许多高级官吏身兼数职。大臣鲁埃尔的年俸为 26 万法郎，其中 3 万法郎是他当元老院议员所得，10 万法郎是作为枢密院议员所得，13 万法郎是他任国务院参事所得。但是，一个铁路粗工年工资只有 540 法郎，普通工人和低级职员的年工资也只有 800～1400 法郎。巴黎无产阶级在夺取政权后，便着手改变这种不合理的现象。“从公社委员起，自上至下一切公职人员，都只能领取相当于工人工资的报酬。从前国家的高官显宦所享有的一切特权以及公务津贴，都随着这些人物本身的消失而消失了。”②

第四，加强法制。为了防止公职人员任意欺压人民，为了保障人民的人身自由及其他各种民主权利和自由，必须加强法制建设。在短短的 72 天里，即使在极其复杂的环境中，公社仍旧公布了不少法令和决议来加强法制。

然而，以梯也尔为首的资产阶级和地主阶级，以凡尔赛为据点，重新集结了反革命军队，在普鲁士军队协助下，对巴黎公社进行疯狂反扑。5 月 21 日，反革命军窜入巴黎，巴黎人民奋起抵抗，开始了著名的“五月流血周”的巷战。在抵抗反革命军的过程中，巴黎的工人阶级表现出了大无畏的牺牲精神。5 月 28 日，巴黎公社被内外反动派联合镇压在血泊里，公社仅仅存在了 72 天。在这 72 天中，公社一刻都没有停止武装斗争。在“五月流血周”中被杀害的公社男女战士达 3 万人。被杀、被捕、被流放和被驱逐的公社革命者共达 10 万人之多。巴黎公社至此就失败了。

巴黎工人阶级 3 月 18 日举行武装起义后，马克思和恩格斯坚决支持巴黎工人阶级的革命行动。他们热情赞扬巴黎无产阶级起义是历史上还没有过的英勇奋斗的范例，采取一切可能的办法来帮助公社。其间，马克思不断地写文章，向“国际”的各个支部和各国无产阶级介绍巴黎无产阶级革命的真相，阐述它的革命性质和意义，驳斥各国资产阶级和凡尔赛匪帮对巴黎公社的诽谤和攻击。同时，马克思在巴黎公社革命发生后，搜集和研究有关公社斗争的历史材料，在 4 月中旬开始为第一国际总委员会起草一篇阐明公社意义的宣言的初稿，5 月中旬又完成了第二稿，接着便进行定稿工作。5 月 30 日，即巴黎公社革命失败后的第三天，马克思不顾反动派的威胁和迫害，向“国际”总委员会宣读

① 《马克思恩格斯选集》第 3 卷，人民出版社 2012 年版，第 83 页。

② 《马克思恩格斯选集》第 3 卷，人民出版社 2012 年版，第 98～99 页。

了几经修改的《法兰西内战》,并获得一致通过。1891年,恩格斯在为纪念巴黎公社革命20周年而出版《法兰西内战》德文第三版时,为这篇文章写了导言。

马克思著《法兰西内战》一文的主要目的,是为了伸张无产阶级革命的正义性,揭露资产阶级国家机器镇压无产阶级革命的残酷的反动性质,肯定巴黎公社的功绩,彻底揭露梯也尔卑鄙无耻、阴险狡诈的丑恶面目,愤怒谴责血腥镇压公社的罪行,来回击资产阶级对巴黎公社的诽谤和攻击。《法兰西内战》还通过总结巴黎公社的历史经验,来教育全世界无产阶级和革命人民。巴黎工人用鲜血换来的宝贵经验教训,为国际无产阶级革命斗争指出了正确的方向。在1891年恩格斯为《法兰西内战》所写的导言中,再次肯定无产阶级必须通过暴力打碎旧的国家机器,建立无产阶级专政的革命道路,尖锐批判当时国际共产主义运动中流行的对资产阶级国家抱有"迷信心理"的右倾机会主义思潮,捍卫《法兰西内战》对巴黎公社经验教训的总结中所提出的科学社会主义原则,坚持国际共产主义运动发展的正确方向。

二、《法兰西内战》的主要内容

马克思的《法兰西内战》在结构上分为四章。

第一章分为两个部分:

第一,马克思考察法国1870年9月4日革命到1871年3月18日革命间国防政府和梯也尔政府的活动,揭露了同属资产阶级性质的两个政府的阶级实质。他指出:"国防政府在民族义务和阶级利益之间的这一冲突中,没有片刻的犹豫便把自己变成了卖国政府。"[①]而以梯也尔为首的"这个议会制共和国是一种隐名的空位王朝,在这个空位王朝时期,统治阶级的所有争权夺利的派系暗中互相勾结起来压制人民"[②],梯也尔政府在进行投降卖国的同时,挑动了内战,他"要求巴黎放下武器",并且"毫不羞愧地乞求普鲁士军队立即占领巴黎"。[③]

第二,马克思揭露国防政府和梯也尔政府投降卖国和挑动内战的原因。马克思指出,投降和内战的原因是资产阶级为了镇压无产阶级革命力量,也是梯也尔、皮尔卡等人为了逃脱人民的惩罚。这里马克思入木三分地揭露了梯也尔、厄内斯特·皮尔卡、茹尔·费里等人的罪恶历史。他指出:"梯也尔是一个谋划政治小骗局的专家,一个背信弃义和卖身变节的老手,一个在议会党派斗

① 《马克思恩格斯选集》第3卷,人民出版社2012年版,第76页。

② 《马克思恩格斯选集》第3卷,人民出版社2012年版,第81页。

③ 《马克思恩格斯选集》第3卷,人民出版社2012年版,第85、86页。

争中施展细小权术、阴谋诡计和卑鄙伎俩的巨匠；在野时毫不迟疑地鼓吹革命，掌权时毫不迟疑地把革命投入血泊。”[①]他“将近半个世纪以来一直受法国资产阶级的倾心崇拜，因为他是这个资产阶级的阶级腐败的最完备的思想代表”，“他的政治生涯的记录就是一部法国的灾难史”。[②] 另外，马克思揭露梯也尔发动内战，也是资产阶级为了把战争重担转嫁到无产阶级和劳动人民身上：“反革命势力实在不能再耽搁时间了。第二帝国已使国债增加了一倍多，使所有的大城市都背上了沉重的地方债务。战争极度地加重了债负，无情地耗尽了全国的财源。……由谁来支付呢？只有用暴力推翻共和国，财富占有者才有希望把他们自己所发动的战争的费用转嫁到财富生产者的肩上。”[③]

第二章分为三个部分：

第一，回顾了 3 月 18 日巴黎无产阶级革命的经过。由于“武装的巴黎是实现反革命阴谋的唯一严重障碍”[④]，为了解除巴黎无产阶级的武装，梯也尔政府首先动用反革命暴力对巴黎无产阶级发动了进攻，“他派维努瓦率领一大群警察和几个战斗团去夜袭蒙马特尔，企图出其不意地夺走国民自卫军的大炮”[⑤]。巴黎的无产阶级是在梯也尔把内战强加在他们头上的时候而被迫起来反抗的。

第二，分析了巴黎革命失败的经验教训。它表现在两方面：一是没有坚决镇压反革命。3 月 18 日革命后，中央委员会对巴黎的反动分子不仅没有解除武装和及时将反革命分子逮捕下狱，“甚至警察也没有受到应有的处置——解除武装关起来，反而是巴黎为他们敞开城门，让他们安然撤往凡尔赛。不仅没有触动‘秩序人物’一根毫毛，反而容忍他们集结起来并在巴黎的正中心悄悄地占据不止一个据点”[⑥]。对于 3 月 22 日旺多姆广场举行的反革命游行，中央委员会也是“干脆就没有去理会那些‘和平示威’的英雄们”[⑦]。二是中央委员会“不肯把这场内战打下去，因而犯了一个致命的错误，即没有立刻向当时毫无防御能力的凡尔赛进军，一举粉碎梯也尔和他的那帮乡绅议员们的阴谋”[⑧]。

第三，揭露梯也尔政府对巴黎工人阶级的屠杀和诽谤。3 月 18 日革命后，梯也尔政府屠杀了很多工人阶级，并且还毫不掩饰其罪行：“梯也尔的公报宣布在穆兰—萨凯用刺刀杀死睡梦中的公社战士和在克拉马进行集体枪杀这种事

---

① 《马克思恩格斯选集》第 3 卷，人民出版社 2012 年版，第 83 页。
② 《马克思恩格斯选集》第 3 卷，人民出版社 2012 年版，第 79 页。
③ 《马克思恩格斯选集》第 3 卷，人民出版社 2012 年版，第 85 页。
④ 《马克思恩格斯选集》第 3 卷，人民出版社 2012 年版，第 86 页。
⑤ 《马克思恩格斯选集》第 3 卷，人民出版社 2012 年版，第 88 页。
⑥ 《马克思恩格斯选集》第 3 卷，人民出版社 2012 年版，第 90～91 页。
⑦ 《马克思恩格斯选集》第 3 卷，人民出版社 2012 年版，第 92 页。
⑧ 《马克思恩格斯选集》第 3 卷，人民出版社 2012 年版，第 92 页。

件时所用的轻率口气，甚至使不那么容易激动的伦敦《泰晤士报》也为之震惊。”[①]资产阶级宣传机器进行了大量的造谣诽谤活动，梯也尔在他的公报上说：“正直人士还从未这样痛心地目睹过代表一种堕落的民主制的如此堕落的面孔。”[②]

第三章分为五个部分：

第一，揭露中央集权国家的国家机器的本质，指出资产阶级的国家政权是阶级专制的机器。马克思对法国资产阶级国家机器演变的历史作了进一步的详尽考察，指出第二帝国的制度“是国家政权的最低贱的形式，同时也是最后的形式。它是新兴资产阶级社会当做自己争取摆脱封建制度的解放手段而开始缔造的；而成熟了的资产阶级社会最后却把它变成了资本奴役劳动的工具”，认为巴黎公社革命“是人民为着自己的利益而重新掌握自己的社会生活的行动。它不是为了把国家政权从统治阶级这一集团转给另一集团而进行的革命，它是为了粉碎这个阶级统治的凶恶机器本身而进行的革命”[③]。

第二，论证巴黎公社是新型的无产阶级政权。“帝国的直接对立物就是公社。”[④]巴黎公社政权的无产阶级性质主要表现在：一是公社成立后，就首先发布命令，“废除常备军而代之以武装的人民”[⑤]。同时，公社废除了警察，“警察不再是中央政府的工具，他们立刻被免除了政治职能，而变为公社的承担责任的、随时可以罢免的工作人员”[⑥]。二是公社的公职人员由人民群众选举或群众推荐产生，他们“对选民负责，随时可以罢免。其中大多数自然都是工人或公认的工人阶级代表”；“法官和审判官，也如其他一切公务人员一样，今后均由选举产生，对选民负责，并且可以罢免”。同时，从公社委员起，自上至下一切公职人员，都只能“领取相当于工人工资的报酬”。[⑦] 三是公社“是行政机关，同时也是立法机关”[⑧]。四是公社“宣布教会与国家分离，并剥夺一切教会所占有的财产”；“一切教育机构对人民免费开放，完全不受教会和国家的干涉”[⑨]。五是公社全国的组织纲要上规定：“公社将成为甚至最小村落的政治形式，常备军在农村地区也将由服役期限极短的国民军来代替。”[⑩]由此，马克思得出结论：“公社

① 《马克思恩格斯选集》第3卷，人民出版社2012年版，第94页。

② 《马克思恩格斯选集》第3卷，人民出版社2012年版，第93页。

③ 《马克思恩格斯选集》第3卷，人民出版社2012年版，第98、138～139页。

④ 《马克思恩格斯选集》第3卷，人民出版社2012年版，第98页。

⑤ 《马克思恩格斯选集》第3卷，人民出版社2012年版，第98页。

⑥ 《马克思恩格斯选集》第3卷，人民出版社2012年版，第98页。

⑦ 《马克思恩格斯选集》第3卷，人民出版社2012年版，第98、99、98页。

⑧ 《马克思恩格斯选集》第3卷，人民出版社2012年版，第98页。

⑨ 《马克思恩格斯选集》第3卷，人民出版社2012年版，第99页。

⑩ 《马克思恩格斯选集》第3卷，人民出版社2012年版，第99页。

给共和国奠定了真正民主制度的基础……公社完全是一个具有广泛代表性的政治形式。”①

第三，论述巴黎公社是可以使劳动在经济上获得解放的政治形式。“公社的真正秘密就在于：它实质上是工人阶级的政府，是生产者阶级同占有者阶级斗争的产物，是终于发现的可以使劳动在经济上获得解放的政治形式”；公社要成为“铲除阶级赖以存在、因而也是阶级统治赖以存在的经济基础的杠杆”。②与此同时，马克思揭示了巴黎公社的性质：“公社是想要消灭那种将多数人的劳动变为少数人的财富的阶级所有制。它是想要剥夺剥夺者。它是想要把现在主要用做奴役和剥削劳动的手段的生产资料，即土地和资本完全变成自由的和联合的劳动的工具。”③“公社是法国社会的一切健全成分的真正代表，因而也就是真正的国民政府。”④

第四，马克思赞扬公社奇迹般地改变了巴黎的面貌。革命后的巴黎已经成为一个“努力劳动、用心思索、战斗不息、流血牺牲的巴黎——它在培育着一个新社会的同时几乎把大门外的食人者忘得一干二净”，巴黎“正放射着它的历史首创精神的炽烈的光芒！”⑤

第五，揭露了梯也尔为首的凡尔赛政府丑恶的嘴脸。“这个代表法国一切死亡事物的议会，只是靠着路易·波拿巴的将军们的军刀的支持，才得以维持住生命的假象。巴黎全是真理；凡尔赛全是谎言，是出自梯也尔之口的谎言。”⑥

第四章分为四个部分：

第一，揭露梯也尔对巴黎公社玩弄的反革命两手策略。他“假装同巴黎议和，借以争取时间准备对巴黎作战”⑦，并且通过谎言和卖国来纠结军队进攻巴黎。他一旦得到了普鲁士的保证后，就声称“将手持法律进入巴黎，要向那些牺牲了士兵生命和毁坏了公共纪念物的恶棍们彻底讨回这笔债”⑧。

第二，揭露梯也尔反动集团镇压巴黎公社的罪行，戳穿资产阶级的所谓“秩序”、“正义”、“文明”的虚伪性：“每当资产阶级秩序的奴隶和被压迫者起来反对主人的时候，这种秩序的文明和正义就显示出自己的凶残面目。那时，这种文

---

① 《马克思恩格斯选集》第3卷，人民出版社2012年版，第101～102页。
② 《马克思恩格斯选集》第3卷，人民出版社2012年版，第102页。
③ 《马克思恩格斯选集》第3卷，人民出版社2012年版，第102～103页。
④ 《马克思恩格斯选集》第3卷，人民出版社2012年版，第106页。
⑤ 《马克思恩格斯选集》第3卷，人民出版社2012年版，第110页。
⑥ 《马克思恩格斯选集》第3卷，人民出版社2012年版，第110页。
⑦ 《马克思恩格斯选集》第3卷，人民出版社2012年版，第112页。
⑧ 《马克思恩格斯选集》第3卷，人民出版社2012年版，第118页。

明和正义就是赤裸裸的野蛮和无法无天的报复。”[①]梯也尔的反动军队进入巴黎以后，对巴黎革命者进行了疯狂的报复和血腥的屠杀。他们先后杀死了3万名公社社员，6万名社员被逮捕。

第三，巴黎公社革命爆发以后，欧洲资产阶级政府联合起来反对巴黎无产者。马克思指出：“阶级的统治再也不能拿民族的军服来掩盖了；面对无产阶级，各民族政府乃是一体！”[②]但是，梯也尔、俾斯麦联合起来杀害起义者，“并不是像俾斯麦所想的那样，证明正在崛起的新社会被彻底毁灭了，而是证明资产阶级旧社会已经完全腐朽了”[③]。

第四，马克思驳斥了各国反动派对第一国际的诬蔑。欧洲各国大骂国际工人协会，“把这个与之对立的、反对全世界资本阴谋的国际劳动组织说成是所有一切灾难的总根源”[④]。他指出，第一国际不是什么秘密阴谋团体，它“只是文明世界各国最先进的工人之间的国际纽带”，因此，“无论在何处，在何种形式或何种条件下，只要进行着阶级斗争，自然总是我们协会的会员站在最前列”。[⑤] 最后，马克思赞扬巴黎无产阶级的英勇斗争精神和巴黎公社革命的伟大意义，他写道：“工人的巴黎及其公社将永远作为新社会的光辉先驱而为人所称颂。它的英烈们已永远铭记在工人阶级的伟大心坎里。”[⑥]

《法兰西内战》总结了巴黎公社对待资产阶级国家机器的经验，证实了马克思在《路易·波拿巴的雾月十八日》一书中初次提出的无产阶级革命必须打碎资产阶级国家机器的结论的正确性。马克思分析法国大革命以来资产阶级国家机器的演变，指出它具有为进行社会奴役而组织起来的社会力量的性质，具有阶级统治机器的性质。而且在每次标志着阶级斗争的一定进步的革命以后，国家政权的纯粹压迫性质就愈益公开地显露出来。因此，“工人阶级不能简单地掌握现成的国家机器，并运用它来达到自己的目的”[⑦]，应该像巴黎工人那样把它“打碎”。

马克思从巴黎公社的经验中发现了新型国家，即无产阶级专政的雏形。他指出，公社实质上是工人阶级的政府，是生产者阶级同占有者阶级斗争的结果，是可以使劳动在经济上获得解放的政治形式。用巴黎公社型的无产阶级专政国家代替资产阶级国家，这是马克思在《法兰西内战》中作出的最重要的结论。

---

① 《马克思恩格斯选集》第3卷，人民出版社2012年版，第118页。

② 《马克思恩格斯选集》第3卷，人民出版社2012年版，第124页。

③ 《马克思恩格斯选集》第3卷，人民出版社2012年版，第124页。

④ 《马克思恩格斯选集》第3卷，人民出版社2012年版，第125页。

⑤ 《马克思恩格斯选集》第3卷，人民出版社2012年版，第125页。

⑥ 《马克思恩格斯选集》第3卷，人民出版社2012年版，第126页。

⑦ 《马克思恩格斯选集》第3卷，人民出版社2012年版，第95页。

《法兰西内战》深刻阐述巴黎公社作为新型国家雏形的基本特征，并高度赞扬人民群众的历史首创精神，认为巴黎公社是工人阶级能够发挥社会首创作用的唯一阶级的第一次革命。

三、《法兰西内战》的意义

《法兰西内战》这篇文章对之后的无产阶级革命事业和社会主义建设都提出了更科学的设想，可以说对社会主义建设具有重要意义。

(一)关于无产阶级专政方面的重要意义

1. 总结巴黎公社革命实践经验，详细阐述"打碎资产阶级国家机器"的科学含义

巴黎公社革命是无产阶级打碎资产阶级国家机器的第一次实践。它摧毁了资产阶级国家机器的主要支柱，建立了无产阶级民主政权。公社这一革命实践，是对马克思根据1848年革命经验所概括的"必须打碎资产阶级国家机器"的结论的运用和验证。同时，马克思在总结公社革命经验的基础上，在《法兰西内战》中把"打碎"的结论更加具体化了，赋予了"打碎"的结论以科学的含义。

首先，马克思根据公社革命打碎旧的国家机器的实践经验，以及对资产阶级国家机器演变、发展历史的分析，对资产阶级国家机器从形式到内容的分析，更具体地科学地说明"打碎"旧的国家机器的必要性。马克思认为：巴黎公社以前的所有政权，无论其表现形式、内在结构有什么不同，其阶级属性、本质特征是一样的，都是剥削阶级的政权，因而只能是压迫奴役人民的工具。它的每一次变动都是使拥有庞大的常备军、警察和官僚机器的社会"寄生赘瘤"的力量得到加强，每一次变动都只能是对劳动人民的更加凶恶的奴役。因此，巴黎公社的革命"不是为了把国家政权从统治阶级这一集团转给另一集团而进行的革命，它是为了粉碎这个阶级统治的凶恶机器本身而进行的革命"①。对无产阶级和劳动人民来说，无产阶级要获得解放，"奴役他们的政治工具不能当成解放他们的政治工具来使用"②，无产阶级"不能简单地掌握现成的国家机器，并运用它来达到自己的目的"③。

其次，马克思在《法兰西内战》这篇文章中，通过对公社革命打碎旧的国家

① 《马克思恩格斯选集》第3卷，人民出版社2012年版，第139页。
② 《马克思恩格斯选集》第3卷，人民出版社2012年版，第163页。
③ 《马克思恩格斯选集》第3卷，人民出版社2012年版，第95页。

机器的复杂过程的辩证分析，赋予了“打碎”结论以科学的含义。马克思指出：“旧政权的纯属压迫性质的机关予以铲除，而旧政权的合理职能则从僭越和凌驾于社会之上的当局那里夺取过来，归还给社会的承担责任的勤务员。”[①]马克思在这里把资产阶级国家机器的两种职能作了严格的区别：一种是纯粹压迫机关，即官僚、军队等执行的奴役剥削人民的特殊职能，它是剥削阶级国家所特有的；另一种职能是管理社会事务的合理职能，它是一切国家共有的。无产阶级在打碎旧的国家机器、建立自己政权的过程中，要首先摧毁、废除第一种职能，摧毁反动的官僚军事机构。对旧的国家机器的第二种职能，对过去文明创造出的各种有用国家机构，则应该在改变其阶级性质的基础上，予以继承和利用。

2. 揭示巴黎公社是“可以使劳动在经济上获得解放的政治形式”，解决了无产阶级用什么样的国家政权去代替被打碎的旧的国家机器的问题

巴黎公社革命期间，巴黎无产阶级率先创造了用来代替被打碎的旧国家机器的无产阶级政权形式，对建设无产阶级专政下的民主政治进行了实践探索。在《法兰西内战》中，马克思对公社这一新型的无产阶级民主政权作了详细的论证：如何用人民的武装代替资产阶级常备军、警察；如何为确保人民当家作主的地位，组成立法和行政统一的工作机关；如何规定用民主集中制原则来组建统一的民主共和国，废除官僚集中制的传统政权形式；如何为防止国家机关蜕化变质，对公职人员实行普选制、撤换制和普通工人工资制，等等。马克思认为，公社的伟大创举在于其表现出了根本不同于旧的国家机器的新型国家的性质和特征，“这次革命的新的特点还在于人民组成了公社，从而把他们这次革命的真正领导权握在自己手中，同时找到了在革命胜利时把这一权力保持在人民自己手中的办法，即用他们自己的政府机器去代替统治阶级的国家机器、政府机器”[②]。马克思认为，公社是“一定形式”的新型国家政权，但它反映了无产阶级新型国家的基本特征，这就是权力保持在人民自己手中。他还认为“公社给共和国奠定了真正民主制度的基础”[③]。马克思对公社的性质和基本特征的论述，为后来无产阶级建立无产阶级专政国家，建设社会主义民主政治，提出了指导性的理论原则。

3. 阐明了无产阶级专政国家的任务及其特点

公社在它存在的72天里，虽然主要精力集中在与反革命势力的军事斗争上，但同时也十分重视社会政治、经济和文化的改革，努力建立一个无产阶级专政的政权。虽然公社还来不及制订出完整和长远的政治经济纲领，在实践上也

① 《马克思恩格斯选集》第3卷，人民出版社2012年版，第100页。
② 《马克思恩格斯选集》第3卷，人民出版社2012年版，第152页。
③ 《马克思恩格斯选集》第3卷，人民出版社2012年版，第101～102页。

没有没收法兰西银行,这在恩格斯看来是在掌握国家经济命脉和触动私有制问题上出现了重大失误,然而公社却力图在自己的政策措施中代表工人群众的要求和利益来发展生产。例如:公社没收了逃亡资本家的工厂,交由工人协作社经营,明令禁止任何机构收取罚金和擅自克扣工人工资,等等。马克思总结了公社实行的限制资本主义剥削、恢复生产、保障供应和改善劳动群众生活的经济改革措施,认为这些措施表明公社"想要剥夺剥夺者","它是想要把现在主要用做奴役和剥削劳动的手段的生产资料,即土地和资本完全变成自由的和联合的劳动的工具"。[①] 马克思由此提出了无产阶级专政的具体任务,并且指出实现这些任务具有长期性的特点。他认为无产阶级专政应当成为铲除阶级赖以存在、因而也是阶级统治赖以存在的经济基础的杠杆,而且工人阶级需要"以自由的联合的劳动条件去代替劳动受奴役的经济条件,只能随着时间的推进而逐步完成(这是经济改造);他们不仅需要改变分配,而且需要一种新的生产组织,或者毋宁说是使目前(现代工业所造成的)有组织的劳动中存在着的各种生产社会形式摆脱掉(解除掉)奴役的锁链和它们的目前的阶级性质,还需要在全国范围内和国际范围内进行协调的合作"[②]。马克思在这里提出的"自由联合的劳动条件"的问题、"分配方法"的问题、"新的生产组织"问题,都是无产阶级专政国家的具体任务。关于阶级斗争的长期性,他指出:工人阶级"必须经过长期的斗争,必须经过一系列将把环境和人都加以改造的历史过程。工人阶级不是要实现什么理想,而只是要解放那些由旧的正在崩溃的资产阶级社会本身孕育着的新社会因素"[③]。可见,无产阶级专政国家担负的这些任务是十分繁重的,需要在相当长的历史时期内才能完成。同时,马克思还指出,公社事业"将不断地受到各种既得利益和阶级自私心理的抗拒,因而被延缓、被阻挠。他们知道,目前'资本和地产的自然规律的自发作用'只有经过新条件的漫长发展过程才能被'自由的联合的劳动的社会经济规律的自发作用'所代替"[④]。就是说,为了保障所有制和经济改造的完成,无产阶级专政国家还要担负镇压反革命势力以及其他敌对分子的反抗的任务。这一任务同样需要漫长的过程。马克思在《法兰西内战》中提出的无产阶级专政国家的任务及其特点,构成了从资本主义到共产主义过渡时期理论的重要内容,也为共产主义社会两个发展阶段理论奠定了基础。

4. 揭示无产阶级专政国家时期的阶级斗争的特点和趋势

巴黎无产阶级掌握政权后,剥削阶级和反动势力进行了一系列颠覆活动,

① 《马克思恩格斯选集》第3卷,人民出版社2012年版,第102～103页。

② 《马克思恩格斯选集》第3卷,人民出版社2012年版,第143～144页。

③ 《马克思恩格斯选集》第3卷,人民出版社2012年版,第103页。

④ 《马克思恩格斯选集》第3卷,人民出版社2012年版,第144页。

如进行反革命示威、反革命暴乱，等等。公社对此坚决地进行了镇压，维护了社会治安。马克思指出了无产阶级专政国家时期的阶级斗争特点和趋势："公社并不取消阶级斗争，工人阶级正是通过阶级斗争致力于消灭一切阶级，从而消灭一切阶级统治。"[①]就是说，公社只有坚持阶级斗争，加强人民的武装，才能镇压敌人的反抗和抵御外来的侵略。马克思不仅指出了无产阶级国家建立后的一定时期内阶级斗争还必然存在，同时也揭示了随着无产阶级上升为统治阶级，随着社会经济改造的深入，阶级斗争也将以与以往不同的方式出现。马克思揭示的无产阶级专政国家时期的阶级斗争的特点和趋势，无疑对无产阶级专政国家确定正确的政治路线，正确解决阶级斗争问题，奠定了理论基础。

(二)阐述了社会主义民主和廉价政府以及关于人民公仆的观点

1. 关于廉价政府

所谓"廉价政府"，是指用于政府及工作人员生存和活动的开支比较节省，行政成本低廉。"廉价政府"的口号是由资产阶级政治学家提出的，马克思认为资产阶级从根本上是不可能建立廉价政府的，他通过对巴黎公社经验教训的总结，提出了自己的廉价政府理论，为社会主义国家廉政建设提供了宝贵的范本。

(1)廉价政府是机构精简的政府。马克思在总结巴黎公社的经验时指出："公社实现了所有资产阶级革命都提出的廉价政府这一口号。"[②]巴黎公社为缩减开支，减轻人民负担，对各级领导机关进行大刀阔斧的精简，改组后的全体公职人员仅为1500人，而此前的第二帝国市政机关的公职人员却多达上万人。马克思特别强调，这样的政府机构虽然规模小，但是效率高。

(2)廉价政府是为人民服务的政府。巴黎公社的执政者们从一开始就注意摆正和人民群众的关系，真正以人民公仆的身份去竭诚为人民服务。公社提醒公职人员："我们过去是劳动者，今天仍然是劳动者，将来也还是劳动者。我们正是因为代表道德反对邪恶，代表克己奉公反对滥用职权，代表廉洁清正反对腐化堕落，所以才取得胜利的。"[③]正如马克思所言："公社能使农民免除血税，能给他们一个廉价政府，能把现今吸吮着他们鲜血的公证人、律师、法警和其他法庭吸血鬼，换成由他们自己选出并对他们负责的领工资的公社勤务员。公社能使他们免除乡警、宪兵和省长的残暴压迫，能用启发他们智慧的学校教师去代替麻痹他们头脑的教士。"[④]而为防止公职人员脱离群众，公社作出了许多明确

① 《马克思恩格斯选集》第3卷，人民出版社2012年版，第143页。

② 《马克思恩格斯选集》第3卷，人民出版社2012年版，第101页。

③ 罗新璋编译：《巴黎公社公告集》，上海人民出版社1978年版，第137页。

④ 《马克思恩格斯选集》第3卷，人民出版社2012年版，第105页。

而严格的规定,并对违反法令者进行惩处。

(3)廉价政府是真正廉洁的政府。公社颁布了一系列法令,对公职人员的行为提出了严格的规范,以防止出现贪污腐化、奢侈浪费等不良现象。如规定公社委员不得戴绶带骑马闲逛;不得乘坐豪华的车辆;禁止军官穿着炫耀自己身份的华丽服装;禁止利用职权无偿居住高等房间;禁止军官觊觎高官显职,靡费公物;等等。公社是担负社会职能的公仆,是为公社里的人民服务的,本身没有任何特殊的利益,它从根本上消除了国家机关和政府官员对民众财富的侵吞。

2. 关于人民民主和人民公仆

在马克思看来,要实现廉价政府的伟大理想,就必须将政府公职人员由社会的主人变成人民的公仆,这就离不开以普选制为基础的人民民主,他认为只有将普选权归还给人民,其政府和法律才能真正代表人民的意志。马克思主张直接的民主模式,主张广泛的参与,而不是把公民的权利交给某个集团去天然代表,而"公社给共和国奠定了真正民主制度的基础"①。

(1)公社代表由普选产生,为人民服务。马克思指出:"公社的真正秘密就在于:它实质上是工人阶级的政府。"②这就要求真正实现人民当家作主,彻底贯彻无产阶级的民主原则,由人民选择自己的公仆。马克思还指出:"公社是由巴黎各区通过普选选出的市政委员组成的。这些委员对选民负责,随时可以罢免。其中大多数自然都是工人或公认的工人阶级代表。"③在马克思看来,"普选权不是为了每三年或六年决定一次由统治阶级中什么人在议会里当人民的假代表,而是为了服务于组织在公社里的人民"④。

(2)干部任用方面也实行普选制。由人民自由选择管理自己国家的官员是政府及政府官员真正代表人民利益的表现。马克思提出,工人阶级在打碎旧的国家机器后,"社会公职不会再是中央政府赏赐给它的爪牙的私有财产"⑤。而且在公社里,"法官的虚假的独立性被取消,这种独立性只是他们用来掩盖自己向历届政府奴颜谄媚的假面具,而他们对于那些政府是依次宣誓尽忠,然后又依次背叛的"⑥。到巴黎公社的时候,法官"也如其他一切公务人员一样,今后均由选举产生,对选民负责,并且可以罢免"⑦。

---

① 《马克思恩格斯选集》第3卷,人民出版社2012年版,第101～102页。
② 《马克思恩格斯选集》第3卷,人民出版社2012年版,第102页。
③ 《马克思恩格斯选集》第3卷,人民出版社2012年版,第98页。
④ 《马克思恩格斯选集》第3卷,人民出版社2012年版,第100页。
⑤ 《马克思恩格斯选集》第3卷,人民出版社2012年版,第167页。
⑥ 《马克思恩格斯选集》第3卷,人民出版社2012年版,第99页。
⑦ 《马克思恩格斯选集》第3卷,人民出版社2012年版,第99页。

(3)公职人员对选民负责,加强民主监督。公社规定,公社委员必须经常回原选区汇报自己的工作,听取选民意见,回答问题,宣传公社的方针政策,向上反映选民的要求。选民对其工作可以随时提出批评,进行评价,如对其工作不满,可以建议将其撤换。为了防止人民的公仆变成人民的主人,巴黎公社"以随时可以罢免的勤务员来代替骑在人民头上作威作福的老爷们,以真正的责任制来代替虚伪的责任制,因为这些勤务员总是在公众监督之下进行工作的"①。这样,从制度上最大限度地使公职人员能够站在人民的一边,为人民工作。

(4)废除特权和高薪制。公社取消了公职人员的一切特权,以免形成新的贵族阶层。"公社一举而把所有的公职——军事、行政、政治的职务变成真正工人的职务,使它们不再归一个受过训练的特殊阶层所私有"②。公社还通过了关于禁止兼职兼薪的法令,废除了高薪制。"从公社委员起,自上至下一切公职人员,都只能领取相当于工人工资的报酬。""他们所得的报酬只相当于一个熟练工人的收入,每月 12 英镑,最高薪金每年也不超过 240 英镑;按照一位科学界大权威赫胥黎教授的标准,这样的薪金只略高于伦敦国民教育局秘书工资的五分之一。借口国家机密和国家权利玩弄的一整套骗局被公社一扫而尽。"③委员们表示,他们不是为了升官发财,而是为了革命的需要,来做人民的公仆的。

这些观点对现今社会主义建设来说也具有重要意义。纵观历史我们不难发现,一旦国家权力高度集中到个人手里,而人民群众又不能进行有效的监督和控制,慢慢地公仆就会凌驾于人民之上。于是政府变得机构臃肿、效率低下,公职人员变成人民的主人。正如孟德斯鸠所说:"一切有权力的人都容易滥用权力,这是万古不易的一条经验。"④没有监督的权力必然导致腐败,有监督的权力则出现腐败的几率要小很多。为了根除这种状况,必须把国家置于整个社会的监督之下,从制度上保证廉价政府的实现。无产阶级的民主并不仅仅意味着用民主手段成立政权,更深层次的内容就是由人民参政议政,享有对公职人员监督的权利。

《法兰西内战》作为马克思著作中的重要篇章,第一次在实践的基础上论证了无产阶级打破剥削阶级国家机器的可能性和必要性,在总结巴黎公社的经验教训中阐述了社会主义的基本原理,是巴黎公社经验的总结,是科学社会主义思想的结晶。可以说,马克思的很多观点在今天看来还是具有重要的意义,不论是对我国的民主建设还是国际共运的发展,都起到了启示的作用。

---

① 《马克思恩格斯选集》第 3 卷,人民出版社 2012 年版,第 141 页。

② 《马克思恩格斯选集》第 3 卷,人民出版社 2012 年版,第 142 页。

③ 《马克思恩格斯选集》第 3 卷,人民出版社 2012 年版,第 98、141～142 页。

④ [法]孟德斯鸠:《论法的精神》(上册),张雁琛译,商务印书馆 1961 年版,第 154 页。

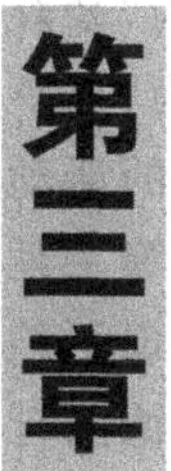

捍卫和发展科学社会主义理论的光辉典范

——《哥达纲领批判》导读

马克思晚年的《哥达纲领批判》，是科学社会主义的重要纲领性文献之一。在这部著作里，马克思逐条批判了《德国工人党纲领》（"哥达纲领"）草案中的拉萨尔机会主义观点，阐述了科学社会主义的基本原理，在关于资本主义向社会主义的过渡时期、无产阶级国家的作用和演变以及共产主义社会的发展阶段等问题上，把科学社会主义理论推进到了一个新的历史阶段。

一、历史背景

马克思写作这一著作的时期，是在巴黎公社伟大创举后的第四年。巴黎公社革命，是无产阶级通过革命打碎资产阶级国家机器，建立无产阶级专政的第一次伟大尝试。它虽然失败了，但却以它成功的经验和失败的教训为国际共产主义运动留下了宝贵财富。巴黎公社政权的建立，标志着西方资产阶级革命业已完结，无产阶级的社会主义革命进入新的历史阶段。巴黎公社后，在工人运动发展的基础上，马克思主义得到广泛传播，第一批社会主义政党在十几个国家建立；但同时，这些政党又都不是真正的马克思主义政党，而且第一国际内部分裂倾向加剧；马克思和恩格斯同教条主义、宗派主义、改良主义的斗争异常艰巨。这就是当时欧美工人运动发展的主要特点，也是该著作写作的总体背景。

顾名思义,《哥达纲领批判》就是马克思对"哥达纲领"的批判。所谓"哥达纲领",是指1875～1891年间德国社会主义工人党实施的纲领。巴黎公社失败后,国际工人运动的重心从法国转到了德国。但当时的德国非常复杂,德国工人运动内部并不统一,在德国工人运动中出现了针锋相对的两个派别和两条路线的尖锐斗争。以李卜克内西和倍倍尔为代表的德国社会民主工党称为"爱森纳赫派",他们基本上执行了马克思主义的路线。全德工人联合会则称为"拉萨尔派",他们执行的是拉萨尔的机会主义路线,而且拉萨尔机会主义派别的活动十分猖狂。双方在如何对待德国统一、普法战争、巴黎公社和第一国际等一系列重大问题上都存在着严重分歧和斗争。不过,到了70年代初,两派出现了趋向联合的新形势。普鲁士由于赢得了普法战争的胜利,随即便实现了全德国自上而下的统一,巴黎公社又很快遭到了失败,于是两派原来争论的一些重大问题实际已经得到解决,妨碍两派联合的分歧基本上已不存在了。同时,爱森纳赫派由于在马克思和恩格斯的指导下执行了正确的路线,在群众中的影响不断扩大,但他们的领导人却存在着对马克思的革命理论重视不够,而且也没有完全摆脱拉萨尔主义的侵蚀和影响的缺点。而拉萨尔派因执行了一条错误的机会主义路线,日益失去工人的信任,许多成员纷纷转到爱森纳赫派方面去了,以致最后在政治上和组织上濒于瓦解,陷入走投无路的绝境,也想利用爱森纳赫派的声望来维持自己的地位。再者,在德国统一和巴黎公社失败的情况下,德国的反动统治加强,工人运动暂时处于低潮,广大工人群众都迫切要求加强自己队伍的团结,共同对敌。在这种情况下,德国社会民主工党(爱森纳赫派)与全德工人联合会(拉萨尔派)共同组成起草委员会,于1875年2月起草了纲领草案,并在同年5月召开合并大会,称"德国社会主义工人党"(1890年哈雷代表大会改为"德国社会民主党"),对《德国工人党纲领》草案只在个别文字上略加修改就通过了,成为党的正式纲领。这就是机会主义的《德国工人党纲领》,因合并大会在哥达城召开而又被称作"哥达纲领"。俾斯麦政府实施镇压社会党人的《非常法》被废除后,德国社会民主党(改名)由非法改为合法,并在1891年修改通过新的纲领《爱尔福特纲领》,取代"哥达纲领"成为党的正式纲领。

对于为德国两派合并而草拟的《德国工人党纲领》草案,马克思和恩格斯认为是一个极其糟糕的机会主义纲领,并予以坚决批判。巴黎公社后,随着国际工人运动中心的转移,马克思和恩格斯开始把注意力更多地放在指导德国工人运动上,也一直关心和支持德国工人组织的团结和统一。马克思和恩格斯并不反对两派的合并和统一,但认为必须在科学共产主义原则的基础上实行合并,绝不能对机会主义路线作无原则的妥协和让步。马克思一再警告爱森纳赫派的领导人“决不拿原则做交易”[①]。恩格斯也在1875年3月《给奥·倍倍尔的信》中说:“合并的第一个条件是,他们不再做宗派主义者,不再做拉萨尔派。”[②]马克思和恩格斯在得知纲领草案于同年3月先后分别在两派机关报上发表后,当即批评爱森纳赫派领导人断送了在科学社会主义基础上统一德国工人运动的良机,认为纲领中充满着拉萨尔主义的错误观点。随后,针对这个纲领草案,马克思于4月底5月初写了《德国工人党纲领批注》(又译为《对德国工人党纲领的几点意见》),并把它连同一封信一起寄给了威廉·白拉克,后来该著作被通称为《哥达纲领批判》。

《哥达纲领批判》只是于两派召开合并大会前给爱森纳赫派领导人白拉克,并由他转交给盖布、奥艾尔、倍倍尔和李卜克内西阅看后并退回马克思,在马克思生前没有公开发表。白拉克当时对哥达纲领草案持批评态度,但李卜克内西等人没有听从马克思、恩格斯的告诫,而是一味贪求一时的表面的成功和形式的团结,以致不惜拿原则做交易,在两派合并的代表大会上,放弃了革命的原则,通过了以拉萨尔机会主义理论为基础的“哥达纲领”。尽管如此,《哥达纲领批判》却以其对“哥达纲领”的批判斗争,对“哥达纲领”作了共产主义的解释,从而帮助社会主义工人党领导人和工人群众从正面领会了纲领的内容,使“哥达纲领”未给以后的德国工人运动和国际共产主义运动发展带来明显的不良影响。1891年1月,恩格斯为了反击德国党内日见抬头的机会主义思潮,肃清拉萨尔主义的影响,帮助德国社会民主党修改制定正确的纲领,不顾党内某些领导人的反对,将这一著作发表在1890～1891年《新时代》杂志第9卷第1册第18期,并写了序言。恩格斯在发表《哥达纲领批判》时,考虑了《新时代》杂志的出版者约·亨·威·狄茨和编辑卡·考茨基的要求,删去了一些针对个别人的尖锐词语和评语。在中国,《哥达纲领批判》最早由熊得山译成中文,1922年发表在北京《今日》杂志第1卷第4号(马克思特号)。

二、主要内容

《哥达纲领批判》,包括恩格斯写的1891年版序言、马克思1875年5月5日给威廉·白拉克的信以及马克思的《德国工人党纲领批注》正文。在序言中,恩格斯着重说明了公开发表《哥达纲领批判》的原因,以及发表这篇著作对当时德国工人运动和国际共产主义运动的意义。马克思给白拉克的信阐明了写作《哥

① 《马克思恩格斯文集》第3卷,人民出版社2009年版,第426页。

② 《马克思恩格斯文集》第3卷,人民出版社2009年版,第411页。

达纲领批判》的目的及批判拉萨尔机会主义理论的必要性，同时指出爱森纳赫派主要领导人在两派合并问题上的错误，指明在合并问题上应采取的正确立场和策略。《哥达纲领批判》正文共分四章，它按照纲领草案原文的次序逐条对其进行分析和批判。第一章分析批判了“哥达纲领”草案第一部分的五个条文，揭露其掩盖资本主义剥削实质、混淆资本主义社会阶级关系和鼓吹拉萨尔主义分配观点的错误，第一次阐明共产主义社会发展阶段的原理，并具体阐明了社会主义时期的分配原则。第二章重点批判了纲领草案中拉萨尔关于“铁的工资规律”的错误观点，揭露资本主义工资制度的实质，指出资本主义雇佣劳动制度是工人阶级受剥削的根源，阐明了工人阶级只有消灭雇佣劳动制度，才能摆脱贫困和被剥削的地位，才能实现真正的阶级平等。第三章集中批判了拉萨尔关于“依靠国家帮助”建立生产合作社实现社会主义的机会主义观点，阐明了资本主义社会的工人建立合作社的意义，论述了实现社会主义的途径，指出无产阶级通过社会革命建立社会主义的必要性。第四章分析和批判了拉萨尔鼓吹建立“自由国家”等谬论及其庸俗的民主主义的政治要求，阐述了过渡时期和无产阶级专政的理论，等等。

在《哥达纲领批判》中，尽管由于体例（逐条批判）的原因，马克思在其批判中所捍卫、重申或强调的原有思想以及所进一步发展、丰富的创新观点而稍感分散，但概括归纳起来，我们依然可以看到马克思在《哥达纲领批判》中所坚持的主题和主线，依然可以看出《哥达纲领批判》所体现的关于无产阶级的革命路线和科学社会主义原理的颇具价值的特色和亮点。从原著学习的针对性、时效性而言，我们应该重点把握这个主题和主线以及这些特色和亮点。具体说来，有以下几个主要方面：

（一）工人阶级政党必须充分重视“纲领”的重要性

“哥达纲领”草案刚一出笼，就遭到马克思和恩格斯的愤怒谴责和批判。马克思和恩格斯认为，一个党的纲领对无产阶级政党具有极重要的意义。马克思认为，对于工人阶级政党来说，制定和执行正确的纲领极其重要。他指出：“制定一个原则性纲领……这就是在全世界面前树立起可供人们用来衡量党的运动水平的里程碑。”[1]恩格斯也指出：“一个新的纲领毕竟总是一面公开树立起来的旗帜，而外界就根据它来判断这个党。”[2]他们认为，党纲是表明这个党举什么旗、走什么路，是直接关系到党的性质和建设的根本问题，在党的建设以及发挥党在领导工人运动中具有重要的地位和作用，党的纲领对无产阶级政党的建设

① 《马克思恩格斯文集》第3卷，人民出版社2009年版，第426页。

② 《马克思恩格斯文集》第3卷，人民出版社2009年版，第415页。

具有极重要的意义。

马克思之所以急切地坚决地批判哥达纲领草案，不仅是因为纲领太重要了，而且还因为哥达纲领草案"很糟糕"。哥达纲领草案虽然短小，但却充斥着拉萨尔的机会主义观点，体现着拉萨尔机会主义的思想逻辑：在资本主义制度下工人阶级的贫困是由所谓"铁的工资规律"造成的；要废除这个规律，就必须建立生产合作社，使工人获得"不折不扣的全部劳动所得"；要建立合作社，就必须依靠"国家资助"，而不是工人摧毁后去建立；要取得国家资助，就必须争取普选权，把他这样的人选进去，通过"合法斗争"使国家成为"自由国家"；要争取普选权，就必须进行和平和合法的活动，而不是一味地革命斗争。这就掩盖了资本主义的剥削根源和实质，否认了无产阶级革命和无产阶级专政的必要性，瓦解了工人的革命斗志，就会背离社会主义原则，把德国工人运动引上邪路。马克思评价这个纲领草案时表示："我的义务也不容许我哪怕用外交式的沉默来承认一个我认为极其糟糕的、会使党精神堕落的纲领。""撇开把拉萨尔的信条奉为神圣这一点不谈，这个纲领也是完全要不得的。"[①]"在合并大会以后，恩格斯和我将要发表一个简短的声明，内容是：我们同上述原则性纲领毫不相干，同它没有任何关系。"[②]他在《德国工人党纲领批注》结尾表示："我已经说了，我已经拯救了自己的灵魂。"[③]恩格斯也指出："这个草案的确使我们吃惊不小"[④]，"新的纲领无论如何不应当像这个草案那样比爱森纳赫纲领倒退一步"，"在这个连文字也写得干瘪无力的纲领中差不多每一个字都应当加以批判。它是这样一种纲领，一旦它被通过，马克思和我永远不会承认建立在这种基础上的新党"[⑤]，"这个纲领草案中所表现的明显的退步，不能不使我们感到特别愤慨"[⑥]。

关于纲领问题的策略及运用，马克思在给白拉克的信中提出了一个重要的经典思想："一步实际行动比一打纲领更重要。"[⑦]马克思说：在两派合并时，既然不可能——而局势也不容许这样做——超过爱森纳赫纲领，那就干脆缔结一个反对共同敌人的行动协定，应该把这件事推迟到由较长时间的共同工作准备好了的时候才适时制定一个原则性的、可供人们用来衡量党的运动水平的纲领。这就告诉我们，在纲领问题上应坚持原则性和实践性的统一：一方面，如果未能或无法形成科学明确的纲领，就用符合自身原则的实际行动来坚持和体现，而

① 《马克思恩格斯文集》第3卷，人民出版社2009年版，第426页。
② 《马克思恩格斯文集》第3卷，人民出版社2009年版，第425页。
③ 《马克思恩格斯文集》第3卷，人民出版社2009年版，第449页。
④ 《马克思恩格斯文集》第3卷，人民出版社2009年版，第410页。
⑤ 《马克思恩格斯文集》第3卷，人民出版社2009年版，第415页。
⑥ 《马克思恩格斯文集》第3卷，人民出版社2009年版，第423～424页。
⑦ 《马克思恩格斯文集》第3卷，人民出版社2009年版，第426页。

决不能在纲领性原则上有丝毫含糊和妥协;另一方面,一旦制定了党的纲领,就要依靠现实的努力和艰苦的奋斗,否则,再好的理想也只能被束之高阁,成为不结果实的花朵。中国共产党历来重视制定、修改和完善党的纲领,特别是在革命、建设和改革的重大历史关头,总是通过进一步修改完善党的纲领,以符合时代发展要求和历史发展趋势的新党章来指明方向,同时坚持党的最高纲领和最低纲领的有机统一,以更加科学和丰富的形式,充分体现了马克思在纲领问题上坚持原则性与实践性相统一的思想。

(二)共产主义的阶段性发展思想

长期以来,在马克思、恩格斯那里,“社会主义”称谓也好,“共产主义”称谓也好,包括“自由人联合体”,都是关于未来新社会的不同表述,其意义基本上是一致的。而如何规划未来新社会的实现进程及其不同阶段的具体原则特征,却在理论和实践上长期没有得到解决。明确提出共产主义的发展阶段思想,对这个问题进行初步的探索、预测和回答,是马克思《哥达纲领批判》的卓越性和开创性的贡献。

《哥达纲领批判》中,关于共产主义的发展阶段思想的几处集中的经典表述有:

一是马克思在第四章中批判哥达纲领草案鼓吹建立“自由国家”等谬论时提出的一个重要论断:“在资本主义社会和共产主义社会之间,有一个从前者变为后者的革命转变时期。同这个时期相适应的也有一个政治上的过渡时期,这个时期的国家只能是无产阶级的革命专政。”[①]这一重要论断揭示了:其一,“自由国家”是资产阶级的口号,国家是一个阶级镇压另一个阶级的暴力机器,它不可能对所有阶级、所有社会成员都是自由的,“自由国家”不是无产阶级的目的,对于一切觉悟了的工人来说,他们的目的是推翻资产阶级国家,建立无产阶级专政。其二,国家不能离开社会的经济基础而独立存在,纲领草案抽象地谈论“现代社会”、“现代国家”,掩盖了资产阶级国家的阶级本质。纲领草案所说的“现代社会”就是存在于一切文明国度中的资本主义社会,这种社会经济基础的一致性决定了这些国家的同质性。尽管各国具体形式不完全相同,不管它们的形式如何纷繁,却有一个共同点:它们都建立在现代资产阶级社会的基础上,只是这种社会的资本主义发展程度不同罢了。其三,在资本主义社会向共产主义社会的过渡时期,只能是无产阶级的革命专政。

二是在第一章中,批驳纲领草案回避生产资料所有制这一要害问题,只在

---

① 《马克思恩格斯文集》第3卷,人民出版社2009年版,第445页。

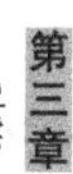

所谓“分配”问题上大做文章并把重点放在它上面，抽象地谈论“公平分配”、“平等权利”、“劳动所得应当不折不扣”、“按照平等的权利属于社会一切成员”等错误时，马克思提出的三个重要论断：(1)“我们这里所说的是这样的共产主义社会，它不是在它自身基础上已经发展的了，恰好相反，是刚刚从资本主义社会中产生出来的，因此它在各方面，在经济、道德和精神方面都还带着它脱胎出来的那个旧社会的痕迹。”①(2)“但是这些弊病，在经过长久阵痛刚刚从资本主义社会产生出来的共产主义社会第一阶段，是不可避免的。”②(3)“在共产主义社会高级阶段，在迫使个人奴隶般地服从分工的情形已经消失，从而脑力劳动和体力劳动的对立也随之消失之后；在劳动已经不仅仅是谋生的手段，而且本身成了生活的第一需要之后；在随着个人的全面发展，他们的生产力也增长起来，而集体财富的一切源泉都充分涌流之后，——只有在那个时候，才能完全超出资产阶级权利的狭隘眼界，社会才能在自己的旗帜上写上：各尽所能，按需分配！”③

《哥达纲领批判》的这些经典表述，用“革命转变时期”、“政治上的过渡时期”、“无产阶级的革命专政”、“这里所说的是这样的共产主义社会”、“共产主义社会第一阶段”、“共产主义社会高级阶段”及“各尽所能，按需分配”这些字眼，为我们基本清晰和比较明确地对未来社会的阶段性发展进程作出了预测、规划和展望：在资本主义社会和共产主义社会之间，首先需要一个“转变时期”或曰“过渡时期”。这个时期只有依靠无产阶级革命推翻资产阶级统治，建立自己的国家政权，并运用政权消灭资本主义私有制之后才能建立实现。这一时期，必然会遭到剥削阶级的拼命反抗，会遇到小资产阶级和各种旧的习惯势力的抵制与反对，这就决定了它必须实行无产阶级专政。其次是“共产主义社会第一阶段”，这一阶段实行按劳分配。按劳分配所包含的这种实事上的不平等的弊病是由社会主义社会的生产力发展状况和经济结构的特点所决定的，同时也与现阶段社会文化发展和人们思想觉悟程度等密切相联系。如果我们脱离当前社会经济、文化发展的实际，而硬要主观主义地去“纠正”按劳分配中包含的这些弊病，实行平均主义的分配，其结果只能是严重挫伤劳动者的积极性，破坏社会生产力。最后是“共产主义社会高级阶段”，实行“各尽所能，按需分配”原则。

这里需要说明的是，马克思并未对“转变时期”或“过渡时期”与“共产主义第一阶段”是独立的先后关系还是一致阶段的不同表述关系作出明确界定。这是由认识和实践材料的历史局限性所致。但无论是何种关系，其所反映的思想

---

① 《马克思恩格斯文集》第3卷，人民出版社2009年版，第434页。

② 《马克思恩格斯文集》第3卷，人民出版社2009年版，第435页。

③ 《马克思恩格斯文集》第3卷，人民出版社2009年版，第435～436页。

认识，是分阶段有步骤地实现共产主义，至于具体分几个阶段，每个阶段的时限如何，必须都要看一定的具体的社会历史条件。

（三）共产主义第一阶段（即后来所称的社会主义阶段）实行按劳分配的思想

《哥达纲领批判》通过批判纲领草案，揭露了资本主义的分配方式及其实质，以及拉萨尔派仅在分配问题上兜圈子而回避资本主义私有制这一要害的根本错误。该书集中深刻批判了纲领草案关于“劳动是一切财富和一切文化的源泉”的错误观点，指出劳动只有同生产资料相结合才能创造物质精神财富。马克思在书中指出：“消费资料的任何一种分配，都不过是生产条件本身分配的结果；而生产条件的分配，则表现生产方式本身的性质。”[①]例如，资本主义社会，劳动资料为土地所有者和资本家所垄断，工人除了自己的劳动力外一无所有，只有同土地所有者和资本家的生产资料相结合并受他们的剥削，才能进行劳动，创造财富。这就决定了资本主义社会的分配方式特征：工人只得到作为劳动力价值的工资，资本家和土地所有者虽不劳动，却占有工人的剩余价值。其实质是按资分配，只有消灭资本主义私有制，才能改变资本主义的这种分配方式。

马克思重点批判了拉萨尔所鼓吹“铁的工资规律”，指出其实质是在为资本主义制度辩护。所谓“铁的工资规律”，是拉萨尔炮制的一个命题。拉萨尔这样解释这个命题，在劳动的供求的支配之下，决定着工资的铁的经济规律是这样的：平均工资始终停留在一国人民为维持生存和繁殖后代按照习惯所要求的必要的生活水平上。这是这样的一个中心点：实际日工资总是在它周围摆动，既不能长久地高于它，也不能长久地低于它。实际的日工资不能长期地高于这个平均数，否则就会由于工人状况的改善而发生工人人口从而人手供应的增加，结果又会把工资压低到原来的或者低于原来的水平。工资也不可能长期地大大低于这个必要的生活水平。因为那时就会发生人口外流，独身生活，节制生育，以致最后由于贫困而造成工人人数减少等现象，这样，就会使工人人手的供应短缺，从而使工资重新回到它原来的较高的水平。因此，实际的平均工资处于运动之中，始终围绕着它这个重心上下摆动，时而高些，时而低些。这就是一个铁的规律。可见，拉萨尔用人口的绝对变动来说明工资的变动，把资本主义社会工人的贫困和失业说成是由于人口增殖太快造成的，而不是资本主义制度造成的。马克思认为，它实际上是把资本主义社会所特有的工资规律、人口规律和无产阶级的贫困化说成是“自然规律”，这无疑是荒谬和有害的。纲领草案把分配看成是一种不依赖于生产方式的东西，认为只要实行“公平分配”就可以

① 《马克思恩格斯文集》第3卷，人民出版社2009年版，第436页。

消除工人阶级和劳动大众的贫困，无疑是根本错误的。

《哥达纲领批判》进而批判了纲领草案中将劳动所得"不折不扣和按照平等的权利""公平分配"给社会一切成员的错误观点，在提出共产主义发展阶段思想的基础上，进一步从正面回答了共产主义第一阶段也就是后来所指的社会主义阶段的分配原则——按劳分配。按劳分配的主要内涵规定是：其一，作为按劳分配的，是在生产资料社会主义公有制条件下，对劳动产品或者说集体劳动所形成的社会总产品作了各项必要的扣除之后的个人消费资料，而非"不折不扣"的全部"劳动所得"。在共产主义第一阶段，为使社会再生产能够连续不断地进行，并使生产规模不断扩大，必须从社会总产品中作出以下三项必要的扣除：一是用来补偿消费掉的生产资料的部分（补偿基金）；二是用来扩大生产的追加部分（扩大再生产基金）；三是用来应付不幸事故、自然灾害等的后备基金或保险基金（储备基金）。以上这三项扣除在经济活动中是必要的。此外还需扣除的，一是与生产没有直接关系的一般管理费用（与现代社会比起来，这一部分将会立即极为显著地缩减，并将随着新社会的发展而日益减少）；二是用来满足共同需要的部分，如学校、保健设施等（与现代社会比起来，这一部分将会立即显著地增加，并将随着新社会的发展而日益增加）；三是为丧失劳动能力的人等设立的基金（社会福利和保障基金）。社会总产品在作了以上六项扣除之后，剩余的部分才作为个人消费品在社会成员之间进行分配。其二，分配个人消费品的尺度，是人们为社会提供的劳动量。正如马克思所说："每一个生产者，在作了各项扣除以后，从社会领回的，正好是他给予社会的。他给予社会的，就是他个人的劳动量"，"他以一种形式给予社会的劳动量，又以另一种形式领回来"[①]。从这个意义上讲，按劳分配体现了一种平等的权利，多劳多得，少劳少得，不劳动者不得食。

马克思看到了按劳分配的进步性，也看到了按劳分配的局限性和弊病。他在文中指出："在这里平等的权利按照原则仍然是资产阶级权利，虽然原则和实践在这里已不再互相矛盾，而在商品交换中，等价物的交换只是平均来说才存在，不是存在于每个个别场合。""虽然有这种进步，但这个平等的权利总还是被限制在一个资产阶级的框框里。"[②]也就是说，按劳分配同以往社会尤其是资本主义的分配制度相比，是历史的进步。但是，按劳分配中所通行的仍然是调节商品交换的等价原则，即一种形式的一定量劳动同另一种形式的同等劳动量相交换。此外，用同一个劳动时间和强度的尺度来衡量情况千差万别的劳动者，这样的按劳分配原则默认了劳动者所具有的较强的体力和较高的智力是一种

① 《马克思恩格斯文集》第3卷，人民出版社2009年版，第434页。

② 《马克思恩格斯文集》第3卷，人民出版社2009年版，第434～435页。

天然特权，这种平等的权利对体力和智力不一样的劳动者来说是不平等的。按劳分配的尺度是劳动，但所解决的问题却是分配，各个劳动者的家庭负担各不相同，从而由社会消费品中分得的份额相同的条件下，某一个人得到的事实上比另一个人多些，也就比另一个人富些。因此，按劳分配所体现的只是一种形式上的平等权利，但实际上这个平等的权利还仍然被限制在一个资产阶级的框框里，就它的内容来讲，它像一切权利一样是一种不平等的权利。

关于社会主义阶段的按劳分配存在的这些弊病和缺陷的原因，马克思分析道：这些弊病是不可避免的，因为“权利决不能超出社会的经济结构以及由经济结构制约的社会的文化发展”①。在社会主义社会，由于社会生产力发展还没有能够达到产品极大丰富的程度，工农之间、城乡之间、脑力劳动和体力劳动之间还存在着差别，劳动还未成为人们生活第一需要等原因，只能实行按劳分配的原则。只有到了共产主义的高级阶段按需分配原则替代按劳分配原则时，才能消除按劳分配的种种弊端。因为只有到那时候，按需分配原则替代按劳分配原则的条件和特征才完全具备：社会生产力已高度发展，能够生产出数量、品种都极丰富的产品；不仅不存在阶级差别，而且社会成员已不再受社会分工的束缚，不存在脑力劳动者和体力劳动者的对立；每个社会成员的智力、体力、才能都能获得全面发展；每个劳动者都能自觉地、尽其所能地劳动，而社会也为每个成员发挥其聪明才智提供充分条件，以尽其所能；人们已不再把劳动作为谋生的手段，而是把它作为生活的第一需要；等等。

（四）无产阶级的革命原则和实事求是策略相统一的思想

以论战形式出现的《哥达纲领批判》，表现出对拉萨尔机会主义的坚决的、不妥协的无产阶级革命性。它向人们昭示的是，社会主义运动有顺境也有逆境，但无论在什么形势下，都不要忘记运动的未来，时刻要力求克服掩盖资本主义的阶级实质、希望在内部解决的错误倾向，牢牢把握无产阶级的革命原则。

其一，铲除资本主义生产资料所有制，是无产阶级革命的根本任务。无产阶级和劳动人民在资本主义制度下贫困的根源是生产资料为资产阶级所占有，因而随着资本主义的发展必然出现两极分化：一方面，工人阶级和劳动人民的贫困和被剥削不断加剧；另一方面，资产阶级占有的财富与文化日益增多。因而，无产阶级和劳动人民要获得解放，只有消灭资本主义私有制。马克思说：“这是直到目前的全部历史的规律。因此，不应当泛泛地谈论‘劳动’和‘社会’，而应当在这里清楚地证明，在现今的资本主义社会中怎样最终创造了物质的和

① 《马克思恩格斯文集》第3卷，人民出版社2009年版，第435页。

其他的条件，使工人能够并且不得不铲除这个历史祸害。"①

其二，无产阶级只有通过社会革命，才能建立社会主义。马克思指出，纲领草案宣扬"依靠国家帮助建立生产合作社"来实现社会主义，妄图通过把工人代表选进议会就可以实现"劳动人民的民主监督"，是彻头彻尾的机会主义观点，是"从阶级运动的立场完全退到宗派运动的立场"②。在资本主义社会里，工人建立生产合作社有其积极意义，生产合作社反映了工人要改变资本主义私有制、建立公有制的愿望，加强了工人的团结，改善了工人的生产生活条件，但企图通过建立生产合作社来改变整个资本主义生产关系是根本不可能的。无产阶级通过革命，才是建立社会主义的正确道路。

其三，离开资本主义私有制和无产阶级革命道路来谈论"用一切合法手段去争取建立自由国家"和庸俗的民主主义政治要求，纯属是一种虚构。无产阶级通过革命取得政权后，必须打碎旧的国家机器，建立无产阶级专政，凭借无产阶级专政的国家政权力量，实现资本主义经济的社会主义改造，建立社会主义公有制，镇压资产阶级和一切剥削阶级以及各种旧的习惯势力的反抗，建立同旧的传统观念实行彻底决裂并与社会主义经济基础相适应的上层建筑。

在坚持革命原则的同时，还要坚持实事求是的灵活性原则。"哥达纲领"通过后，马克思和恩格斯没有公开发表不同意这个纲领的声明。因为这个纲领的实际遭遇比它应该有的遭遇要好得多，当时德国工人阶级对这个纲领作了共产主义的解释，没有理会其中的机会主义观点，因而出于策略上的考虑，马克思、恩格斯对这个纲领保持了沉默。马克思在《哥达纲领批判》中提出共产主义发展阶段思想，以及全面评价社会主义阶段按劳分配的必要性和历史局限，也都体现了马克思主义者实事求是、与时俱进的科学态度。该著作批判纲领草案把农民和小资产阶级污蔑为"反动的一帮"的谬论，指出农民和小资产阶级是无产阶级革命的同盟军。该著作批判纲领草案的狭隘民族主义观点，阐述了无产阶级国际主义原则。这些都体现了原则性和灵活性的有机统一。

三、历史意义和现实意义

通过以上对历史背景及主要内容的学习和分析，我们可以充分认识到，马克思的《哥达纲领批判》，既是以马克思主义革命纲领同机会主义的反动纲领进行不妥协斗争的光辉典范，又是以实事求是态度推进科学社会主义理论不断发

① 《马克思恩格斯文集》第3卷，人民出版社2009年版，第430页。

② 《马克思恩格斯文集》第3卷，人民出版社2009年版，第443页。

展和创新的光辉典范。

(一)《哥达纲领批判》是继《共产党宣言》之后的又一篇科学社会主义纲领性文献,是科学社会主义的扛鼎之作

《哥达纲领批判》所阐述的基本观点,当时虽然没有被德国工人党所接受,但却全面批判了拉萨尔机会主义的政治观点、经济观点和斗争策略思想,进一步阐述了无产阶级革命和无产阶级专政的一系列基本原理,这是对科学社会主义理论的重大发展。该著作虽然是直接针对德国两派工人政党合并纲领而写的,批判的虽然只是拉萨尔机会主义,但却对批判各种非马克思主义思想意识具有普遍意义,因而在国际共运史中发挥了更为广泛的理论和现实影响力。恩格斯在序言中指出:“这个手稿还有另外的和更广泛的意义。其中第一次明确而有力地表明了马克思对拉萨尔开始从事鼓动工作以来所采取的方针的态度,而且既涉及拉萨尔的经济学原则,也涉及他的策略。”①同时,这篇文章在清算拉萨尔机会主义的同时,还阐述了工人阶级政党的理论基础和战略、策略思想,产生了“应有的影响”并“赋予别人以勇气”。从后来整个国际共运史的发展来看,这部著作也一直是各国共产党人加强思想理论建设、克服各种机会主义的思想武器,发挥了广泛而深远的影响。直到今天,我们学习《哥达纲领批判》,特别是深刻理解它关于共产主义发展阶段的原理、关于社会主义分配原则的论述、关于无产阶级政党建设的理论、关于工人运动的策略等,对于我们深刻理解和把握马克思主义科学体系,正确认识社会主义制度,坚持完善中国特色社会主义理论体系、道路、制度,以及推进新时期党的建设新的伟大工程,都具有非常高的实践指导价值。

(二)《哥达纲领批判》在马克思主义发展史上具有标志性地位,对科学社会主义发展起到了解放思想、启发开道的重要作用

《哥达纲领批判》是马克思晚年思想的过渡标志。在写作《哥达纲领批判》的时期,国际共产主义运动形势有了新特点,资本主义开始发生如股份公司、垄断组织、国有资本出现等新变化,资本主义政治开始大步改良,劳资关系在一定程度上有所缓和。面对这些新的形势,马克思和恩格斯的思想也相应地有了调整的迹象。该著作尽管是以“论战”和“捍卫”的面目出现的,尽管这篇著作篇幅短小,但其创立的共产主义发展阶段思想、首次提出的按劳分配原则等科学社会主义基本原理,却为后来的马克思主义者解开了束缚,启发了思想。

比如,马克思在《哥达纲领批判》中提出的共产主义发展阶段思想具有重大

---

① 《马克思恩格斯文集》第3卷,人民出版社2009年版,第423页。

的意义。首先，它从经济发展水平及分配方式角度探求共产主义各阶段的特点，这是逐步发展和实现共产主义社会的新的科学视角和准确定位。其次，点明了各阶段之间的区别与联系。再次，为后来的马克思主义者解放了思想，放开了束缚，为认识和实践社会主义运动提供了现实可行的指导。总之，这一重要思想，在社会主义理论从空想到科学的基础上，让社会主义进一步实现了理论和实践的统一、理想和现实的统一。共产主义的阶段性发展原理，贯穿着"不断革命论"和"革命发展阶段论"辩证统一的思想，它指明了无产阶级不应在社会主义阶段踏步不前，应当把社会主义革命进行到底，并把社会主义引导到共产主义高级阶段；但也不能超越于历史发展阶段而毕其功于一役，企图在条件还不成熟时就要过渡到共产主义高级阶段上去。列宁接受并进一步发展了这个思想，正式将"共产主义第一阶段"称为"社会主义阶段"。1916 年 7 月，他在《关于自决问题的争论总结》一文中引用了马克思在《哥达纲领批判》中讲的关于过渡时期的论述后说："直到现在，这个真理对社会主义者说来，还是无可争辩的，而这个真理就包含着对国家的承认——直到胜利了的社会主义转变为完全的共产主义为止。"[①]在 1917 年 4 月写的《无产阶级在我国革命中的任务》一文中，他将《哥达纲领批判》的共产主义发展阶段思想概括为："人类从资本主义只能直接过渡到社会主义，即过渡到生产资料公有和按每一个人的劳动量分配产品。我们党看得更远些：社会主义必然会逐渐成长为共产主义，而在共产主义的旗帜上写的是：'各尽所能，按需分配'。"[②]在《国家与革命》中，他还指出："共产主义社会的第一阶段(通常称为社会主义)"，"通常所说的社会主义，马克思把它称作共产主义社会的'第一'阶段或低级阶段"[③]。特别是，邓小平在总结长期中国社会主义建设的经验教训基础上提出了社会主义初级阶段的科学理论，使中国特色社会主义的理论和实践建立在了科学的坚实的基础之上，中国分阶段有步骤实现社会主义现代化的发展战略不断得到完善，中国特色社会主义事业有了广阔的发展前景。再比如，根据马克思的按劳分配原理并结合中国社会主义初级阶段基本国情，中国确立了个人收入分配以按劳分配为主体、多种分配方式并存的制度。

(三)《哥达纲领批判》为我们提供了坚持无产阶级革命原则的典范和坚持实事求是原则的榜样

《哥达纲领批判》的写作和发表，鲜明地表现了马克思的批判精神。根据

① 《列宁全集》第 28 卷，人民出版社 1990 年版，第 19 页。
② 《列宁全集》第 29 卷，人民出版社 1985 年版，第 178 页。
③ 《列宁选集》第 3 卷，人民出版社 1995 年版，第 196、199～200 页。

《哥达纲领批判》写作后的实际情况，恩格斯对德国工人阶级的斗争策略进行了再分析，对《哥达纲领批判》的思想进行了再发展。他指出：合法斗争和秘密斗争结合，取得很好成效，迫使俾斯麦下台；资产阶级还未走到历史的尽头，“我们没有权利把逐渐成为现实的倾向说成既成的事实”①。1895 年 3 月，也就是恩格斯逝世前 5 个月，在为马克思《1848 年至 1850 年的法兰西阶级斗争》一书写的导言中，恩格斯对无产阶级必须改变斗争策略作了深刻阐述。比如，他说，利用普选权是当时条件下最有利的方式，在资产阶级借以组织并统治的国家机构中，也有许多东西是工人阶级可能利用来对这些机构本身作斗争的。他还不止一次提出，德国争取合法的议会的斗争，“提供了一件新的武器”，“一个解放的手段”，不分条件、地点、时间地滥用暴力，是愚蠢的、错误的；“合作生产”、“合作社生产”是向共产主义过渡的“中间环节”，“至于在向完全的共产主义经济过渡时，我们必须大规模地采用合作生产作为中间环节，这一点马克思和我从来没有怀疑过”②。这说明马克思主义者和无产阶级政党能够自觉地进行批评和自我批评，能够不断反思和超越。这正是马克思主义和无产阶级政党有力量的表现。如今，我们仍需要坚持和弘扬这种精神，不断坚持真理，修正失误，才能健全和完善社会主义意识形态领域的思维和策略，才能进一步确立和完善社会主义初级阶段的分配制度和分配方式，才能立足中国并正确和有效推进世界社会主义进程。

---

① 《马克思恩格斯文集》第 10 卷，人民出版社 2009 年版，第 619 页。

② 《马克思恩格斯文集》第 10 卷，人民出版社 2009 年版，第 547 页。

第四章 科学社会主义的入门

——《社会主义从空想到科学的发展》导读

2013年1月5日，习近平总书记在新进中央委员会的委员、候补委员学习贯彻党的十八大精神研讨班开班式上发表讲话。他从六个时间段分析了社会主义思想从提出到现在的历史过程，第一、第二个阶段分别是空想社会主义产生和发展、马克思和恩格斯创立科学社会主义理论体系。

科学社会主义是马克思和恩格斯在19世纪所创立的关于无产阶级解放运动的崭新理论。《社会主义从空想到科学的发展》是恩格斯所写的科学社会主义奠基作，是一部阐述科学社会主义的思想来源、理论基础和基本原理的重要著作，是仅次于《共产党宣言》传播最快最广、最有影响的科学社会主义著作。这本书从发表到现在，始终是科学社会主义的奠基作、代表作、权威作。马克思为这本书写了导言，恩格斯写了三篇序言。马克思在导言中赞誉这部著作是“科学社会主义的入门”[①]。恩格斯在法文版出版两年以后满意地指出：“这本书在许多优秀的法国人的头脑中引起了真正的革命”[②]，即破除了小资产阶级的社会主义观念，树立了科学社会主义思想。列宁认为这是一部概述社会主义发展史的书，同《共产党宣言》一样，是“每个觉悟工人必读的书籍”[③]。我们党也非常重视这部著作，毛泽东在不同的历史时期都把它列入“干部必读”的书目，因为

---

① 《马克思恩格斯文集》第3卷，人民出版社2009年版，第493页。

② 《马克思恩格斯全集》第35卷，人民出版社1971年版，第343页。

③ 《列宁全集》第23卷，人民出版社1990年版，第42页。

这确实是一部阐述科学社会主义理论最集中、最完整的著作。

一、历史背景

这本著作完成于1880年1～3月。当时欧洲总的形势是：资本主义经过50～60年代的向上发展之后，从70年代以后逐步开始从资本主义向帝国主义过渡；1871年巴黎公社失败以后，国际工人运动从高潮时期转入低潮时期，革命处于和平发展时期，但从70年代中期以后，一些国家工人运动又开始复兴，在工人运动进一步发展的基础上，欧美一些国家开始建立民族国家范围内的工人阶级政党，从思想上、组织上为革命做准备，以迎接新的革命高潮的到来。但是统治阶级害怕本国革命力量的发展，所以对马克思主义学说进行大肆的攻击和污蔑。同时，由于党是在刚刚开始的工会活动的基础上建立的，思想比较混乱，各种形形色色的机会主义、小资产阶级社会主义也在工人运动中流传、扩散，阻碍马克思主义的传播。其中，欧根·杜林的小资产阶级社会主义思想很有市场。

19世纪70年代中期，德国社会民主工党与全德工人联合会在哥达合并。由于杜林的错误理论是打着“社会主义”这块金字招牌，并以“科学”的伪装出现，因此在德国党内外产生了很大影响。为了提高德国党的马克思主义理论水平，使刚刚统一的德国党健康发展，为了捍卫科学社会主义的学说，使刚刚统一起来的德国党沿着正确道路前进，必须批驳杜林主义。为此，在马克思的大力支持下，恩格斯花了两年多的时间，写下了一系列批判杜林的文章，在德国党的机关报——《前进报》上陆续发表。1878年7月印成单行本，这就是著名的理论巨著——《反杜林论》。《反杜林论》深刻批判了杜林唯心主义先验论的哲学、庸俗的政治经济学和假社会主义，第一次系统地论证了马克思主义的哲学、政治经济学和科学社会主义原理，被誉为“马克思主义的百科全书”。这部著作的问世，对于保卫马克思主义世界观，维护科学社会主义纲领，推动德国工人运动和整个共产主义运动的发展，起了十分重要的作用。

当时，法国正在建党过程中。1879年10月，有觉悟的法国工人在马赛召开社会主义者代表大会，会上决定创建法国工人党。为建党迫切要求解决两个问题：一是制定党纲，二是传播科学社会主义。1880年，为了向法国的工人阶级宣传马克思主义，反对当时工人运动中的机会主义，帮助法国工人建立革命政党，从而更好地推动工人运动的发展，恩格斯把1878年发表的《反杜林论》中的“最重要的部分”，即《引论》中的第一章“概论”和第三编的一、二两章“历史”、“理论”抽出来汇集在一起，作了一些修改后改写为独立的著作。1880年由拉法格译成法文，同年5月以《空想社会主义和科学社会主义》为名发表在法国《社会主义评论》杂志上（三期连载），接着出版了单行本。1883年，该书出版德文版时改名为《社会主义从空想到科学的发展》（以下简称《发展》）。

二、正文主要内容

全书由德文第一版序言、英文版导言和正文组成。正文是说明社会主义如何从空想发展为科学的，共分三章。

（一）第一章"科学社会主义的思想来源"

科学社会主义的直接思想来源是19世纪初期的三大空想社会主义。恩格斯在本章集中分析了空想社会主义产生和发展的历史，着重分析19世纪初期的三大空想社会主义思想家的积极的思想成果及其历史局限性，说明要使社会主义从空想变为科学，必须摆脱历史唯心主义，使它立足于现实的基础之上。

1. 概括了科学社会主义的基本内容及其产生的经济根源和思想来源

任何一种具有重要价值的思想学说，都有其赖以产生的经济根源和思想来源，现代社会主义学说也不例外。恩格斯在文章的开头就阐明了这一点："现代社会主义，就其内容来说，首先是对现代社会中普遍存在的有财产者和无财产者之间、资产者和雇佣工人之间的阶级对立以及生产中普遍存在的无政府状态这两个方面进行考察的结果。"[①]也就是说，科学社会主义产生的"物质的经济的"根源，是对资本主义社会中资产阶级和无产阶级之间对立的反映，是对资本主义生产无政府状态考察的结果，其理论来源则是19世纪的空想社会主义。而19世纪的空想社会主义则来源于对18世纪法国启蒙学者所提出的理论原则的进一步的、似乎更彻底的发展，正如恩格斯在书中指出："就其理论形式来说，它起初表现为18世纪法国伟大的启蒙学者们所提出的各种原则的进一步的、据称是更彻底的发展。"[②]

2. 三大空想社会主义学说产生的历史条件及其理论贡献和历史局限性

按照恩格斯的观点，三大空想社会主义与科学社会主义是"现代社会主义"的两个相互衔接的发展阶段。两者都是资本主义社会基本矛盾和阶级冲突在观念形态上的反映。前者是不成熟的、不完备的表现形式，后者是它的成熟的、完备的、科学的表现形式，前者是后者直接的思想理论来源。因此，恩格斯在本

① 《马克思恩格斯文集》第3卷，人民出版社2009年版，第523页。

② 《马克思恩格斯文集》第3卷，人民出版社2009年版，第523页。

章中以主要篇幅评述了三大空想社会主义，既着重阐述了它们学说中的积极的、合理的因素，也指明了空想社会主义学说的历史局限性。

空想社会主义是伴随着资本主义生产方式的产生和初期发展而出现并逐步发展起来的一种社会思潮。社会生产力发展导致社会分工，出现一部分人占有或剥削另一部分人的劳动，从而人类社会就产生了阶级和不平等。历史文明的进步和现实丑恶的剧增，迫使这些天才思想家们憧憬美好的社会。空想社会主义的产生到形成系统理论同西方资本主义社会的产生和发展息息相关。资本主义取代封建主义是一种历史的进步，但就在其产生的初期已经暴露出严重的弊端，使一些先进分子对现实社会感到不满。为此，他们研究造成劳动群众贫苦悲惨境地的原因，探索消除社会弊病和混乱的途径，幻想构建新的理想和谐社会。

在科学社会主义产生以前，空想社会主义大致经历了三个发展阶段：

(1)16～17 世纪的早期空想社会主义，其代表人物有英国的托马斯·莫尔、德国的托马斯·闵采尔和意大利的托马斯·康帕内拉。1516 年，英国人文主义者托马斯·莫尔写了《乌托邦》一书，标志着空想社会主义理论产生。卡尔·考茨基把托马斯·莫尔看成是“空想社会主义之父”，乌托邦与空想社会主义几乎成了同义语。

(2)18 世纪的空想社会主义，以法国摩莱里、马布利和巴贝夫为代表。18 世纪中叶，资本主义经济已经有所发展，进入资产阶级革命的酝酿时期，这一时期空想社会主义的特点是不再使用乌托邦的梦幻般的文学描写形式，他们以理性论的思想武器阐述了自己的空想社会主义学说。

(3)19 世纪初期，英法等国完成了产业革命，资产阶级的统治地位得到了巩固和加强，资本主义的基本矛盾及无产阶级和资产阶级的矛盾日益明显，产生了以法国的圣西门、傅立叶和英国的欧文为代表的三大空想社会主义，它是空想社会主义学说的高级阶段，是科学社会主义的直接思想来源。

三大空想社会主义思想家学说中的积极思想为启发工人觉悟和创立科学社会主义提供了极为宝贵的材料。恩格斯给予了高度评价，认为这是“突破幻想的外壳而显露出来的天才的思想萌芽和天才的思想”①。

但是，即便是三大空想社会主义，也仍然是不科学、不成熟的，有着明显的理论缺陷，也即空想性。空想社会主义思想家们像启蒙学者一样，认为理性是现存事物的唯一裁判，把社会主义看成理性、正义的体现，而不能够从资本主义社会基本矛盾的运动中去发现历史必然性；他们仅仅把无产阶级看成“受苦的

① 《马克思恩格斯文集》第 3 卷，人民出版社 2009 年版，第 529 页。

阶级”与同情的对象，而没有把无产阶级和劳动群众看成是实现破旧创新的社会力量，在他们的心目中，无产阶级只是一个受苦最深的阶级；他们反对无产阶级革命，寄希望于社会上层和富人，以为通过宣传、呼吁、试验就可以实现社会主义理想，因而没有找到实现社会理想的正确道路。这些理论上的缺陷是由唯心史观造成的，但从根本上来说，则是历史条件的局限。因为当时资本主义生产方式还不很发展，基本矛盾尚未充分暴露，无产阶级还没有成为独立的政治力量。正如恩格斯所说：“不成熟的理论，是同不成熟的资本主义生产状况、不成熟的阶级状况相适应的。解决社会问题的办法还隐藏在不发达的经济关系中，所以只有从头脑中产生出来。”①因此，圣西门、傅立叶和欧文的社会主义学说也只能是空想的。

3. 强调要使社会主义由空想变为科学，就必须把它置于现实的基础之上

在本书第一章的结尾，恩格斯指出：“为了使社会主义变为科学，就必须首先把它置于现实的基础之上。”②这个重要论断一语道破了社会主义从空想转变到科学的关键。恩格斯认为，三大空想家的思想长期支配着 19 世纪英法等国的社会主义者，产生了种种“折中的不伦不类的社会主义”③。它们的共同点都是建立在唯心史观基础上的，要使社会主义从空想变成科学，就必须“把它置于现实的基础之上”，也就是建立在对资本主义社会的经济关系和阶级关系的科学分析基础上。

（二）第二章“科学社会主义的理论基础”

社会主义从空想到科学的发展，与哲学上的变革有着直接联系，没有唯物史观和剩余价值学说的创立，就不可能创立科学社会主义，这是科学社会主义的两大理论基石。所以，恩格斯通过对哲学思想发展历史的考察，论述了辩证唯物主义和历史唯物主义的产生及其意义，论证了由于马克思的两个伟大发现，使社会主义从空想变为科学。

1. 唯物辩证法产生的历史必然性及其对社会主义学说变革的重大意义

《发展》的第二章，阐述的是马克思主义哲学——辩证唯物主义和历史唯物主义的产生。这一章强调，为使社会主义从空想发展为科学，必须有一个正确的思维方法，即世界观。空想社会主义思想家由于他们的世界观是机械唯物论和历史唯心论，因而他们的学说只能是空想的而不是科学的。马克思所以能够使社会主义从空想发展成为科学，除了历史条件成熟外，关键是有正确的思维

① 《马克思恩格斯文集》第 3 卷，人民出版社 2009 年版，第 528 页。

② 《马克思恩格斯文集》第 3 卷，人民出版社 2009 年版，第 537 页。

③ 《马克思恩格斯文集》第 3 卷，人民出版社 2009 年版，第 537 页。

方法，即世界观，也就是现在我们强调的辩证唯物主义和历史唯物主义的思想路线。

在人类认识史上，存在着辩证法和形而上学两种思维方式的对立和斗争。恩格斯指出，辩证法同形而上学的斗争贯穿于整个哲学的发展过程，这种斗争是和社会主义历史以及科学的发展紧密相连的。辩证法要求全面地、联系地、发展地观察问题，形而上学则完全相反。从古代朴素的自发的辩证法（古希腊哲学家赫拉克里特、亚里士多德），到15～18世纪400年间的形而上学（英国唯物主义哲学家培根和洛克），到19世纪初德国古典哲学家黑格尔恢复了辩证法这一最高的思维方式。但是，黑格尔的辩证法有两个矛盾：一是方法和理论的矛盾，即辩证法同客观唯心论的矛盾；二是方法论和历史观的矛盾，即辩证法同唯心史观的矛盾。黑格尔的辩证法是唯心的，他的唯心主义与辩证法之间存在着不可克服的矛盾，客观唯心论和唯心史观窒息着辩证法的发展，导致黑格尔体系的流产，标志着旧哲学的终结。

马克思主义哲学的产生是人类认识史上的伟大革命。马克思首先创立了辩证唯物主义。他一方面吸取了黑格尔的“合理的内核”，即辩证法，并把它向前发展了；另一方面又看到黑格尔的“唯心主义的荒谬”，又批判地吸收了费尔巴哈的唯物主义的合理内核，用唯物主义代替它，又利用了当时自然科学的最新成就，从而创立了科学的辩证唯物论。辩证唯物主义是一种崭新的世界观和方法论，它的创立是哲学史上的一场巨大的变革，是人类认识史上的第一次革命，它的产生为唯物史观和剩余价值学说的创立奠定了理论基础，为科学社会主义的创立提供了科学的世界观和方法论。

马克思运用辩证唯物主义研究人类历史，创立了历史唯物主义。历史唯物主义的产生，标志着唯物主义的最后完成，这是“彻底的唯物主义”，即自然观和社会观都是唯物主义的，从而使“唯心主义从它的最后的避难所即历史观中被驱逐出去了”①。而已往是下半截的唯物主义、上半截的唯心主义，因而唯物主义同唯心主义的斗争不开展、不彻底，而现在，开展了，彻底了。唯物史观的创立，解开了人类的“历史之谜”。

对于唯物史观的基本原理，恩格斯在本章和第三章中都作过概括的表述。在本章中，他指出：“以往的全部历史，除原始状态外，都是阶级斗争的历史；这些互相斗争的社会阶级在任何时候都是生产关系和交换关系的产物，一句话，都是自己时代的经济关系的产物；因而每一时代的社会经济结构形成现实基础，每一个历史时期的由法的设施和政治设施以及宗教的、哲学的和其他的观

① 《马克思恩格斯文集》第3卷，人民出版社2009年版，第544～545页。

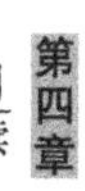

念形式所构成的全部上层建筑，归根到底都应由这个基础来说明。”①在第三章中，他又指出：“唯物主义历史观从下述原理出发：生产以及随生产而来的产品交换是一切社会制度的基础；在每个历史地出现的社会中，产品分配以及和它相伴随的社会之划分为阶级或等级，是由生产什么、怎样生产以及怎样交换产品来决定的。所以，一切社会变迁和政治变革的终极原因，不应当到人们的头脑中，到人们对永恒的真理和正义的日益增进的认识中去寻找，而应当到生产方式和交换方式的变更中去寻找；不应当到有关时代的哲学中去寻找，而应当到有关时代的经济中去寻找。”②

唯物史观的创立对社会主义从空想到科学的发展的意义：

(1)根据唯物史观关于社会基本矛盾的学说，生产力和生产关系、经济基础与上层建筑之间的对立统一的矛盾运动是社会发展的终极原因，这就批判和纠正了空想社会主义从抽象的理性和正义的观点出发谴责资本主义制度的不合理性的缺陷，科学地证明了社会主义代替资本主义是现代生产力发展的客观要求，是资本主义社会生产关系与生产力、上层建筑和经济基础之间的矛盾运动的必然结果。

(2)唯物史观认为，阶级斗争是阶级社会发展的直接动力，这样就批判和纠正了空想社会主义从头脑中构思社会改革的蓝图与和平实现社会主义的幻想，提出了从经济关系和阶级关系中去寻找解决无产阶级和资产阶级冲突的途径，说明社会主义是无产阶级反对资产阶级斗争的必然结局。

(3)唯物史观认为，人民群众是历史的创造者，这就批判和纠正了空想社会主义把历史进步和社会更替的希望寄托在个别天才人物的出现上的错误，说明无产阶级和劳动群众只能依靠自己的力量才能解放自己。

2. 剩余价值学说的创立及其意义

空想社会主义者只是痛斥资本主义的罪恶，但却不能说明产生这种罪恶的经济根源，从而也就不能科学地说明资本主义制度灭亡的必然性。马克思运用辩证唯物主义和历史唯物主义，对资本主义经济生活进行分析，创立了剩余价值学说，揭示了资本主义的剥削秘密以及资本主义制度必然灭亡的规律，为科学社会主义提供了经济学论证。原来在资本主义制度下，工人用自己出卖的劳动力创造出来的价值量，要比工人以工资形式从资本家那里得到的价值量大得多，这就是被资本家无偿占有的剩余价值。随着资本主义的发展，资产阶级占有的剩余价值越来越多，这就形成了两极分化：一极是资产阶级财富的不断积累，另一极是无产阶级贫困的日益积累，从而使无产阶级和资产阶级之间的矛

① 《马克思恩格斯文集》第 3 卷，人民出版社 2009 年版，第 544 页。

② 《马克思恩格斯文集》第 3 卷，人民出版社 2009 年版，第 547 页。

盾日益加剧，最终导致无产阶级革命和无产阶级专政，并通过无产阶级专政最终消灭资本主义，实现社会主义和共产主义。这就阐明了资本主义产生、发展和必然灭亡的过程，阐明了无产阶级的历史地位和历史使命，揭示了社会主义必然代替资本主义的客观历史规律。

总之，唯物史观和剩余价值学说的创立为科学社会主义奠定了理论基础，彻底克服了空想社会主义的历史局限性，最终使社会主义从空想发展为科学。

（三）第三章“科学社会主义的基本原理”

恩格斯指出，本章是他所主张的观点的一个核心问题的表述。恩格斯在1885年《反杜林论》的序言中说：本书第三编第二章《理论》，即《发展》一书的第三章，“这里所涉及的仅仅是我所主张的观点的一个核心问题的表述”[①]。这个“核心”包括两层含义：一是科学社会主义是马克思主义的核心；二是社会主义代替资本主义的历史必然性是科学社会主义的核心。这个论断，说明社会主义的历史必然性是马克思主义核心的核心。这个核心也可以称之为“主题”，整个科学社会主义都是围绕这个“核心”论证这个“主题”的。如同马克思主义哲学是从“哲学的基本问题”出发一样，科学社会主义是围绕一个“核心”展开，并在这个基础上形成若干基本理论。科学社会主义所以是科学，就在于它令人信服地揭示和阐明了人类社会发展的这个总趋势。作者深入分析了资本主义的基本矛盾及其发展过程，论证了社会主义代替资本主义的历史必然性，阐明了无产阶级的历史使命，预测了未来新社会的基本经济特征，本章是全书的重点，也是我们学习的重点。

1. 资本主义基本矛盾的发展必然导致资本主义制度的灭亡和社会主义的胜利

资本主义必然灭亡，共产主义必然胜利，是马克思和恩格斯在长达半个世纪的革命实践和科学研究中得出的最基本的结论。他们在不同著作中从不同角度得出这一基本结论。恩格斯在1880年发表的《发展》一书中进一步从分析资本主义的基本矛盾得出社会主义代替资本主义的历史必然性。

（1）资本主义的基本矛盾是生产的社会化和资本主义私人占有之间的矛盾。生产的社会化便与资本主义的私人占有发生对抗性的矛盾，这是生产力和生产关系的矛盾在资本主义制度下的具体体现，是资本主义社会的基本矛盾。在资本主义社会错综复杂、扑朔迷离的矛盾冲突中，起决定作用的是社会基本矛盾，这个基本矛盾“包含着现代的一切冲突的萌芽”[②]。

---

① 《马克思恩格斯文集》第9卷，人民出版社2009年版，第12页。

② 《马克思恩格斯文集》第3卷，人民出版社2009年版，第551页。

恩格斯正是抓住了这个基本矛盾，对资本主义社会经济运动过程和阶级关系状况进行深入的考察，得出了社会主义公有制必将取代资本主义私有制的科学结论。这一基本矛盾表现在阶级关系上，就是“无产阶级和资产阶级的对立”①。因为在资本主义私有制下，占有生产资料的资产阶级把生产资料变成资本，作为剥削雇佣劳动者的手段，而丧失生产资料的无产阶级，不得不把自己的劳动力当作商品出卖，遭受资本家阶级的残酷剥削。随着资本主义的发展，这种斗争也必然会日益尖锐。这一基本矛盾表现在生产上，则是“个别工厂中生产的组织性和整个社会中生产的无政府状态之间的对立”②。私有制使生产成了私人的事情，造成了社会生产的无政府状态。但社会化的生产要求生产的组织性，而由于工厂为个别资本家所有，他们只能在自己工厂内有计划地组织生产。竞争和社会生产的无政府状态必然会导致周期性的经济危机的爆发。资本主义经济危机的周期性爆发，正是资本主义基本矛盾恶性循环的结果。危机使生产力遭到巨大破坏，给无产阶级和劳动人民带来极大的灾难和痛苦，促使阶级斗争尖锐化。经济危机的发生表明，资本主义生产关系极大地束缚了生产力的发展，生产力的发展要求摆脱资本主义生产关系的束缚，而承认其社会化属性。因此，通过无产阶级革命，废除资本主义私有制，建立社会主义公有制，实现生产资料和产品的社会占有，便成为现代生产力发展的必然要求。

(2)资本主义的股份公司、垄断组织和国有化的出现，不可能从根本上克服危机，相反，使资本主义矛盾更加激化。恩格斯还对资本主义发展过程中出现的一些新现象如股份公司、垄断组织和国有化资本作了深刻分析，从而对社会主义革命的必然性原理作了重要补充。他指出，所有这些都是资本主义的占有形式，根本不能消除生产力的资本属性；相反，会进一步加剧垄断集团之间的竞争，使阶级对立更加尖锐。不仅如此，还包含着解决冲突的形式上的手段和线索，这就是无产阶级革命，用社会主义生产方式代替资本主义生产方式。恩格斯接着论述了由资本主义转化为社会主义的变革力量和途径。他指出：“资本主义生产方式日益把大多数居民变为无产者，从而就造成一种在死亡的威胁下不得不去完成这个变革的力量。这种生产方式日益迫使人们把大规模的社会化的生产资料变为国家财产，因此它本身就指明完成这个变革的道路。无产阶级将取得国家政权，并且首先把生产资料变为国家财产。”③这说明必须消灭以生产资料私有制为基础的资本主义生产关系，建立以公有制为基础的生产关系，使生产关系与现代生产力的社会本性相适应。为此，就要进行社会主义革

---

① 《马克思恩格斯文集》第3卷，人民出版社2009年版，第551页。

② 《马克思恩格斯文集》第3卷，人民出版社2009年版，第554页。

③ 《马克思恩格斯文集》第3卷，人民出版社2009年版，第561页。

命，而无产阶级就是完成这个变革的阶级力量，无产阶级革命和无产阶级专政，则是实现这个变革的具体途径。

2. 未来新社会的基本特征

恩格斯在分析资本主义社会的基本矛盾和发展趋势时，还科学预测了未来社会主义和共产主义社会的一些基本特征。

(1)生产力的高度发展。社会主义革命的目的就是为了解放和发展生产力。资本主义社会在其发展过程中所积累的充分发展的生产力，是未来社会建立和发展的物质前提。马克思和恩格斯认为，未来社会必须以生产力的巨大增长和高度发展为前提，生产力的高度发展将为人们全面发展提供充分的物质条件。正如他们在《德意志意识形态》中所指出的："当人们还不能使自己的吃喝住穿在质和量方面得到充分保证的时候，人们就根本不能获得解放。"①

(2)生产资料归社会占有。生产的社会化和资本主义私人占有的矛盾，要求用社会主义公有制代替资本主义私有制，以解放和发展生产力。国家以社会的名义占有生产资料，是指社会占有全部生产资料，这种占有在一定阶段就是社会主义国家所有。这种公有制具有科学的意义，即社会占有生产资料，个人占有生活资料。"一方面由社会直接占有，作为维持和扩大生产的资料，另一方面由个人直接占有，作为生活资料和享受资料。"②这就与空想社会主义的"财产公有"(包括生产资料和消费资料)区别开来。

(3)对社会生产进行有计划的指导和调节。社会一旦占有生产资料，"社会的生产无政府状态就让位于按照社会总体和每个成员的需要对生产进行的社会的有计划的调节"③，"社会生产内部的无政府状态将为有计划的自觉的组织所代替"④。

(4)用产品经济代替商品经济。马克思和恩格斯一直把商品经济和资本主义私有制联系在一起，认为："一旦社会占有了生产资料，商品生产就将被消除，而产品对生产者的统治也将随之消除。"⑤后来实践证明，这种认识是不完备的。这种设想，就共产主义社会的高级阶段来说是科学的，但对于这个过程的长期性却估计不足，对商品货币关系在社会主义经济制度下的积极作用没有充分的认识，更预料不到后来还会出现一种以公有制为基础的特殊的商品货币关系。

(5)随着生产力的发展，将会消灭一切阶级对立和阶级差别，国家也将逐步

① 《马克思恩格斯文集》第1卷，人民出版社2009年版，第527页。
② 《马克思恩格斯文集》第3卷，人民出版社2009年版，第561页。
③ 《马克思恩格斯文集》第3卷，人民出版社2009年版，第561页。
④ 《马克思恩格斯文集》第3卷，人民出版社2009年版，第564页。
⑤ 《马克思恩格斯文集》第3卷，人民出版社2009年版，第564页。

消亡。恩格斯认为，阶级划分是以生产的不足为基础的，当然也就会随着现代生产力的高度发展而被消灭。而国家是阶级不可调和的产物，随着阶级的产生而产生的，当阶级被消灭以后，不再有什么需要镇压了，作为阶级统治工具特殊的镇压力量的国家也就成为多余的了，国家将会由对人的统治转为对物的管理和对生产过程的领导，将会自行消亡，而不是被“废除”。

(6)人类将会实现从必然王国到自由王国的飞跃。所谓“必然王国”是指人们受自然规律的支配，所谓“自由王国”是指人们认识和掌握了客观规律后自觉地运用规律来改造世界，从而成为自然界和社会的主人。在新社会，由于消灭了私有制，生产资料为全社会所有，消灭了剥削和压迫，消灭了生产的无政府状态，消灭了阶级和阶级差别，人们之间的生存斗争停止了，于是人们在一定意义上最终脱离了动物界，从动物的生存条件进入真正的人的生存条件。这样，人们才第一次成为自然界的自觉的和真正的主人，过去统治人们的自然规律将被人们熟练运用而服从于人类的统治。这时，“人们才完全自觉地自己创造自己的历史”①，人们的活动才能够达到预期的目的。于是，人类从必然王国进入自由王国。

3. 恩格斯对本章的基本内容作了进一步的概括，阐述了科学社会主义的任务

恩格斯在本书最后的结语中概括地指出：科学社会主义是无产阶级运动的理论表现，它的任务就是考察解放世界（既解放无产阶级也解放全人类）这一伟大事业的历史条件和性质，从而使无产阶级认识到自己的行动的条件和性质。因为完成这一解放世界的事业，正是现代无产阶级的历史使命。学习恩格斯这本科学社会主义的入门书，可以帮助我们从掌握社会历史发展规律的高度，坚定共产主义理想信念，增强建设中国特色社会主义的自觉性。

三、需要重点思考和把握的几个问题

19世纪40年代，科学社会主义理论的创立使社会主义由空想成为科学，无产阶级开始由自在的阶级变为自为的阶级，社会主义运动由欧洲逐渐扩展到整个世界。然而，在历经一个半世纪艰难而壮阔的发展之后，国际社会主义运动进入低谷。东欧剧变、苏联解体，资本主义的新变化，使科学社会主义理论面临前所未有的严峻挑战。今天，我们重温这部巨著，必须把握几个问题。

---

① 《马克思恩格斯文集》第3卷，人民出版社2009年版，第564页。

(一)坚持和发展中国特色社会主义,增强中国特色社会主义的道路自信、理论自信、制度自信

习近平总书记在新进中央委员会的委员、候补委员学习贯彻党的十八大精神研讨班开班式上的讲话从六个时间段分析了社会主义思想从提出到现在的历史过程,内容包括空想社会主义产生和发展,马克思、恩格斯创立科学社会主义理论体系,列宁领导十月革命胜利并实践社会主义,苏联模式逐步形成,新中国成立后我们党对社会主义的探索和实践,我们党作出进行改革开放的历史性决策、开创和发展中国特色社会主义。同时指出,历史和现实都告诉我们,只有社会主义才能救中国,只有中国特色社会主义才能发展中国,这是历史的结论、人民的选择。随着中国特色社会主义不断发展,我们的制度必将越来越成熟,我国社会主义制度的优越性必将进一步显现,我们的道路必将越走越宽广。我们就是要有这样的道路自信、理论自信、制度自信,真正做到"千磨万击还坚劲,任尔东西南北风";党的十八大精神,说一千道一万,归结为一点,就是坚持和发展中国特色社会主义。

(二)坚持和发展中国特色社会主义必须坚持科学社会主义原则

习近平强调,中国特色社会主义是社会主义而不是其他什么主义,科学社会主义基本原则不能丢,丢了就不是社会主义。

马克思、恩格斯实现了社会主义从空想到科学的发展,创立了科学社会主义。科学社会主义有其基本原则,我们必须坚持。主要是:

1. 从人类社会基本矛盾规律和资本主义基本矛盾斗争发展趋势阐释"两个必然"的规律和结论

以唯物史观为哲学基础,以剩余价值学说为经济学依据,科学社会主义理论深刻揭示了社会主义代替资本主义的历史必然性及其社会力量和现实道路。生产的社会化与资本主义私人占有是资本主义社会不可克服的基本矛盾。大工业的发展不断地抽掉资本主义私有制赖以存在的基础。资本主义制度必将被适应生产力发展的更高级的社会制度所取代。这成为指引全人类走向自由解放的真正科学,成为人类最伟大的理论成果和最可宝贵的精神财富。

资本主义制度已经经历了三百多年的历史,走过了跌宕起伏、风云变幻的发展过程。在二次大战以后的几十年里,它为适应经济全球化、新科技革命和两种社会制度的斗争的历史大背景,在生产资料私有制许可的范围内进行了一系列的自我调整。没有这些调整,很难想象资本主义制度还会继续存在。正视并科学认识这些当代资本主义的新变化是必要的,采取回避和不承认的态度是错误和有害的。但是,夸大这种变化,认为新变化根本改变了资本主义的本质

和发展趋势的观点，更是错误和有害的。应当看到不管如何变化，资本主义剥削制度的本质没有变，资本向全球扩张的欲求没有变，资本主义的基本矛盾没有变，资本主义被社会主义代替的历史必然性没有变。资本主义制度的固有矛盾犹如无法愈合的伤口，终究会发展到溃烂、坏死以至走向末日的地步。我们坚信，马克思主义揭示的社会主义代替资本主义的历史必然性，终究会冲破重重障碍，为自己开辟道路。当然，这种代替必将是一个长期而又曲折的过程。

"两个必然"只是揭示了社会主义的历史必然性，并未回答社会主义何时取代资本主义。鉴于19世纪资本主义还有很大潜力，还在发展，马克思在1859年所写的《政治经济学批判》序言中又提出"两个决不会"："无论哪一个社会形态，在它所能容纳的全部生产力发挥出来以前，是决不会灭亡的；而新的更高的生产关系，在它的物质存在条件在旧社会的胎胞里成熟以前，是决不会出现的。"①一个多世纪的历史说明，社会主义的必然性是通过长期性、曲折性实现的。

2. 从资本主义社会阶级对立分析无产阶级历史使命

马克思和恩格斯指出，无产阶级不仅是社会中最受压迫的阶级，而且是具有彻底革命性的革命的阶级。无产阶级的历史使命是推翻资本主义旧世界，创建社会主义，最终实现共产主义，解放全人类。这在坚持和发展中国特色社会主义的今天仍然适用。正如习近平指出的，共产党员特别是党员领导干部要做共产主义远大理想和中国特色社会主义共同理想的坚定信仰者和忠实践行者。我们既要坚定走中国特色社会主义道路的信念，也要胸怀共产主义的崇高理想，矢志不移地贯彻执行党在社会主义初级阶段的基本路线和基本纲领，做好当前每一项工作。革命理想高于天。没有远大理想，不是合格的共产党员；离开现实工作而空谈远大理想，也不是合格的共产党员。衡量一名共产党员、一名领导干部是否具有共产主义远大理想是有客观标准的，那就要看他能否坚持全心全意为人民服务的根本宗旨，能否吃苦在前、享受在后，能否勤奋工作、廉洁奉公，能否为理想而奋不顾身去拼搏、去奋斗、去献出自己的全部精力乃至生命。一切迷惘迟疑的观点，一切及时行乐的思想，一切贪图私利的行为，一切无所作为的作风，都是与此格格不入的。

3. 在批判旧社会基础上对未来社会发展过程、方向和特征作科学预测和设想

马克思、恩格斯创立的科学社会主义，对未来社会的发展过程、方向和特征作过科学预测和设想，主要是：公有制基础上组织生产，社会主义生产的目的是

---

① 《马克思恩格斯文集》第2卷，人民出版社2009年版，第592页。

满足社会成员的需要；对社会生产进行有计划的指导调节，实行按劳分配原则；合乎规律地改造和利用自然；无产阶级革命是进行斗争的最高形式，由党领导、以建立无产阶级专政国家为目的；通过无产阶级专政和社会主义高度发展，最终实行向共产主义过渡。这也是我们在致力于中国特色社会主义现代化建设的实践中需要认真坚持和把握的。对未来社会基本特征的设想，是以发达的资本主义经济为出发点，从与资本主义制度相对立的角度分析得出来的，应该说都是有科学根据的预测。它集中地表达了先进的人们长期以来对人类未来社会的美好愿望和理想追求，也是我们共产党人为之不懈奋斗的崇高目标。需要指出的是，1886 年 1 月，恩格斯在致爱・皮斯的信中说，他在该书第三章中"叙述和解释"了"未来非资本主义社会""特征的经济方面"，还说，这是"无论是政治的还是非经济的社会问题都根本未触及的特殊的概述"。[①] 换句话说，恩格斯对未来社会的预测只限于"经济方面"，而且是"不全面的概述"。

科学社会主义原则是科学社会主义理论的本质方面，是共产党人无论在过去、现在还是将来都必须始终不渝地坚持的。丢掉了这些观点和原则，就丢掉了根本，丢掉了社会主义运动的目标，当然也就不配做一个马克思主义者。

（三）社会主义从空想变成科学是一个长期的曲折的历史过程，必须"把它置于现实的基础之上"

马克思主义的贡献使社会主义从空想变为科学，这个"变"是马克思、恩格斯一次性永久地完成了，不会再有"空想"问题，还是一个历史过程，需要社会主义实践来不断解决？

社会主义从空想到科学是一个历史过程，并不是在一百多年前恩格斯写了《社会主义从空想到科学的发展》著作以后就一劳永逸地完成了。"老祖宗"将社会主义从空想形态变成科学形态，这是就奠定理论基础和建立思想体系来说的，并不等于说他们穷尽了对社会主义的认识。从社会主义实践层面来看，苏联和中国都有过教训。从科学社会主义理论角度看，党在十一届三中全会以后的一个重要任务，就是使对社会主义的一部分认识从空想走向科学。

在本书第一章的结尾，恩格斯指出："为了使社会主义变为科学，就必须首先把它置于现实的基础之上"，也就是建立在对资本主义社会的经济关系和阶级关系的科学分析基础上。这个重要论断一语道破了社会主义从空想转变到科学的关键。科学社会主义与空想社会主义的区别在于是从实际出发还是从抽象的理论原则出发。三大空想家的思想之所以是空想的，因为他们没有从当时资本主义的经济关系和阶级关系这一实际出发。马克思和恩格斯正是把社

---

① 《马克思恩格斯文集》第 10 卷，人民出版社 2009 年版，第 548～549 页。

会主义置于生产力和生产关系、经济基础和上层建筑这一现实的基础之上，发现了剩余价值学说和唯物史观，从而把社会主义由空想变成了科学，实现了马克思主义发展史上的第一次理论飞跃。社会主义由理论变为实践以后，仍须把它置于现实的基础之上。20 世纪世界社会主义的实践告诉我们：搞社会主义一定要从实际出发，而不能脱离实际，超越阶段。

(四)坚持科学社会主义，发展中国特色社会主义，就要善于批判地继承人类创造的文明成果，发展科学社会主义

要坚持就必须发展。坚持科学社会主义、发展中国特色社会主义，就要求它的实践主体以面临的实际问题、以正在做的事情为中心，着眼于科学社会主义理论的运用，着眼于对实际问题的理论思考，着眼于新的实践和新的发展，善于、勇于批判地继承人类创造的文明成果，发展科学社会主义。

非马克思主义者并不都是反马克思主义者，我们要划清马克思主义与反马克思主义的界限，但是非马克思主义者并不都是错误的，同样，马克思主义者并不都是正确的、不犯错误的。马克思和恩格斯在创立自己的学说时，批判地继承了他们思想的合理成分。

发展科学社会主义理论，就是要勇于纠正自己的失误，主动接受实践检验，被证明是错了的东西就坚决抛弃，这就是科学社会主义理论的科学精神，这就是科学社会主义理论经典作家的宽广胸怀。没有这种精神、这种胸怀，就没有科学社会主义理论的完善和发展。

发展科学社会主义理论，就是要突破其中某些时过境迁的个别结论。如果没有这种突破，就没有科学社会主义理论在中国的发展，就没有科学社会主义理论在中国的胜利。

发展科学社会主义理论，就是要在创造性地运用过程中不断地丰富这个理论。“什么是社会主义，怎样建设社会主义”，一直是需要根据时代变化和具体实际不断探索的重大历史课题。在探索过程中，列宁、毛泽东、邓小平等科学社会主义的经典作家作出了重要贡献，是科学社会主义理论的忠实继承者和伟大开拓者。

正如习近平强调指出的，马克思主义必定随着时代、实践和科学的发展而不断发展，不可能一成不变，社会主义从来都是在开拓中前进的。坚持和发展中国特色社会主义是一篇大文章，邓小平同志为它确定了基本思路和基本原则，以江泽民同志为核心的党的第三代中央领导集体、以胡锦涛同志为总书记的党中央在这篇大文章上都写下了精彩的篇章。现在，我们这一代共产党人的任务，就是继续把这篇大文章写下去。坚持马克思主义，坚持社会主义，一定要有发展的观点。我们的事业越前进、越发展，新情况、新问题就会越多，面临的风险和挑战就会越多，面对的不可预料的事情就会越多。我们必须增强忧患意识，做到居安思危，懂就是懂，不懂就是不懂；懂了的就努力创造条件去做，不懂的就要抓紧学习研究弄懂，来不得半点含糊。

第五章 科学社会主义的发展之作

——《卡尔·马克思〈1848年至1850年的法兰西阶级斗争〉一书导言》导读

《卡尔·马克思〈1848年至1850年的法兰西阶级斗争〉一书导言》(下文简称《导言》)是恩格斯一生所写的最后一篇重要政治论文,对新形势下无产阶级革命的策略作了精辟的论述,是一篇有重要历史意义的马克思主义文献。然而长期以来,改良主义者别有用心地试图利用《导言》中有关支持合法斗争的论述否定马克思和恩格斯的革命观点,因此这篇文章引起了重大反思。结合当时的客观环境,仔细阅读和系统分析恩格斯《导言》一文,可以清晰地发现,恩格斯晚年并没有否定革命蜕变为一个改良主义者,只是把议会斗争作为一种暂时的斗争策略。本章将结合马克思和恩格斯思想的发展历程以及当时的时代背景,对《导言》进行分析和解读,以此来揭示改良与革命的关系,推动国际共产主义运动在未来的复兴和发展。

一、《导言》的写作背景

19世纪末,资本主义进入了相对和平稳定的发展时期,在经济、政治生活方面发生诸多令人瞩目的革新和变化。经济方面,欧洲各国呈现出扩张和繁荣的态势和景象。政治方面则表现在欧洲各国在普选权的实施方面取得一些新进展。在这种情况下,资本主义在欧洲不是像马克思和恩格斯在《共产主义原理》、《共产党宣言》中的断言："通过建立新的社会制度来彻底铲除这些弊病的手段已经具备。"[①]"社会所拥有的生产力已经不能再促进资产阶级文明和资产阶级所有制关系的发展；相反，生产力已经强大到这种关系所不能适应的地步，它已经受到这种关系的阻碍；而它一着手克服这种障碍，就使整个资产阶级社会陷入混乱，就使资产阶级所有制的存在受到威胁。资产阶级的关系已经太狭窄了，再容纳不了它本身所造成的财富了。"[②]可以说，这些判断已不符合当时资本主义发展的现实。

而且，工人阶级的政治斗争条件也与《共产主义原理》、《共产党宣言》发表时的情形大不相同。恩格斯亲眼目睹了这些新情况。那么，到底应该如何看待资本主义的经济、政治新变化？资本主义的丧钟是否真的敲响了？如何看待过去马克思和自己一起作出的一些结论？工人阶级应该如何适应新的政治斗争环境？应该如何对待普选权，是采取怀疑和抵制的态度还是积极利用？暴力革命还有必要吗？对于这些问题，恩格斯希望借助活生生的现实作出系统完备的回答。

1895 年 1 月 30 日，德国社会民主党的《前进报》出版社经理理查·费舍写信给恩格斯，请求他同意该出版社把马克思在 1850 年《新莱茵报·政治经济评论》上发表的论述法国 1848 年革命的一组文章(共三篇)印成单行本小册子出版，还请求恩格斯为这个单行本写一篇导言。考虑到德国有可能通过所谓"防止政变法"，费舍希望此书至迟能在 3 月出版。尽管恩格斯在 2 月 2 日的复信中抱怨费舍定的时间过于紧迫，但还是基本同意这一计划。在此后的几封信中，恩格斯建议补充一篇文章，作为该书的第四章。他为各章拟定了新的标题，并建议将书名定为《1848 年至 1850 年的法兰西阶级斗争》，并最终写成《卡尔·马克思〈1848 年至 1850 年的法兰西阶级斗争〉一书导言》。

《导言》问世后不久就引发了一场激烈的争论。恩格斯在 1895 年 3 月 8 日的《致查理·费舍》中特别指出："如果你们宣扬绝对放弃暴力行为，是决捞不到一点好处的。没有人会相信这一点，也没有一个国家的任何一个政党会走得这么远，竟然放弃拿起武器对抗不法行为这一权利。"[③]恩格斯还就一些别有用心的人对《导言》的断章取义甚至篡改歪曲表示过多次抗议。早在 1892 年 2 月，恩格斯就批驳过意大利资产阶级学者卓·博维奥的观点，他抗议道："首先，我没有说过'社会党将取得多数，然后就将取得政权'。相反，我强调过，十有八九的前景是，统治者早在这个时候到来以前，就会使用暴力来对付我们了；而这将

① 《马克思恩格斯文集》第 1 卷，人民出版社 2009 年版，第 683 页。

② 《马克思恩格斯文集》第 2 卷，人民出版社 2009 年版，第 37 页。

③ 《马克思恩格斯文集》第 10 卷，人民出版社 2009 年版，第 686 页。

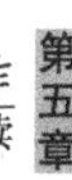

使我们从议会斗争的舞台转到革命的舞台。”①

1895年3月30日，德国社会民主党机关报《前进报》在报纸的社论《目前革命应该怎样进行》一文中未经恩格斯同意，从恩格斯的文章中断章取义地摘引了几处。恩格斯得知后非常气愤，向《前进报》编辑李卜克内西提出坚决抗议，并于4月1日写信给《新时代》主编考茨基，指出：“《前进报》事先不通知我就发表了我的《导言》的摘录，在这篇经过修饰整理的摘录中，我成了一个温顺平和、无论如何都要守法的人。我特别希望《导言》现在能全文发表在《新时代》上，以消除这个可耻印象。”②同时申明：“但决不是不惜任何代价的守法，即使是口头上也罢！”③1895年4月3日，恩格斯在给保·拉法格的信中再次谈到了李卜克内西在发表《导言》时的不光彩做法，说他在《前进报》中断章取义，只摘引部分能为自己辩护的东西，并请拉法格等待未经删改的原文发表后再作评论。在恩格斯的抗议和要求下，《新时代》杂志1895年27期和28期刊登了经恩格斯删节后的全文，直到1930年，未经修改、删节的《导言》全文才第一次在苏联出版。

而在现实方面，社会、政治、经济等大环境发生了巨大变化。1848年革命时期，马克思和恩格斯曾预言无产阶级革命即将取得彻底的胜利，且当时的斗争是以街垒、巷战的形式出现的，所以如果不在《导言》中说明那时以来情况的新变化以及当前应该采取的新策略，就很容易引起无产阶级的误解，这在资产阶级政府准备采取镇压行动的时期是非常危险的。

恩格斯在信中告诉拉法格，为了说明上述策略思想，他表示：“因为除了对那时以来发生的事件加以概述外，还应说明为什么我们那时会寄希望于无产阶级取得最近和最终的胜利，为什么这一点没有实现，以及后来发生的事件在什么程度上改变了我们当时的看法。”④只要我们认真阅读恩格斯的《导言》就会发现，他后来正是按信中的设想写的：(1)恩格斯承认自己和马克思对1848年革命发展形势估计有错误，他们当时认为：“伟大的决战已经开始，这个决战将在一个很长的和充满变化的革命时期中进行到底，而结局只能是无产阶级的最终胜利。”“但是，历史表明我们也曾经错了，暴露出我们当时的看法只是一个幻想。”⑤(2)恩格斯指出：“它不仅打破了我们当时的错误看法，并且还完全改变了无产阶级进行斗争的条件。1848年的斗争方法，今天在一切方面都已经过时了，这一点值得在这里比较仔细地加以探讨。”⑥(3)恩格斯提出了革命斗争的新

---

① 《马克思恩格斯文集》第4卷，人民出版社2009年版，第443页。
② 《马克思恩格斯文集》第10卷，人民出版社2009年版，第699页。
③ 《马克思恩格斯文集》第10卷，人民出版社2009年版，第689页。
④ 《马克思恩格斯全集》第39卷，人民出版社1974年版，第389页。
⑤ 《马克思恩格斯文集》第4卷，人民出版社2009年版，第538页。
⑥ 《马克思恩格斯文集》第4卷，人民出版社2009年版，第538页。

策略，提出了无产阶级的崭新的斗争方式，即像德国工人那样利用普选权。

二、《导言》的主要观点

(一)马克思是用历史唯物主义分析政治事件的典范

恩格斯在《导言》中用了很大的篇幅，高度评价了以唯物主义历史观为代表的马克思主义的思想理论体系，他指出："由于马克思准确了解法国在二月革命以前的经济状况以及这个国家在二月革命以后的政治事件，所以他能对当时的事变作出这样的叙述，这一叙述对事变内在联系的揭示达到了至今还无人达到的程度，并且光辉地经受住了后来由马克思自己进行的两度检验。"①

众所周知，马克思主义的唯物史观是马克思主义全部社会政治学说的哲学基础，如果没有马克思主义的唯物史观，就不会有马克思主义的社会政治学说。但如果深入研究马克思主义的唯物史观，就会发现马克思主义创始人对唯物史观内涵的理解和表述在早年与晚年是有所变化的。整体而言，尽管马克思主义创始人早年对唯物史观的主要思想观点作了比较明确的阐发，其主要观点正如恩格斯在《共产党宣言》1888 年英文版序言中所作的概括："每一历史时代主要的经济生产方式和交换方式以及必然由此产生的社会结构，是该时代政治的和精神的历史所赖以确立的基础，并且只有从这一基础出发，这一历史才能得到说明。"②但马克思和恩格斯在早年阐发唯物史观时也确实存在一定的片面性，主要表现在过于强调经济因素而忽视其他因素在历史变革中的作用。对于这种片面性及其所带来的消极影响，恩格斯在晚年坦率地予以承认。

恩格斯在 1890 年致约·布洛赫的信中就曾指出："青年们有时过分看重经济方面，这有一部分是马克思和我应当负责的。我们在反驳我们的论敌时，常常不得不强调被他们否认的主要原则，并且不是始终都有时间、地点和机会来给其他参与相互作用的因素以应有的重视。"③恩格斯在晚年觉察到马克思和他早年在唯物史观的表述方面存在不足之后，马上努力进行纠正。也是在致约·布洛赫的信中，恩格斯更加全面系统地论证了马克思主义唯物史观："根据唯物史观，历史过程中的决定性因素归根到底是现实生活的生产和再生产。无论马克思和我都从来没有肯定过比这更多的东西。如果有人在这里加以歪曲，说经

---

① 《马克思恩格斯文集》第 4 卷，人民出版社 2009 年版，第 535 页。

② 《马克思恩格斯文集》第 2 卷，人民出版社 2009 年版，第 14 页。

③ 《马克思恩格斯文集》第 10 卷，人民出版社 2009 年版，第 593 页。

济因素是唯一决定性的因素，那么他就是把这个命题变成毫无内容的、抽象的、荒诞无稽的空话。经济状况是基础，但是对历史斗争的进程发生影响并且在许多情况下主要是决定着这一斗争的形式的，还有上层建筑的各种因素。”[①]在这里，恩格斯通过对马克思和他共同创立的唯物史观所作出的进一步的说明和补充，实际上阐明了上层建筑的相对独立性、上层建筑的反作用以及上层建筑诸因素之间的相互作用和影响。这样，马克思主义的唯物史观经过恩格斯在晚年对其所作的重要补充和发展，使其更加辩证、成熟、系统。

由此我们可以看出，马克思主义的唯物史观是一个从幼稚、机械、片面到辩证、成熟、全面的发展过程。因此，我们在运用马克思主义的唯物史观解释社会政治事件的时候，一定要根据经恩格斯在晚年发展后的马克思主义的唯物史观，而不是根据马克思和恩格斯早年带有一定机械性和片面性的唯物史观看问题。这种唯物主义观念的变化，从机械、片面到成熟的变化，为马克思和恩格斯其他的观念打下坚实的基础，提供了重要的分析工具。恩格斯正是运用了历史唯物主义方法，重新审视了1848年革命时期他和马克思对革命形势所作的判断和预测，成为《导言》的重要内容。

（二）对资本主义发展态势的新认识

1848年前后，马克思和恩格斯在创立科学社会主义初期认为，社会主义代替资本主义的历史进程，将首先在发达国家开始，并且条件已经成熟。他们指出：“通过建立新的社会制度来彻底铲除这些弊病的手段已经具备。”[②]“资产阶级的关系已经太狭窄了，再容纳不了它本身所造成的财富了。”[③]实践证明，马克思和恩格斯的这些论断是不准确的。由于认识的局限性，马克思和恩格斯对社会主义革命进程的看法，当时是过于简单和乐观的。那么，恩格斯在《导言》中讲的“我们错了”具体指的是什么？

经过实践检验之后，恩格斯以革命家的胸怀在《导言》中坦率承认：“历史表明，我们以及所有和我们有同样想法的人，都是不对的。”[④]随后，恩格斯利用史实进行了说明：“历史清楚地表明，当时欧洲大陆经济发展的状况还远没有成熟到可以铲除资本主义生产的程度；历史用经济革命证明了这一点，从1848年起经济革命席卷了整个欧洲大陆，在法国、奥地利、匈牙利、波兰以及最近在俄国刚刚真正确立了大工业，并且使德国简直就变成了一个头等工业国——这一切

① 《马克思恩格斯文集》第10卷，人民出版社2009年版，第591页。

② 《马克思恩格斯文集》第1卷，人民出版社2009年版，第683页。

③ 《马克思恩格斯文集》第2卷，人民出版社2009年版，第37页。

④ 《马克思恩格斯文集》第4卷，人民出版社2009年版，第540页。

都是以资本主义为基础的，可见这个基础在1848年还具有很大的扩展能力。”①

恩格斯还指出，在运动的规模方面，1848年除英国之外在巴黎以及充其量是几个大工业中心发生的两大阶级之间的斗争，现在已经遍及全欧洲，并且达到了1848年难以想象的猛烈程度。在理论方面，恩格斯指出：“那时存在的是许多模模糊糊的宗派福音及各自的万应灵丹；现在则是马克思的理论，是一个得到大家公认的、透彻明了的、明确地表述了斗争的最终目标的理论。”②在工人阶级的联合程度方面，恩格斯指出：“那时按照地区和民族来划分和区别的群众，只是由共同蒙受痛苦的感情联结起来，还不成熟，往往一筹莫展地摇摆于热情与绝望之间；现在则是一支社会主义者的国际大军，它不可阻挡地前进，它的人数、组织性、纪律性、觉悟程度和胜利信心都与日俱增。既然连这支强大的无产阶级大军也还没有达到目的，既然它还远不能以一次重大的打击取得胜利，而不得不慢慢向前推进，在严酷顽强的斗争中夺取一个一个的阵地，那么这就彻底证明了，在1848年要以一次简单的突然袭击来实现社会改造，是多么不可能的事情。”③

在分析他和马克思为什么在1848年对社会主义革命进程有如此乐观的看法时，恩格斯是这样说的：“当二月革命爆发时，在关于革命运动的条件和进程的看法上，我们大家都受过去历史经验，特别是法国经验的影响。因为正是法国在1789年以来的全部欧洲历史中起了主导作用，而现在它又再次发出了普遍变革的信号。……在当时的情势下，我们不可能有丝毫怀疑：伟大的决战已经开始，这个决战将在一个很长的和充满变化的革命时期中进行到底，而结局只能是无产阶级的最终胜利。”④

恩格斯在《导言》中根据1848年以来无产阶级斗争条件的变化，阐述了自己对无产阶级解放斗争前景和斗争策略的新思考。他明确指出，在资本主义还有“很大的扩展能力”的情况下，无产阶级革命不可能一蹴而就，而只能“慢慢向前推进，在严酷顽强的斗争中夺取一个一个的阵地”。

（三）要以辩证的态度对待走议会道路的“合法”手段与走暴力革命道路的“非法”方式

近来有人曲解《导言》的基本观点，声称恩格斯对《共产党宣言》的“旧策略”进行了“重要修改”，“对马克思主义的整个理论体系进行了最后的反思和修

① 《马克思恩格斯文集》第4卷，人民出版社2009年版，第540页。

② 《马克思恩格斯文集》第4卷，人民出版社2009年版，第541页。

③ 《马克思恩格斯文集》第4卷，人民出版社2009年版，第541页。

④ 《马克思恩格斯文集》第4卷，人民出版社2009年版，第537～538页。

正”;说恩格斯期待“通过工人阶级的合法斗争取得政权,保留资本主义生产方式,和平过渡到社会主义”。[①] 这种说法既不符合恩格斯的原意,也不符合历史事实。

恩格斯撰写《导言》时,德意志帝国国会正在讨论一项防止政变法草案。这个法案对现行法令增加了一些条文,规定对“蓄意用暴力推翻现行国家秩序者”、“唆使一个阶级用暴力反对另一个阶级从而破坏公共秩序者”等采取严厉措施。为了防止恩格斯的《导言》给敌人提供进攻的可乘之机,负责出版《导言》的理查·费舍受社会民主党执委会的委托写信给恩格斯,要求其按执委会的意见修改《导言》中关于革命的过激言论。恩格斯考虑了执委会的意见,对《导言》中的过激言论进行了修改。尽管修改后的《导言》掩盖了恩格斯的革命锋芒,但仍然可以从《导言》的文本和其答复修改《导言》的书信中看出,恩格斯在坚决捍卫绝不放弃暴力革命的主张。

1. 慎用无准备的突然袭击式的街垒起义手段,必须立足于做长期的坚持不懈的群众工作

在导言中,恩格斯明确指出:“历史表明我们也曾经错了,暴露出我们当时的看法只是一个幻想。历史走得更远:它不仅打破了我们当时的错误看法,并且还完全改变了无产阶级进行斗争的条件。1848年的斗争方式,今天在一切方面都已经过时了,这一点值得在这里比较仔细地加以探讨。”[②]随后,他分析了斗争形势必须改变的原因。

(1)政治环境发生了巨大改变

即使在盛行巷战的时代,街垒在道义上也比在物质上起的作用更大。街垒是一种动摇军心的手段。如果坚持到实现这个目的就获得胜利,坚持不到就遭受失败。当进攻部队的指挥官抛开政治上的考虑而按纯军事观点采取行动,并且手下的士兵仍属可靠的时候,就都以起义失败告终,如1848年6月的巴黎、1848年10月的维也纳、1849年的德累斯顿。恩格斯指出:“在考察将来可能发生的巷战的胜利机会时,这也是应该注意的一个主要点。”[③]

恩格斯指出:“在1849年,这种胜利机会就已经相当少了。资产阶级到处都投到政府方面去了;‘教育和财产’的代表人物欢迎和犒赏了镇压起义的军队。街垒已经丧失了它的魅力;士兵已经不是把街垒后面的人们看做‘人民’,而是把他们看做叛逆者、颠覆分子、抢掠者、分赃分子、社会渣滓;军官们渐渐掌

① 钟益文:《恩格斯是坚持和发展无产阶级革命学说的典范——正确理解恩格斯〈卡·马克思《1848年至1850年的法兰西阶级斗争》一书导言〉的精神》,载《当代世界与社会主义》2007年第3期。

② 《马克思恩格斯文集》第4卷,人民出版社2009年版,第538页。

③ 《马克思恩格斯文集》第4卷,人民出版社2009年版,第547页。

握了巷战的战术形式:他们已经不是毫无掩蔽地径直冲向匆匆砌成的胸墙,而是穿过花园、庭院和房屋迂回前进。而这种办法,现在只要稍微用得巧妙一些,十回有九回都能得手。”①

而且在19世纪末,人民起义的政治条件更差了。“人民各个阶层都同情的起义,很难再有了;在阶级斗争中,中间阶层大概永远不会毫无例外地统统团结在无产阶级的周围,从而使纠集在资产阶级周围的反动党派几乎完全消失。”②

由于担心他的意思被片面理解,恩格斯补充说明:“这是不是说,巷战在将来就不会再起什么作用了呢?决不是。这只是说,自1848年以来,各种条件对于民间战士已经变得不利得多,而对于军队则已经变得有利得多了。所以说,将来的巷战,只有当这种不利的情况有其他的因素来抵消的时候,才能达到胜利。”③

对此,恩格斯总结道:“如果说国家间战争的条件已经变化,那么阶级斗争的条件也有了同样的变化。实行突然袭击的时代,由自觉的少数人带领着不自觉的群众实现革命的时代,已经过去。凡是要把社会组织完全加以改造的地方,群众自己就一定要参加进去,自己就一定要弄明白这为的是什么,他们为争取什么而去流血牺牲。近50年来的历史,已经教会了我们认识这一点。但是,为了使群众明白应该做什么,还必须进行长期的坚持不懈的工作,而我们现在正是在进行这种工作④,并且进行得很有成效,已经使敌人陷于绝望。”⑤

(2)军队的武器装备大大改进

在《导言》中,恩格斯指出了军队在武器方面的改进,而这些显著的武器发展有利于军队对革命队伍的暴力镇压。他写道:“在1848年是击发式前装滑膛枪,现在是小口径后装弹仓枪,它的射程是旧式枪的四倍,准确性和射速则是十倍。先前大炮发射的是威力不大的实心球形弹和霰弹,现在则是爆炸式的榴弹,只要命中一发,就足以摧毁最好的街垒。先前用以破坏防火壁的是工兵的丁字镐,现在则是炸药筒。”⑥起义者从商店购买的猎枪和豪华枪,“即使没有按照警察命令预先把枪机的某一部分拆去而弄成不能使用,在近战中也远比不上士兵的弹仓枪。在1848年以前,可以自己用火药和铅制造出所需的子弹,而现在每种枪的子弹都各不相同,其相同点只在于它们都是大工业的复杂产品,因

① 《马克思恩格斯文集》第4卷,人民出版社2009年版,第547页。

② 《马克思恩格斯文集》第4卷,人民出版社2009年版,第548页。

③ 《马克思恩格斯文集》第4卷,人民出版社2009年版,第548~549页。

④ 指耐心的宣传工作和议会活动,笔者注。

⑤ 《马克思恩格斯文集》第4卷,人民出版社2009年版,第549~550页。

⑥ 《马克思恩格斯文集》第4卷,人民出版社2009年版,第548页。

而是不能即刻制成的，所以，如果没有专用的子弹，大部分枪支就都会成为废物”①。

(3)市政建设和交通运输的改进不利于街垒巷战式的革命

各大城市在1848年以后新建的街区中，“街道都是又长、又直、又宽，好像是故意要使新式枪炮能充分发挥其效力似的。一个革命者，如果自愿选择柏林北部和东部的新建工人街区来进行街垒战，那他一定是疯了”②。相比较过去的市政建设，当下的建设方式极为不利于开展街垒巷战。

而且，随着工业的发展，欧洲许多城市的交通发展迅猛，尤其是像巴黎、柏林等大都市更是如此。恩格斯审时度势地指出：“借助铁路，这些驻军的人数在24小时内就能增加一倍以上，而在48小时内则能扩增为一支大军。”③交通规模的迅速发展非常有利于统治阶级对革命的镇压，使暴力革命取得成功的可能性大大降低。

2. 工人阶级要充分利用普选权这个新的合法斗争手段

19世纪末，资产阶级为缓和阶级矛盾，对国家的政治社会制度作了有利于无产阶级的调整。普选制在主要资本主义国家得到推行，工会组织合法化，工人劳动条件得到改善，社会主义政党开始参政。在合法斗争变得有利的条件下，社会主义政党利用合法斗争取得了很大的成就。社会主义政党利用合法斗争取得的成绩，使恩格斯看到了重新唤起无产阶级斗志的希望。

(1)恩格斯着重强调了德国工人和社会民主党的例子

由于1870～1871年的普法战争和巴黎公社的失败，德国工业因获得法国数十亿的赔款迅猛地发展起来，而社会民主党也更加迅猛和持续地成长起来，欧洲工人运动的重心从法国移到了德国。“德国工人仅仅以自己作为最强有力、最守纪律并且增长最快的社会主义政党的存在，就已经对工人阶级事业作出了头一个重大贡献，而除此以外，他们还对这个事业作出了第二个重大贡献。他们给了世界各国的同志们一件新的武器——最锐利的武器中的一件武器，向他们表明了应该怎样使用普选权。”④

恩格斯指出：“即使普选权再没有提供什么别的好处，只是使我们能够每三年计算一次自己的力量；只是通过定期确认的选票数目的意外迅速的增长，既加强工人的胜利信心，同样又增加对手的恐惧，因而成为我们最好的宣传手段；只是给我们提供了关于我们自身力量和各个敌对党派力量的精确情报，从而给

① 《马克思恩格斯文集》第4卷，人民出版社2009年版，第548页。

② 《马克思恩格斯文集》第4卷，人民出版社2009年版，第548页。

③ 《马克思恩格斯文集》第4卷，人民出版社2009年版，第548页。

④ 《马克思恩格斯文集》第4卷，人民出版社2009年版，第544页。

了我们一把衡量我们的行动是否适度的独一无二的尺子，使我们既可避免不适时的畏缩，又可避免不适时的蛮勇——即使这是选举权所给予我们的唯一的好处，那也就够多了。但是它的好处还要多得多。在竞选宣传中，它给了我们独一无二的手段到人民还疏远我们的地方去接触群众，并迫使一切政党在全体人民面前回答我们的抨击，维护自己的观点和行动；此外，它在帝国国会中给我们的代表提供了一个讲坛，我们的代表在这个讲坛上可以比在报刊上和集会上更有权威和更自由得多地向自己在议会中的对手和议会外的群众讲话。"①

恩格斯还指出，普选权的使用是无产阶级的一大进步，借此可以同资产阶级展开激烈斗争。他写道："而由于这样有成效地利用普选权，无产阶级的一种崭新的斗争方式就开始发挥作用，并且迅速获得进一步的发展。人们发现，在资产阶级用来组织其统治的国家机构中，也有一些东西是工人阶级能够用来对这些机构本身作斗争的。工人参加各邦议会、市镇委员会以及工商业仲裁法庭的选举；他们同资产阶级争夺每一个职位，只要在确定该职位的人选时有足够的工人票数参加表决。结果弄得资产阶级和政府害怕工人政党的合法活动更甚于害怕它的不合法活动，害怕选举成就更甚于害怕起义成就。"②

可以说，恩格斯在《导言》中认识到议会选举的重要性，无产阶级可以利用这一活动组织自己的队伍。他指出："不管别国发生什么情况，德国社会民主党总是占有一个特殊的地位，所以它至少在最近的将来就负有一个特殊的任务。由它派去参加投票的 200 万选民，以及虽非选民却拥护他们的那些男青年和妇女，共同构成为一个最广大的、坚不可摧的人群，构成国际无产阶级大军的决定性的'突击队'。……如果这样继续下去，我们在本世纪末就能夺得社会中间阶层的大部分，小资产阶级和小农，发展成为国内的起决定作用的力量，其他一切势力不管愿意与否，都得向它低头。我们的主要任务就是不停地促使这种力量增长到超出现行统治制度的控制能力，不让这支日益增强的突击队在前哨战中被消灭掉，而是要把它好好地保存到决战的那一天。"③

恩格斯以非常诙谐的口吻写道："世界历史的讽刺把一切都颠倒了过来。我们是'革命者'、'颠覆者'，但是我们用合法手段却比用不合法手段和用颠覆的办法获得的成就多得多。那些自称为秩序党的党派，却在它们自己所造成的合法状态下走向崩溃。它们跟奥迪隆·巴罗一起绝望地高叫：La légalité nous tue——合法性害死我们，可是我们在这种合法性下却长得身强力壮，容光焕

① 《马克思恩格斯文集》第 4 卷，人民出版社 2009 年版，第 545 页。

② 《马克思恩格斯文集》第 4 卷，人民出版社 2009 年版，第 545 页。

③ 《马克思恩格斯文集》第 4 卷，人民出版社 2009 年版，第 551 页。

发，简直是一副长生不老的样子。”①

马克思主义坚持主张无产阶级在资本主义社会内部应当利用一切可能性参加政治斗争（包括议会斗争），这是马克思主义和无政府主义的一个重要分歧。当然，恩格斯在《导言》中并不仅仅是一般地重复这一道理，而是十分强调无产阶级利用普选权作为新的武器、作为新的斗争手段的重要意义，并且很高地估计了德国和其他国家社会主义政党在议会选举中取得的伟大成就。这并不违背马克思主义的一贯策略，而恰恰是恩格斯在新形势下对马克思主义革命理论所作的重大贡献。

（2）恩格斯还介绍了其他国家的情况

除了对德国选举情况的论述，恩格斯还对其他国家工人参选运动进行了描述：“在法国，虽然一百多年来地基已经被一次又一次的革命掏空，那里没有一个政党不曾采取过密谋、起义和其他各种革命行动，因此政府丝毫也不能信赖军队，一般说来，环境对于突然起义要比在德国有利得多。但是甚至在法国，社会主义者也日益认识到，除非预先把人口中的主体——在这里就是农民——争取过来，否则就不可能取得持久的胜利。耐心的宣传工作和议会活动，在这里也被认为是党的当前任务。成绩很快就做出来了。社会主义者不但夺得了许多市镇委员会，而且已经有50个社会主义者在议院中占有议席，他们已经推翻了共和国的三个内阁和一个总统。在比利时，工人去年争得了选举权，并在四分之一的选区中获得了胜利。在瑞士、意大利、丹麦，甚至在保加利亚和罗马尼亚，都有社会主义者参加议会。在奥地利，所有一切政党都已经一致认定再不能继续阻挠我们进入帝国议会了。我们是一定要进去的，现在争论的问题只是从哪一个门进去。甚至在俄国，如果召开著名的国民代表会议，即小尼古拉现在徒然反对召开的那个国民议会，我们也能很有把握地预期那里也将有我们的代表参加。”②

（3）恩格斯对西方议会制保持清醒的认识

马克思和恩格斯对西方多党制、议会制、三权分立的评价是随着西方民主制度的发展而变化的。19世纪60年代，他们一度认为普选权在德国这样的国家对工人来说是陷阱，是政府的欺骗工具。到70年代初，随着形势的变化，他们从德国社会民主党利用普选权的最初战绩中，看出普选权赋予无产阶级一种卓越的行动手段，开始逐步阐明它的重要作用。70年代末，他们进一步指出，议会斗争使工人党有可能统计自己的力量，向世界显示它的组织得很好的和不断壮大的队伍。80年代中期，他们作出了“普选是衡量工人阶级成熟性的标尺”的

---

① 《马克思恩格斯文集》第4卷，人民出版社2009年版，第552页。

② 《马克思恩格斯文集》第4卷，人民出版社2009年版，第550页。

重要论断。到90年代，恩格斯更明确地把它看作是无产阶级手中的一件武器，认为工人政党在决战到来之前，应当利用选举运动与资产阶级进行斗争，要有成效地利用从统治阶级那里争得的民主权利，启发、训练、教育、组织工人群众，为未来的革命发动做好充分的准备。通过合法斗争，提高工人队伍的组织性、纪律性、觉悟程度和胜利信心，要做到凡是问题在于要把制度完全改造的地方，群众自己就应该参加进去，自己就应该明白为什么进行斗争，他们为什么流血牺牲和明白应该做什么。

然而，马克思和恩格斯并没有明确说西方的资产阶级民主制已经没有"阶级局限"和"制度局限"，或工人阶级应该完全认同这种民主制。相反，他们仍然对西方的民主制抱有很大的戒心，这可以从1894年恩格斯致保·拉法格的信中看出来："对无产阶级来说，共和国和君主国不同的地方仅仅在于，共和国是无产阶级将来进行统治的现成的政治形式。""但是，共和国像其他任何政体一样，是由它的内容决定的；只要它是资产阶级的统治形式，它就同任何君主国一样敌视我们（撇开敌视的形式不谈）。因此，无论把它看做本质上是一种社会主义的形式，还是当它还被资产阶级掌握时，就把社会主义的使命委托给它，都是毫无根据的幻想。我们可以迫使它作出某些让步，但是决不能把我们自己的工作交给它去完成；即使我们能够通过一个强大得随时就能使自己变为多数派的少数派去监督它，也不能那样做……"[①]恩格斯还担心统治阶级对工人阶级合法利用普选权设置障碍。为此，恩格斯对统治阶级发出警告说："如果有一方破坏契约，整个契约就要作废，另一方也就不再受约束。这点已经由俾斯麦在1866年给我们绝妙地示范过。所以，如果你们破坏帝国宪法，那么社会民主党也就可以放开手脚，能随意对付你们了。"[②]

综观马克思和恩格斯一生中对西方议会制、普选制的有关言论可以看出，他们认为建立在私有制基础上的西方资产阶级民主制具有很大的历史局限性。即使恩格斯在其去世前的一两年，在看到工人阶级利用普选权的多种好处之后，这种基本的判断也没有发生根本改变。他们对西方资产阶级民主制自始至终坚持"三点论"：其一，它是历史的一大进步；其二，它可以被工人阶级利用；其三，它尚有局限，需要向更高层次的无产阶级民主制发展。只有承认马克思和恩格斯在对西方民主制评价上的"三点论"，才符合历史事实。对他们的思想，必须看演变的全程，特别是晚年的思想。但对晚年的思想，要作全面准确的解读，不能"片面解读"、"过度解读"。

---

① 《马克思恩格斯文集》第10卷，人民出版社2009年版，第671页。

② 《马克思恩格斯文集》第4卷，人民出版社2009年版，第553页。

3. 正确分析改良主义的民主社会主义与列宁主义对马克思和恩格斯"革命"道路与和平道路的争论

在大篇幅讲述充分利用合法的议会斗争的手段的同时，恩格斯指出："不言而喻，我们的外国同志们没有放弃自己的革命权。须知革命权是唯一的真正'历史权利'——是所有现代国家无一例外都以它为基础建立起来的唯一权利。"①恩格斯根本没有一厢情愿地期待"通过工人阶级的合法斗争取得政权"，恰恰相反，《导言》通篇贯穿"两手论"的理念：将走暴力革命的革命道路与走议会斗争的和平道路相统一。

(1)马克思和恩格斯一直坚持两手的辩证思维和基本方针

虽然恩格斯认识到议会选举的重要性，但他仍然清醒地强调："须知革命权是唯一的真正'历史权利'——是所有现代国家无一例外都以它为基础建立起来的唯一权利。"同时警告统治阶级：如果那些自称为秩序党的党派承受不了合法性给他们带来的危害，他们会自己来破坏这种合法性，破坏宪法，实行独裁，恢复专制。如果出现了这种情况，社会民主党是不是还固守合法性呢？当然不会。"如果你们破坏帝国宪法，那么社会民主党也就可以放开手脚，能随意对付你们了。但是它届时究竟会怎样做——这点它今天未必会告诉你们。"②

在论述选举制和议会斗争的作用时，恩格斯明确指出，当这种选举制使工人阶级力量壮大到威胁统治阶级的根本利益时，他们就会破坏法律，实行独裁，恢复专制。因此，不分青红皂白地鼓吹旧社会和平长入新社会，是根本错误的。恩格斯的这个伟大预见已被国际共运的实践所证明。1932年11月德国大选中，共产党在议会中有100个议席。1933年1月，希特勒上台后宣布解散国会，重新大选，不择手段地打压共产党，并于1933年2月制造了"国会纵火案"，逮捕了包括德共领袖台尔曼及侨居德国的保加利亚共产党领袖季米特洛夫在内的4000多名共产党人。在同年5月的大选中，共产党仍然获得81个议席，而希特勒却宣布共产党的议席无效，为其建立独裁统治、发动第二次世界大战进行准备。这些都是很好的证明。

(2)在马克思和恩格斯主张走暴力革命还是走改良道路的问题上，应该看他们思想演变的全过程，并且避免片面解读

必须看到，马克思和恩格斯的有关"使用和平手段达到目的"、"和平长入新社会"的论断都是有严格的限制条件的。如马克思所指的"各国的制度、风俗和传统"状况，恩格斯所指的"……那样的民主共和国"、"……那样的君主国"。从总体上看，马克思和恩格斯始终坚持合法的改良斗争和暴力革命"两手论"，而

---

① 《马克思恩格斯文集》第4卷，人民出版社2009年版，第550～551页。

② 《马克思恩格斯文集》第4卷，人民出版社2009年版，第553页。

不是"一手论"。例如，恩格斯在《1891年社会民主党纲领草案批判》中指出："可以设想，在人民代议机关把一切权力集中在自己手里、只要取得大多数人民的支持就能够按照宪法随意办事的国家里，旧社会有可能和平长入新社会，比如在法国和美国那样的民主共和国，在英国那样的君主国。"①

此外，马克思和恩格斯还对一些反动言论进行了严厉批判。1879年9月，马克思和恩格斯在给奥·倍倍尔、威·李卜克内西、威·白拉克等人的通告信中，批评了"苏黎世三人团"，即卡·赫希柏格、爱·伯恩施坦和卡·奥·施拉姆，他们指出："那么社会民主党人就不应当像'爱好街垒战的无赖'那样参加斗争，而宁可'走合法的道路'，使暴动平息下来。"②对于发出这种论调的"苏黎世三人团"，马克思和恩格斯强烈地批评道："既然连党的领导也或多或少地落到了这些人的手中，那党简直就是受了阉割，而不再有无产阶级的锐气了。"③他们批评"苏黎世三人团"如同1848年的资产阶级民主派，当时资产阶级民主派认为民主共和国是遥遥无期的，对"苏黎世三人团"这样的社会民主党人来说，资本主义的垮台也是遥遥无期的，因此对政治实践毫无意义，他们因而认为人们可以尽情地和解、妥协和大谈其博爱。"对待无产阶级和资产阶级之间的阶级斗争也是如此。在纸上人们承认这种斗争，因为要否认它简直已经是不可能的了，但是在实践中却抹杀、冲淡和削弱它。社会民主党不应当是工人党，它不应当招致资产阶级或其他任何人的怨恨；它应当首先在资产阶级中间大力进行宣传；党不应当把那些能吓跑资产者并且确实是我们这一代人无法实现的长远目的放在主要地位，它最好是用全部力量和精力来实现这样一些小资产阶级的补补缀缀的改良，这些改良会给旧的社会制度以新的支持，从而把最终的大灾难或许变成一个渐进的、逐步的和尽可能温和的瓦解过程。"④

而在1886年，恩格斯在《路德维希·费尔巴哈和德国古典哲学的终结》一文中肯定了黑格尔的命题："不加抵抗即行死亡，那就和平地代替；如果旧的东西抗拒这种必然性，那就通过暴力来代替。"⑤1889年12月，恩格斯在给格·特里尔的信中再次强调："无产阶级不通过暴力革命就不可能夺取自己的政治统治，即通往新社会的唯一大门。"⑥

恩格斯在《导言》中反复强调不能放弃革命权，不能放弃社会主义的奋斗目标。而正确认识改良与革命的关系，认识民主社会主义放弃社会主义奋斗目标

---

① 《马克思恩格斯文集》第4卷，人民出版社2009年版，第414页。

② 《马克思恩格斯文集》第3卷，人民出版社2009年版，第480页。

③ 《马克思恩格斯文集》第3卷，人民出版社2009年版，第484页。

④ 《马克思恩格斯文集》第3卷，人民出版社2009年版，第482～483页。

⑤ 《马克思恩格斯文集》第4卷，人民出版社2009年版，第269页。

⑥ 《马克思恩格斯文集》第10卷，人民出版社2009年版，第578页。

的危害，正是我们未来复兴国际共产主义运动的起点。从最初的作为社会主义同义词的社会民主主义，到强调政治民主多于经济民主的民主社会主义，再到当代强调自由竞争多于政治民主的社会民主主义，民主社会主义一步步变成资本主义制度的维护者。如果从伯恩施坦当初提出的资本主义可以通过改良和平长入社会主义而言，民主社会主义已经破产。因为和平长入社会主义能否实现的关键在于资产阶级是否愿意和平放弃政权、和平放弃其私有财产。如果资产阶级不会这样做，那么所谓"和平长入社会主义"就是一个伪命题，而赞同这一命题的政党最多也只能算是一个资产阶级的左翼政党，何况这个党现在连社会主义的目标都放弃了。

民主社会主义的破产在于其在实践中忽视了这样一个问题：当我们决定与敌人和平相处时，首先要看敌人有没有和你保持和平相处的意愿，其次要看具不具备和平相处的条件，最后也是最重要的一点，要看选择的主动权是否在你手中。如果这三点都不具备，却大喊要与对方"和平相处"，最终的结果不仅要失去选择的权利，还要失去选择的能力。从20世纪末到现在，民主社会主义的发展史证明了上述道理。

总之，马克思主义创始人毫无疑问地以科学辩证的态度对待斗争策略。在他们看来，在具体的历史条件下，究竟应该采取什么样的斗争形式和手段，应由当事人根据当时的具体条件来决定。不顾时间、地点、条件地崇尚暴力是错误的，但是放弃暴力革命的权利，不讲条件地鼓吹"和平长入社会主义"则是作茧自缚。

三、《导言》的伟大意义

这篇著名的《导言》是恩格斯一生所写的最后一篇重要政治论文，它对新形势下无产阶级革命的策略作了精辟的论述，因此是一篇有重要历史意义的马克思主义文献。

恩格斯去世后不久，修正主义的代表人物伯恩施坦就把《导言》称为恩格斯的"政治遗嘱"，认为它是恩格斯晚年着手"修正"马克思主义思想的一篇代表作，是19世纪中最革命的学说的奠基人摒弃自己革命的过去，给自己的学生留下的遗嘱，要他们尽一切力量避免自己和马克思所犯的错误。所以，这篇文章引起了重大反思。很多人就这个问题展开争论。通过系统分析恩格斯《导言》一文，指出恩格斯晚年并没有否定革命成为一个改良主义者，他只是把议会斗争作为一种暂时的斗争策略。改良主义把社会主义的价值局限于狭隘的经济利益，淡化了无产阶级的阶级意识，阉割了马克思主义的革命锋芒，给国际共产主义运动带来了很大的负面影响。但结合马克思和恩格斯思想的发展历程通读全文，可以肯定地指出：恩格斯在《导言》中反复强调不能放弃革命权，不能放弃社会主义的奋斗目标。而正确认识改良与革命的关系，认识民主社会主义放弃社会主义奋斗目标的危害，正是我们未来复兴国际共产主义运动的起点。

高放在其题为《恩格斯“政治遗嘱”百年八次争议》的文章中指出，恩格斯于1895年为马克思著的《1848年至1850年的法兰西阶级斗争》写的导言，被后人称为恩格斯的“政治遗嘱”。其中提出了无产阶级可以利用普选权的合法斗争方式夺取政权的新策略，这是否放弃了暴力革命？这是不是对科学社会主义的修正或发展？对此，经高放总结，一百多年来发生过八次争议，从中我们得到许多重要的启示①：

首先，从学界、政治界对《导言》的关注，可以看出马克思主义科学具有旺盛的生命力、强大的吸引力和持久的影响力。从19世纪末到整个20世纪再到21世纪，从英国到德国、俄国、美国、日本、中国等国家，《导言》产生了跨世纪、跨国度的长久时间和广阔空间的效应。诸多马克思主义政党在面临如何动员并且组织群众夺取政权这个重大历史课题时，都有必要回头来细心研读《导言》，以便从中领悟真谛，作出抉择。

其次，恩格斯作为科学社会主义的奠基之人，具有宽广的胸怀，能够勇于面对现实，承认错误，展望未来。恩格斯在其临终前五个月呕心沥血写下的这篇绝笔，以唯物辩证法对世界社会主义运动作出系统总结，回顾过去，总揽现在，展望未来，对运动的兴衰成败、得失利弊都作出全面的深刻的分析。《导言》作为恩格斯的政治遗嘱，全面谈论了充分利用议会民主合法斗争与积极准备应对议会外非法武装斗争的两手策略。各取所需地只强调合法一手或非法另一手，都是片面的。根据19世纪末西欧议会民主的新发展等新情况，恩格斯突出强调了善于运用议会民主合法斗争是无产阶级革命运动的新策略，这是恩格斯晚年对科学社会主义的新贡献，也是恩格斯主义的新内容。

再次，从《导言》可以领会到：和平过渡与暴力革命都不是无产阶级革命的一般规律或普遍规律，都不是马克思主义、科学社会主义的基本原理。工人阶级政党必须掌握政权才能赖以实现工人阶级和全人类的解放，这才是马克思主义、科学社会主义的一条重要原理原则。各国党要以创新性的思维采取和平过渡或暴力革命的策略，或者这两种策略交替、配合使用，不可孤注一掷、单一使用，不可以某一国、某几国经验强加于别国。尤其是在当代新科技迅猛发展和

① 参见高放《恩格斯“政治遗嘱”百年八次争议》，载《当代世界与社会主义》2010年第5期。

经济全球化的新时代，和平与发展已取代战争与革命成为时代主题、世界主题，我们更要与时俱进地向前去发展《导言》的思想。当今在大多数国家，不仅是发达资本主义国家，而且还包括多数发展中国家，暴力革命已经难以进行，各国共产主义政党应该更加致力于探索如何通过和平民主之路通往社会主义之路。

最后，既然信奉科学社会主义的共产党在当代也注重通过议会民主和平之路执政，在这一点上与主张民主社会主义的社会党已经达成共识，那么这两类社会主义政党就应该消除前嫌，互相支持，通力合作，不要再对立对抗，而应共同为社会主义事业并肩战斗，携手并进。瑞典社会民主党的多次执政与长期执政，就得到瑞典左翼共产党人的支持，这是成功案例。当今有不少国家出现了两个甚至三个、四个以上共产主义政党，这就更要实现共产党之间的联合行动与团结合作，只有这样才能有利于推进社会主义运动。[①]

① 参见高放《恩格斯"政治遗嘱"百年八次争议》，载《当代世界与社会主义》2010年第5期。

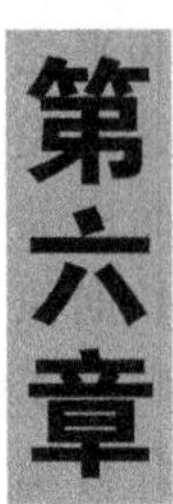

马克思主义国家学说的光辉篇章

——《国家与革命》导读

《国家与革命》是列宁在十月革命前夕写成的一部系统阐述和发挥马克思主义国家和革命学说的经典著作。该著作阐发的马克思主义关于国家(社会主义国家)、政权(无产阶级专政)、革命(社会主义革命)、民主(与社会主义的关系以及社会主义民主的实现形式)等思想,都具有一定的根本性、普遍性和长期性的指导意义,在指导俄国十月革命和苏维埃政权建设中发挥了重要作用,对中国革命和中国社会主义建设也产生过重要影响。而且就其基本立场和方法来说,其启发和指导意义也是深远的。

一、历史背景

《国家与革命》是列宁于1917年8～9月,在躲避资产阶级临时政府追捕时,根据他先前所做的"马克思主义论国家"的读书笔记(因笔记封面为蓝色而又称为"蓝皮笔记")写作而成。该书1918年5月出版。1919年再版时,在第二章中增加了第三节。

从宏观的方面看,该书的历史背景是"无产阶级社会革命的前夜"。资本主义进入帝国主义阶段后,新阶段及其特征和世界大战导致了无产阶级与资产阶级、殖民地半殖民地国家与帝国主义、各帝国主义之间这三对矛盾大大激化,无产阶级革命的条件已经成熟，但迫切需要有正确的理论指导。世界无产阶级革命形势高潮到来，使无产阶级革命以及国家政权等问题提上重要日程。但同时，在国家、革命、民主、政权等根本问题上，却被资产阶级、小资产阶级思想家以及形形色色的机会主义者搞得混乱不堪。

从具体的方面看，该书的写作背景是“俄国十月革命的前夜”。在“无产阶级社会革命的前夜”这个总形势下，当时的俄国成为帝国主义各种矛盾的集合点：俄国资本主义经济落后；俄国资产阶级复杂软弱，组织不好，缺乏经验；沙皇压制其他阶级，牵制了资产阶级发展；有了相对成熟和坚强的工人阶级政党，革命形势成熟；等等。总之，当时的俄国成为“帝国主义链条中最薄弱的环节”，用暴力革命推翻资产阶级政权、建立新型国家的“十月革命”的前夜已经到来。

该书的副标题“马克思主义关于国家的学说与无产阶级在革命中的任务”，简明扼要地阐明了该书的核心目的、主要内容和实践价值。在以上背景下，进行革命和建立新型政权作为重大问题被提上日程：“国家问题，现在无论在理论方面或在政治实践方面，都具有特别重大的意义。”“帝国主义战争大大加速和加剧了垄断资本主义变为国家垄断资本主义的过程。国家同势力极大的资本家同盟日益密切地溶合在一起，它对劳动群众的骇人听闻的压迫愈来愈骇人听闻了。各先进国家（我们指的是它们的‘后方’）变成了工人的军事苦役监狱”①。“无产阶级社会主义革命对国家的态度问题不仅具有政治实践的意义，而且具有最迫切的意义，这个问题是要向群众说明，为了使自己从资本的枷锁下解放出来，他们在最近的将来应当做些什么”②。

总之，列宁写作《国家与革命》，是为适应“国际无产阶级革命”特别是俄国社会主义革命的迫切需要，为当时行将到来的俄国十月革命乃至世界无产阶级革命进行理论上的论证和准备。同时，也适应了清算以伯恩斯坦和考茨基为代表的第二国际机会主义者在国家与革命问题上的种种偏见和影响的需要，捍卫和发展了马克思主义关于国家与革命、民主等问题的学说和理论。列宁始终坚持马克思主义，同来自各方面的歪曲作不调和的斗争，同时又善于总结革命实践的经验，不断地丰富和发展马克思主义理论，为我们树立了光辉的榜样。

---

① 《列宁选集》第3卷，人民出版社1995年版，第109页。

② 《列宁选集》第3卷，人民出版社1995年版，第110页。

二、基本内容和核心思想

全书共分序言、正文和跋。正文6章,25节。第一章根据马克思和恩格斯的国家学说,着重从国家的起源、特征、本质、功能等方面揭示了国家的阶级性实质,阐述了暴力革命的重大意义,批判了在国家与革命问题上的各种机会主义谬论,并与之划清界限。第二章阐述了马克思和恩格斯在总结1848～1851年欧洲革命基础上对无产阶级专政思想的发展,驳斥了机会主义者对无产阶级专政的歪曲。第三章评述了马克思从巴黎公社经验中总结的关于用无产阶级专政的新型国家代替被打碎的资产阶级国家机器的思想,阐述了公社是无产阶级管理机关、人民革命是无产阶级获得解放的政治形式、无产阶级国家是民主集中制的统一的共和国等原理和思想。第四章依据恩格斯在1872～1894年间的几篇著作中对巴黎公社革命经验的补充认识,进一步阐明了无产阶级革命和无产阶级专政理论,揭示了无产阶级民主和资产阶级民主的根本区别,阐明了民主与社会主义、作为上层建筑的民主与经济基础的辩证关系。第五章依据马克思的《哥达纲领批判》中关于共产主义发展阶段与国家消亡之间联系的分析,阐明了共产主义的阶段性特征,阐述了过渡时期实行无产阶级专政的必要性和国家消亡的经济基础。第六章就无产阶级革命对国家的态度问题,揭露了考茨基和普列汉诺夫对马克思主义国家学说的曲解与背叛,总结了沉痛的教训。最后的跋,其实是想要写的关于"1905年和1917年俄国革命的经验"的提纲,因革命来临没有来得及写。正如列宁在第一版"跋"中所说:"这一章除了题目以外,我连一行字也没有来得及写,因为1917年十月革命前夜的政治危机'妨碍'了我。"列宁还非常幽默而深刻地指出:"对于这种'妨碍',只有高兴","看来只好长时间拖下去了;做出'革命的经验'是会比论述'革命的经验'更愉快、更有益的。"①

根据全书内容结构,该著作的思路和内容有三个重要方面:(1)结合马克思和恩格斯著作,系统阐发了马克思和恩格斯关于国家与革命问题的基本观点及其发展过程。列宁说:"在这种情况下,在对马克思主义的种种歪曲空前流行的时候,我们的任务首先就是要恢复真正的马克思的国家学说。为此,必须大段大段地引证马克思和恩格斯本人的著作。"②(2)结合共运实践,大量引用并深刻批判在国家与革命问题上的种种非马克思主义观点,与其划清界限。(3)结合

---

① 《列宁选集》第3卷,人民出版社1995年版,第221页。

② 《列宁选集》第3卷,人民出版社1995年版,第112～113页。

革命需要，论述了无产阶级通过暴力革命和建立无产阶级专政的国家来打碎和取代资本主义旧世界的必要性及其若干重要原则，为行将到来的社会主义革命和建国原则作理论上的论证和准备。

该书的精华和精彩部分主要涉及以下几个基本且重要的概念和问题，我们可以以这几个概念和问题为抓手，来理解和把握该书的核心思想。

（一）关于一般意义上的国家——马克思主义国家学说的基本观点

针对资产阶级和工人运动内部的机会主义者对马克思主义国家学说的攻击和歪曲，特别是机会主义者打着"马克思主义"的旗号反对马克思主义，起到了资产阶级所不能起的破坏作用的情况，列宁在《国家与革命》大篇幅地引用马克思和恩格斯本人的著作，深刻批判形形色色的非马克思主义的观点。

为集中概括马克思主义的国家学说，他引用恩格斯《家庭、私有制和国家的起源》的三段话。第一段是："国家决不是从外部强加于社会的一种力量。国家也不像黑格尔所断言的是'伦理观念的现实'，'理性的形象和现实'。勿宁说，国家是社会在一定发展阶段上的产物；国家是表示：这个社会陷入了不可解决的自我矛盾，分裂为不可调和的对立面而又无力摆脱这些对立面。而为了使这些对立面，这些经济利益互相冲突的阶级，不致在无谓的斗争中把自己和社会消灭，就需要有一种表面上站在社会之上的力量来抑制冲突，把冲突保持在'秩序'的范围以内；这种从社会中产生但又居于社会之上并且日益同社会相异化的力量，就是国家。"①第二段是："由于国家是从控制阶级对立的需要中产生的，同时又是在这些阶级的冲突中产生的，所以，它照例是最强大的、在经济上占统治地位的阶级的国家，这个阶级借助于国家而在政治上也成为占统治地位的阶级，因而获得了镇压和剥削被压迫阶级的新手段。"②第三段是："国家并不是从来就有的。曾经有过不需要国家、而且根本不知国家和国家权力为何物的社会。在经济发展到一定阶段而必然使社会分裂为阶级时，国家就由于这种分裂而成为必要了。现在我们正在以迅速的步伐接近这样的生产发展阶段，在这个阶段上，这些阶级的存在不仅不再必要，而且成了生产的直接障碍。阶级不可避免地要消失，正如它们从前不可避免地产生一样。随着阶级的消失，国家也不可避免地要消失。在自由平等的生产者联合体的基础上按新方式组织生产的社会，将把全部国家机器放到那时它应该去的地方，即放到古物陈列馆去，同纺车和青铜斧陈列在一起。"③

---

① 转引自《列宁选集》第3卷，人民出版社1995年版，第113页。

② 转引自《列宁选集》第3卷，人民出版社1995年版，第119页。

③ 转引自《列宁选集》第3卷，人民出版社1995年版，第121～122页。

在引用恩格斯论述的基础上，列宁作出进一步解读和阐发："国家是阶级矛盾不可调和的产物和表现。在阶级矛盾客观上不能调和的地方、时候和条件下，便产生国家。反过来说，国家的存在证明阶级矛盾不可调和。"①恩格斯所阐明的被称为"国家"的那种"力量"的概念，主要是拥有监狱等等的特殊的武装队伍。这种特殊的武装队伍是社会分裂为敌对的而且是不可调和的敌对的阶级的必然产物。而且一般来说，随着阶级斗争的尖锐化和对外扩张的需要，这种公共权力总是越来越完备，越来越强化，甚至成为对外扩张和侵略的工具。

这样，列宁就总结阐发了马克思主义国家学说的基本观点：(1)国家来源：是阶级矛盾不可调和的产物。国家是阶级矛盾不可调和的产物和表现。在阶级矛盾客观上不能调和的地方、时候和条件下，便产生国家。反过来说，国家的存在证明阶级矛盾不可调和。(2)国家的基本特征之一：是和人民大众分离的公共权力的设立。一般来说，随着阶级斗争的尖锐化和对外扩张的需要，这种公共权力总是越来越完备，越来越强化，甚至成为对外扩张和侵略的工具。恩格斯比较了国家和氏族组织，指出有两点不同的地方。列宁认为，恩格斯在这里阐明了被称为"国家"的力量，即从社会中产生但又居于社会之上并且日益同社会相异化的力量的概念。(3)国家的代表：常备军、警察、监狱等特殊武装队伍和公共权力机关，官僚机构及官吏官僚。(4)国家性质：是从社会中产生但又居于社会之上并且日益同社会相异化的力量。(5)国家功能实质：是"强制人的暴力机构"；是剥削和压迫被压迫阶级的工具；国家是阶级统治的机关，是一个阶级压迫另一个阶级的机关，是建立一种"秩序"来抑制阶级冲突，使这种压迫合法化、固定化的机器和力量；是在各方面占统治地位的国家。列宁以资产阶级民主共和国为例，分析了资产阶级民主共和国是资产阶级剥削无产阶级和劳动人民的最好的政治形式。(6)国家的历史发展：国家是个历史范畴，非从来就有，亦非永世长存。

列宁对马克思主义国家学说的总结和阐发，深刻揭示了资产阶级国家的阶级实质，论证暴力革命和建立新型国家的必要性和迫切性：国家是阶级矛盾不可调和的产物，是站在社会之上并且"日益同社会相异化"的力量，那么很明显，被压迫阶级要求得解放，不仅非进行暴力革命不可，而且非消灭资产阶级所建立的、体现这种"异化"的国家政权机构不可。

(二)关于革命——阶级斗争和无产阶级暴力革命

出于特定的时代和目的，该书探讨的不是普遍意义上的革命，而是必须要

① 《列宁选集》第3卷，人民出版社1995年版，第114页。

通过“无产阶级暴力革命”，来推翻资产阶级的旧国家，建立无产阶级的新国家。

国家“自行消亡”是恩格斯在《反杜林论》中提出的一个著名论断。这一原理同样遭到机会主义者最粗暴的歪曲——在他们看来，既然国家是会消失的，是“自然消亡”，那么资产阶级国家也可以不通过革命，而经过缓慢的、平稳的、渐进的过程“自行消亡”。这无疑意味着回避革命，甚至是否定革命。列宁完整地引述了恩格斯著名论述并作了详细的分析。列宁指出：恩格斯说的“自行消亡”的国家是指社会主义革命后的无产阶级的国家制度残余，而资产阶级国家是不会“自行消亡”的，是必须由无产阶级通过革命“消灭”的。在这个革命以后，自行消亡的是无产阶级的国家或半国家。因为资产阶级国家是资产阶级对无产阶级和劳动人民“实行镇压的特殊力量”，要让它转变为由无产阶级对资产阶级“实行镇压的特殊力量”，这样一种更替是绝不能通过“自行消亡”来实现的。

列宁着重阐述了国家“自行消亡”与暴力革命的关系，指出无产阶级针对资产阶级国家的暴力革命“不可避免”。他强调，恩格斯对暴力革命的作用的论述同国家“自行消亡”的理论是紧密联系在一起的，构成一个严密的整体：“实际上恩格斯在这里所讲的是以无产阶级革命来‘消灭’资产阶级的国家，而他讲的自行消亡是指社会主义革命以后无产阶级国家制度残余。按恩格斯的看法，资产阶级国家不是‘自行消亡’的，而是由无产阶级在革命中来‘消灭’的。在这个革命以后，自行消亡的是无产阶级的国家或半国家。”①亦即，马克思和恩格斯关于暴力革命不可避免的学说是针对资产阶级国家说的。资产阶级国家由无产阶级国家（无产阶级专政）代替，不会“自行消亡”，根据一般规律，“非通过暴力革命不可”②。资产阶级的国家只有革命才能“消灭”。国家本身，就是说最完全的民主，只能“自行消亡”。

这里，列宁从资产阶级国家是对无产阶级“实行镇压的特殊力量”这一本质特征出发，特别颂扬了暴力革命的作用，甚至得出无产阶级国家代替资产阶级国家“非通过暴力革命不可”的结论，提出无产阶级阶级斗争的首要任务就是以暴力革命推翻资产阶级国家机器和政权。这既是对机会主义者抹杀革命作用的有力批判，又是同当时俄国革命形势的发展紧密相连的。1917 年俄国二月革命后曾经出现革命和平发展的可能性，为此，列宁和布尔什维克党制定了革命和平发展的方针，提出“全部政权归苏维埃”的口号，努力争取实现革命的和平发展道路。但是，资产阶级用反革命暴力对付人民群众，制造了七月事变，全部政权落到资产阶级临时政府手中，白色恐怖笼罩了俄国，革命和平发展的可能

---

① 《列宁选集》第 3 卷，人民出版社 1995 年版，第 124 页。

② 《列宁选集》第 3 卷，人民出版社 1995 年版，第 128 页。

性不复存在。这种形势下，列宁特别强调暴力革命的意义，旨在教育俄国无产阶级和劳动群众，看清资产阶级政权实质，摆脱机会主义和小资产阶级思想的影响，准备和发动武装起义，夺取政权。十月革命的胜利就是暴力革命的胜利。

但是，不能由此推论出暴力革命对于各国无产阶级夺取政权都是唯一适用的形式。实际上，马克思、恩格斯在论述暴力革命不可避免的时候，并没有把暴力革命绝对化，他们都曾分析过和平发展的可能性问题。列宁发展了马克思、恩格斯关于暴力革命的学说，但也没有作茧自缚。虽然他在《国家与革命》中得出了“非通过暴力革命不可”的结论，然而在实际的革命进程中，列宁并没有放过任何一次革命和平发展的机会。就在十月武装起义日益临近的时刻，列宁还曾根据当时形势的微妙变化提出争取革命和平发展的最后一次机会的问题。1917 年 9 月 6 日，他在《革命的任务》一文中写道：“目前在俄国民主派面前、在苏维埃面前，在社会革命党和孟什维克面前，出现了革命史上极为罕见的机会……保证革命和平发展的机会。”他指出：“如果苏维埃掌握全部政权，现在还能够（看来这是最后一次机会了）保证革命的和平发展。……保证政权由一个政党和平地转到另一个政党手里。”[①]“我们的任务是帮助人们尽一切可能不放过革命和平发展的‘最后’一个机会。”[②]如果错过这个机会，资产阶级和无产阶级之间就必然会发生最尖锐的国内战争，而战争的结局一定是工人阶级在贫困农民的支持下取得彻底胜利。可见，在一定的历史条件下，革命和平发展不仅是可能的，而且对无产阶级是最有利的。这种可能性的出现，最根本的是取决于具体的历史环境和国内阶级力量的对比，而不是纯理论上的推论。应善于根据具体的客观形势的变化，正确把握无产阶级革命的道路和方法。

（三）关于社会主义革命后的国家——无产阶级专政

革命的根本问题是国家政权问题。在该著作中，我们可以充分看到马克思主义在国家问题上一个最卓越最重要的思想即“无产阶级专政”（马克思和恩格斯在巴黎公社以后开始这样说）的系统表述。

无产阶级专政是马克思主义国家学说的核心。在《国家与革命》中，列宁详尽地考察了马克思、恩格斯著作中关于无产阶级专政思想的形成、发展的历史过程和它的本质内容的论述，特别强调了从资本主义到共产主义的过渡时期无产阶级专政的必然性和必要性。列宁认为，无产阶级在历史上的革命作用的最高表现就是无产阶级实行专政。只有使无产阶级转化为统治阶级，使它能够镇压资产阶级必然要进行的拼死反抗，并组织一切被压迫被剥削劳动群众去建立

---

① 《列宁选集》第 3 卷，人民出版社 1995 年版，第 230～231 页。

② 《列宁全集》第 32 卷，人民出版社 1985 年版，第 149 页。

新的经济结构，才能大力发展社会生产力，以便最终消灭阶级，过渡到无阶级的共产主义社会。《国家与革命》出版以后，列宁又发现了马克思1852年3月5日写给约·魏德迈的信。马克思在信中精辟地阐明了马克思主义关于阶级斗争和无产阶级专政的学说。列宁在书中引用了马克思的这段“精彩的论述”：“至于讲到我，无论是发现现代社会中阶级的存在还是发现这些阶级间的斗争，都不是我的功劳。在我以前很久，资产阶级的历史学家就叙述过这种阶级斗争的历史发展，资产阶级的经济学家也对这些阶级作过经济的剖析。我新做的工作就是证明了：(1)阶级的存在仅仅同生产的一定的历史发展阶段相联系；(2)阶级斗争必然导致无产阶级专政；(3)这个专政本身不过是达到消灭一切阶级和达到无阶级社会的过渡。”[①]列宁认为，马克思的这段话，一是在阶级斗争问题上划清了马克思的学说与资产阶级思想家的学说之间的根本区别；二是极其鲜明地表达了马克思的国家学说的实质。为此，他在1919年《国家与革命》再版时，在第二章中加写了“1852年马克思对问题的提法”一节。在转引马克思的这段话后，列宁阐述道，承认不承认无产阶级专政，是衡量真假马克思主义的试金石，“谁要是仅仅承认阶级斗争，那他还不是马克思主义者”，“只有承认阶级斗争、同时也承认无产阶级专政的人，才是马克思主义者”[②]。接着，列宁依据俄国十月革命的经验，特别强调了过渡时期无产阶级专政的必要性。他指出，从资本主义向共产主义过渡的时期，必然是阶级斗争空前残酷、空前尖锐的时期。因此，“一个阶级的专政不仅对一般阶级社会是必要的，不仅对推翻了资产阶级的无产阶级是必要的，而且对介于资本主义和‘无阶级社会’即共产主义之间的整整一个历史时期都是必要的，——只有懂得这一点的人，才算掌握了马克思国家学说的实质。……从资本主义向共产主义过渡，当然不能不产生非常丰富和多样的政治形式，但本质必然是一样的：都是无产阶级专政”[③]。

无产阶级专政作为国家政治制度，它是民主和专政的统一。马克思和恩格斯在《共产党宣言》中提出，工人革命的第一步就是使无产阶级上升为统治阶级，争得民主。这里马克思、恩格斯把无产阶级“上升为统治阶级”和“争得民主”并列在一起，作为工人革命的第一步目标，说明无产阶级专政也就是无产阶级民主。列宁根据马克思和恩格斯的思想，进一步从民主的发展、演变的历史进程中阐述了民主与专政的辩证关系，深刻揭示了资产阶级民主与无产阶级民主的本质区别。列宁指出，在资本主义社会里，比较完全的民主制度就是资产阶级的民主共和制。这种民主制度实质上也始终是少数人的即资产者和富人

---

① 转引自《列宁选集》第3卷，人民出版社1995年版，第138页。

② 《列宁选集》第3卷，人民出版社1995年版，第139页。

③ 《列宁选集》第3卷，人民出版社1995年版，第140页。

的民主制度，是对无产阶级和劳动人民的专政。这种民主必然是“狭隘的”、“暗中排斥穷人的”，“因而也是彻头彻尾虚伪骗人的”民主。而无产阶级民主是绝大多数人的即无产阶级和劳动人民的民主，是对少数剥削者、压迫者的专政。这里，民主发生了由量到质的根本性转变，即由资产阶级民主转变为无产阶级民主。民主的这种根本转变，绝不像机会主义者所想象的那样，是简单地、直线地、平稳地走向“日益彻底的民主”，而是必须推翻资产阶级的政治统治，建立无产阶级专政。正如列宁所说，从资本主义民主向前发展，即向共产主义发展，“必须经过无产阶级专政，不可能走别的道路，因为再没有其他人也没有其他道路能够粉碎剥削者资本家的反抗”[①]。同时，无产阶级专政不仅是简单地扩大民主的范围，它除了把民主制度大规模地扩大，使它第一次成为广大劳动人民的民主制度之外，无产阶级专政还要对剥削者、压迫者和资本家采取一系列剥夺自由的措施，用强力粉碎他们的反抗。可见，从马克思主义国家学说的本来意义上来理解无产阶级专政，它理应包括民主和专政两个方面，它“是新型民主的（对无产者和一般穷人是民主的）和新型专政的（对资产阶级是专政的）国家”[②]。

总之，列宁回答了无产阶级关于社会主义革命胜利的国家的一系列基本问题：(1)社会主义革命胜利后的无产阶级还需不需要国家？回答是：仍需要国家。(2)革命胜利后的无产阶级需要什么样的国家？回答是：无产阶级专政的国家。(3)无产阶级专政是什么样的国家？回答是：新型民主和新型专政有机统一的国家政权，是高于资产阶级民主的国家政权。列宁对这些问题的回答，实际是对未来社会主义新型政权的设计、要求和规定：“人民这个大多数享有民主，对人民的剥削者、压迫者实行强力镇压，即把他们排斥于民主之外。”[③]这里民主发生了质的飞跃，即从资产阶级民主上升为无产阶级民主。无产阶级专政不仅仅是简单地扩大了民主的范围，同时还把民主制度大规模地扩大，使它第一次成为广大人民群众的民主之外，无产阶级专政还要对剥削者、压迫者和资本家采取一系列剥夺自由的措施，用强力粉碎他们的反抗。这两方面是统一的。从整个国家历史着眼，列宁还把这个阶段的无产阶级专政称为“半国家”，意思是正走向消亡但还没到共产主义阶段的完全消亡。

(四)关于一般意义上的民主——兼论民主与社会主义

上面所讲的民主，是指无产阶级专政中的一个特征方面。与此同时，该书还从一般意义上阐明了民主及其与社会主义的关系。该部分内容，主要是列宁

---

① 《列宁选集》第 3 卷，人民出版社 1995 年版，第 190 页。

② 《列宁选集》第 3 卷，人民出版社 1995 年版，第 140 页。

③ 《列宁选集》第 3 卷，人民出版社 1995 年版，第 191 页。

的阐发，丰富和发展了马克思主义民主理论。

1. 民主的实质

民主具有阶级性。列宁指出："民主是国家形式，是国家形态的一种。因此，它同任何国家一样，也是有组织有系统地对人们使用暴力，这是一方面。但另一方面，民主意味着在形式上承认公民一律平等，承认大家都有决定国家制度和管理国家的平等权利。"①

2. 民主的历史

民主作为一种政治形式，已经有了很长的历史，但是，从比较完整的意义上说，作为国家形态的民主，主要是资产阶级民主和无产阶级民主两大类型。但是民主绝不是不可逾越的极限，它只是从封建主义到资本主义和从资本主义到共产主义的道路上的阶段之一。在该书材料《马克思主义论国家》中，列宁具体地把这个发展分为三个阶段：在资产阶级需要国家的时候——民主只是例外，从来不是完全的，它是少数人的民主，对大多数人是镇压。在无产阶级需要国家时——民主几乎是完全的，只是由于镇压资产阶级的反抗而受到限制；发展到了不需要国家的时候——也就是共产主义的高级阶段，国家消亡了，这时的民主是完全的民主，成为习惯，民主因此而消亡。②

3. 民主的作用

在工人阶级反对资本家及争取自身解放的斗争中，民主具有巨大的意义。这种意义和作用用列宁自己的话来概括就是："没有民主，就不可能有社会主义，这包括两个意思：(1)无产阶级如果不通过争取民主的斗争为社会主义革命作好准备，它就不能实现这个革命；(2)胜利了的社会主义如果不实行充分的民主，就不能保持它所取得的胜利，并且引导人类走向国家的消亡。"③

(五)共产主义的发展阶段——国家的最终消亡

资产阶级国家，无论其形式多么繁杂，都有其共同点，都是建立在多少已经发展了的资本主义社会基础之上。那么，未来社会和国家的发展是怎样的？围绕国家存在的经济基础及其发展进程，列宁根据马克思《哥达纲领批判》的论述，详细分析了未来共产主义的发展与国家消亡之间的联系，进一步阐发了社会主义的发展阶段理论，阐明了国家消亡的经济基础是共产主义的高度发展。

列宁指出，由整个发展论和全部科学十分正确地肯定了的首要一点，"就是

① 《列宁选集》第3卷，人民出版社1995年版，第201页。

② 参见《列宁全集》第31卷，人民出版社1985年版，第161～162页。

③ 《列宁全集》第28卷，人民出版社1990年版，第168页。

在历史上必然会有一个从资本主义向共产主义过渡的特殊时期或特殊阶段"①。他在援引了马克思《哥达纲领批判》的有关著名论述后强调指出："从向着共产主义发展的资本主义社会过渡到共产主义社会，非经过一个'政治上的过渡时期'不可，而这个时期的国家只能是无产阶级的革命专政。"②但这个过渡时期存在的无产阶级专政，是过渡性质的国家（"半国家"即无产阶级专政），国家开始走向消亡。

过渡时期的结束，标志着社会主义社会的诞生。列宁发展了马克思《哥达纲领批判》中提出的共产主义发展阶段思想，正式将"共产主义第一阶段"称呼为"社会主义阶段"。他在《国家与革命》中指出："共产主义社会的第一阶段（通常称为社会主义）"，"通常所说的社会主义，马克思把它称作共产主义社会的'第一'阶段或低级阶段"③。依据马克思的分析，列宁在本书中进一步论证了社会主义社会的基本特征，说明了社会主义社会国家继续存在的必要性。列宁指出，在社会主义社会中，生产资料已经不是个人的私有财产，而是归全社会所有，消灭了生产资料占有方面的不平等；在生活资料的分配方面，实现了"不劳动者不得食"和"对等量劳动给予等量产品"的社会主义原则（即按劳分配）。但是，这还不是完全的共产主义，还没有消除消费品方面存在的不公平现象。由于"资产阶级法权"的存在，社会主义社会还需要有国家在保卫生产资料公有制的同时来保卫劳动的平等和产品分配的平等，需要有国家对劳动量和消费量进行极严格的计算和监督。所以列宁说：在共产主义社会第一阶段也就是社会主义阶段，"国家正在消亡，因为资本家已经没有了，阶级已经没有了，因而也就没有什么阶级可以镇压了"，"但是，国家还没有完全消亡，因为还要保卫那个确认事实上的不平等的'资产阶级权利'"。④ 也就是说，国家正在消亡，但未完全消亡。

列宁从社会主义社会和共产主义社会两个阶段的联系和差别上，论证了国家完全消亡的经济基础是共产主义的高度发展。列宁指出，社会主义社会和共产主义社会是共产主义在经济上成熟程度不同的两个阶段。社会主义社会是从资本主义中发展出来的，它在经济上还不可能完全成熟，不可能完全摆脱资本主义旧社会的传统和痕迹，在消费品分配方面还不可避免地存在着"资产阶级权利"，人们的思想也没有达到完全超出"资产阶级权利的狭隘眼界"，所以，社会主义社会仍然需要国家，"因为如果没有一个能够强制人们遵守权利准则

---

① 《列宁选集》第 3 卷，人民出版社 1995 年版，第 188 页。

② 《列宁选集》第 3 卷，人民出版社 1995 年版，第 188 页。

③ 《列宁选集》第 3 卷，人民出版社 1995 年版，第 196、200 页。

④ 《列宁选集》第 3 卷，人民出版社 1995 年版，第 196 页。

的机构,权利也就等于零”[①]。而在共产主义的高级阶段实行“各尽所能,按需分配”时,社会生产力高度发展了,劳动生产率已经极大提高,社会财富极其丰富,人们的觉悟极大提高,人人都能十分习惯地遵守各项公共生活准则,都能自觉自愿地尽其所能为社会劳动,不需要任何强制和服从。那时,国家再也没有存在的必要而完全消亡。所以,列宁强调指出:“国家完全消亡的经济基础就是共产主义的高度发展。”[②]这同时也指出了社会主义阶段的伟大使命,亦即:大力发展生产力,大力推进民主,为共产主义的实现、国家和民主的消亡而奋斗。

三、历史意义和现实意义

列宁在《国家与革命》这部光辉著作里,以国际共产主义运动的历史经验,特别是帝国主义和无产阶级革命时代的俄国革命的新鲜经验为基础,在对第二国际机会主义者歪曲和背叛马克思主义国家学说的揭露和批判中,系统地阐述了马克思主义的国家、革命和民主学说,捍卫和发展了无产阶级革命和无产阶级专政理论,在此后大半个世纪各国无产阶级夺取政权、建立和巩固无产阶级专政的斗争实践中,发挥了重要的指导作用。全书不仅系统考察和阐明了马克思、恩格斯在国家问题上的基本理论及其发展过程,批判了机会主义和无政府主义的种种谬论,而且依据帝国主义时代新的革命经验,回答了当时无产阶级革命中提出的一系列新问题,成为俄国无产阶级夺取政权、创建和巩固社会主义国家的理论纲领和指南。

今天的时代特征与《国家与革命》产生的背景相比有了很大很深刻的变化,但列宁在《国家与革命》中所阐发的概念和问题,诸如社会主义国家职能的完善与政府职能转变、革命在社会主义实现道路与发展动力上的价值和作用及其发挥、无产阶级专政内容形式等方面的探索与创新、社会主义民主政治建设及其优越性发挥,等等,仍是当代世界社会主义运动和社会主义国家建设所面临的重大而根本的问题。当然,在这些方面,《国家与革命》并没有穷尽真理,在坚持其马克思主义基本立场基本理论的基础上,进一步丰富和完善相关的理论学说和实践路径,仍是我们当今马克思主义理论工作者和实践工作者所面临的长期而艰巨的历史任务。

这方面,列宁为我们树立了光辉榜样。在论述马克思主义国家、革命和民主学说的发展时,列宁始终坚持马克思主义的科学态度,运用最彻底的唯物辩

① 《列宁选集》第3卷,人民出版社1995年版,第200页。

② 《列宁选集》第3卷,人民出版社1995年版,第197页。

证法，深入考察世界形势的新发展，及时总结世界社会主义运动的新经验，对马克思主义国家、革命和民主理论的许多方面作出进一步的发挥和新的理论概括。书中阐述的相关理论，不仅教育了俄国无产阶级和人民群众，同时对各国无产阶级政党结合本国实际解决国家政权、革命和民主等问题也具有重大指导意义。列宁在《国家与革命》中还尖锐地批评了把社会主义看成是一种僵化的、凝固的、一成不变的资本主义观点，坚持把社会主义社会看作是一个不断变化和发展的社会。他指出："实际上，只是从社会主义实现时起，社会生活和个人生活的各个领域才会开始出现迅速的、真正的、确实是群众性的即有大多数居民参加然后有全体居民参加的前进运动。"①在论述共产主义高级阶段国家完全消亡时，他鲜明地指出："很清楚，确定未来的'消亡'的日期，这是无从谈起的，何况它显然还是一个很长的过程。"②马克思和恩格斯之间也仿佛存在差别，因为他们研究的题目不同，要解决的任务不同。"至于人类会经过哪些阶段，通过哪些实际措施达到这个最高目的，那我们不知道，也不可能知道。"③要对这个问题作出科学的解答，只有依靠确切证明了的科学材料。十月革命胜利后，列宁又根据新的实践经验和时代需要，不断审查自己的理论，修改过时的结论，提出新的论断，进一步发展了《国家与革命》一书中的思想。邓小平指出："绝不能要求马克思为解决他去世之后上百年、几百年所产生的问题提供现成答案。列宁同样也不能承担为他去世以后五十年、一百年所产生的问题提供现成答案的任务。真正的马克思列宁主义者必须根据现在的情况，认识、继承和发展马克思列宁主义。"④毛泽东思想和中国特色社会主义理论体系就是马列主义原理同中国国情和时代特点相结合的产物。

如今，我们正在新的历史起点上加快推进中国特色社会主义伟大事业，坚持、完善和巩固人民民主专政，确立、发展起科学的社会主义发展动力系统，是坚持党的基本理论、基本路线、基本方针、基本纲领的一个内在要求，是不断夺取中国特色社会主义建设新胜利、实现"两个一百年"奋斗目标、推进中华民族伟大复兴"中国梦"的重要保证。我们在新的历史条件下学习列宁的经典著作《国家与革命》，不仅要重温其经典理论，而且还要继续解放思想，争取有所丰富和发展。比如：在国家问题上，到底该确立怎样的国家观，该如何全面完善国家的职能以及推动政府职能转变；在革命问题上，应如何看待"革命"的内涵及其价值，如何看待"改革"背景下的革命价值，如何完善社会主义的发展动力系统，

---

① 《列宁选集》第3卷，人民出版社1995年版，第201页。

② 《列宁选集》第3卷，人民出版社1995年版，第186页。

③ 《列宁选集》第3卷，人民出版社1995年版，第201页。

④ 《邓小平文选》第3卷，人民出版社1993年版，第291页。

如何看待当今及以后实现社会主义的道路问题；在民主问题上，应如何进一步坚持、完善和巩固人民民主专政，如何推进政治体制改革和发展社会主义民主；等等。倘如此，将对推进政治体制改革，加强社会主义民主法治建设，巩固和完善我国人民选择的人民民主专政的国体与人民代表大会制度的政体这一根本政治制度，都会具有重大的实践价值，我们学习《国家与革命》这一光辉著作，才算是学到了精髓，学得管用了。

第七章 马克思主义战略和策略通俗讲话的尝试

——《共产主义运动中的“左派”幼稚病》导读

列宁1920年4月写成，5月又增补了一部分。同年6月首先用俄文出版，7月又以德、法、英等国文字相继出版。该书曾发给同年7～8月召开的共产国际第二次代表大会的全体代表。该书是共产国际初期的重要历史文献，是一部系统地阐述马克思主义战略和策略的重要著作，为当时各国共产主义者提供了新的思想武器。

一、历史背景

列宁写作和出版这一著作的历史背景，用一句话来概括就是，俄国十月革命的胜利促起了国际共产主义运动的一个高潮期。首先，当时正是苏维埃政权诞生两年半的时刻，俄国社会主义革命凯歌行进。政治上，坚决反对建立联合政府主张，采取许多措施摧毁资产阶级临时政府的国家机关，解散资产阶级立宪会议，废除资产阶级临时政府从中央到地方的各级官僚机构，建立各人民委员部、苏维埃人民法院和人民检察院等政权机关。经济上，成立国民经济最高委员会，颁布工人监督、国有化、土地改革、民族权利等法令，组织社会主义经济。外交上，在敌强我弱的情况下实行必要的退却，于1918年3月签署苛刻的《布列斯特和约》，为巩固苏维埃政权、恢复经济赢得了必要的和平环境。德国战败后，于同年11月11日同协约国签订停战协定，苏俄政府立即于11月12日宣布废除此条约，使得该条约的内容实际上成了一纸空文。军事上，成功粉碎了协约国武装干涉和国内叛乱。其次，在俄国十月革命胜利的鼓舞下，资本主义国家工人运动形势高涨。在英、法、美、德、日等国家，无产阶级掀起了各种形式的反对战争、争取民主权利、改善劳动条件和生活条件、支持俄国革命、反对干涉苏维埃政权的斗争。一些国家推翻了反动统治，变君主政体为共和国家。在芬兰、匈牙利以及德国的巴伐利亚省，甚至曾一度建立起社会主义性质的苏维埃政权。再次，在俄国十月革命胜利的鼓舞下，亚非拉民族民主解放运动风起云涌。比较有代表性的诸如中国的“五四运动”、朝鲜的“三一运动”、土耳其吉马尔民族民主革命、埃及独立运动、印度非暴力不合作运动、墨西哥的改革运动等等。

高潮中的国际共运提出“两大任务”，而解决该两大任务又面临两大危险和阻力。第一项任务是为进一步发展革命而建立新型的革命的共产主义政党。第二项任务是为进一步发展革命而争取更多群众到共产主义方面来，建立冲击资本主义的革命政治大军。这一任务则比前一个任务困难得多、复杂得多。妨碍第一项任务的最大阻力和危险是右倾机会主义。右倾机会主义否定马克思主义基本原理的普遍指导意义，妨碍第一项任务即把先进分子争取到共产主义方面来以建立新型的工人阶级政党，是当时共产主义运动中最主要的危险。妨碍第二项任务的最大危险和阻力是左倾机会主义。左倾机会主义把马克思主义普遍原理绝对化，妨碍第二项任务，即把群众争取到共产主义方面来，建立革命政治大军。左派反映出小资产阶级在高潮形势下的革命狂热，他们不了解争取群众的意义和艺术，提出退出黄色工会和反动工会，抵制资产阶级议会，拒绝一切妥协，不妥协不转弯地前进等幼稚可笑的、于事有害的口号，否认党的组织性纪律性，把自己变成极端纯粹的脱离群众的空想主义、关门主义、冒险主义的小团体。

面临两大任务及其面临的两大危险和阻力，列宁把此书的主要注意力放在了反左倾幼稚病危险的斗争上。列宁认为，在十月革命的推动和影响下，很多国家的共产主义先进分子从社会民主党中分化出来而建立了独立的共产党，取代社会民主党成为共运主力，这一任务基本已获得初步解决。不仅如此，1919年3月2～6日，在莫斯科举行了共产国际第一次代表大会，共产国际（以后称“第三国际”）宣告成立，无产阶级政党的活动有了革命的国际旗帜。但共产主义左派所犯的各种病症，是各国共产党成立初期缺乏各种实践经验而产生的，虽然幼稚，但危险性极大，需要在早期治疗，效果才好，否则会引发大病和并发症。列宁在估计左派错误时说：“目前共产主义运动中左倾学理主义错误同右倾学理主义（即社会沙文主义和考茨基主义）错误比较起来，其危害性和严重性不及后者的千分之一，然而这只不过是由于左倾共产主义是一种刚刚产生的还很年轻的思潮。只是因为这个缘故，这种病症在一定条件下容易治好，但是必须用最大的努力去医治。”①同时，布尔什维克是在两条战线斗争中成长起来的，但其在国际中反右倾的斗争非常熟悉，国内反对左派的斗争大家还不熟悉。那么，如何来医治左派幼稚病呢？列宁认为，最好的办法，就是把俄国同左派斗争的经验战略策略介绍给年轻的各国共产党。基于这样的形势和认识，列宁在事务极端忙碌和紧张的情况下，下决心写了《共产主义运动中的“左派”幼稚病》。该书手稿的副标题为“马克思主义战略策略通俗讲话的尝试”，直截了当地说明了列宁撰写此书的主要目的。列宁指出：“本文的目的就是要把布尔什维主义历史上和当今策略上普遍适用的、具有普遍意义和必须普遍遵循的原则应用到西欧去。”②

二、主要内容

全书围绕无产阶级政党领导革命的战略策略问题这个中心思想，共十章和一个增补，内容十分丰富。前四章介绍了俄国革命经验及其国际意义。其中，第一章着重阐述了如何正确认识和对待十月革命的基本经验及国际意义问题，批评了夸大和忽视十月革命基本经验的两种错误倾向，指出俄国革命无论从广义还是从狭义上看都具有国际普遍意义。第二章深刻阐述了无产阶级政党组织纪律建设的重大意义，指出“无条件的集中和极严格的纪律”是布尔什维克党成功的基本条件之一。第三章回顾布尔什维克党在十月革命前的几个主要历史阶段中的复杂斗争，总结了党在各个历史阶段中制定和运用正确的战略策略，尤其是策略方面的经验，阐明无产阶级政党必须掌握灵活的战略策略原则。第四章着重分析小资产阶级革命性的特点、社会根源、同机会主义的联系，以及对革命的危害，指出布尔什维主义是在反对工人运动内部左和右两种错误倾向斗争中成长、壮大和得到锻炼的。第五章到第九章批判了各国左派的错误，并在批判过程中进一步阐发了马克思主义战略策略的诸多基本原理。第十章是总结，批评了左、右学理主义的错误策略，概述了苏维埃政权的历史必然性、党的斗争任务和策略原理等。增补部分为列宁完成本书书稿后得到的一些新材料和新体会。

---

① 《列宁选集》第4卷，人民出版社1995年版，第210页。

② 《列宁选集》第4卷，人民出版社1995年版，第157页。

如果从总的方面系统梳理，我们可以从以下几个方面来理解和把握列宁在本书中阐发的具有普遍意义的马克思主义战略策略思想和原则。

(一)马克思主义战略策略总原则:马克思主义基本原理同各国具体革命实践相结合,灵活制定和运用各种形式的战略策略

制定正确的战略策略，是取得思想建设、组织建设、政治领导、革命建设事业胜利的基本保证。而正确策略的制定，需要结合实际灵活运用。列宁的这个基本思想是一根贯穿全书的红线。列宁指出，马克思主义理论并不是教条，它只有同革命实践密切地联系起来，才能最终取得成功。

关于这一主旨，列宁作了这样的经典表述:“只要各个民族之间、各个国家之间的民族差别和国家差别还存在(这些差别就是在无产阶级专政在全世界范围内实现以后，也还要保持很久很久)，各国共产主义工人运动国际策略的统一，就不是要求消除多样性，消灭民族差别(这在目前是荒唐的幻想)，而是要求运用共产党人的基本原则(苏维埃政权和无产阶级专政)时，把这些原则在某些细节上正确地加以改变，使之正确地适应于民族的和民族国家的差别，针对这些差别正确地加以运用。在每个国家通过具体的途径来完成统一的国际任务，战胜工人运动内部的机会主义和左倾学理主义，推翻资产阶级，建立苏维埃共和国和无产阶级专政的时候，都必须查明、弄清、找到、揣摩出和把握住民族的特点和特征，这就是一切先进国家(而且不仅是先进国家)在目前历史时期的主要任务。”①

列宁分析指出，左派共产党人所犯的错误，从根本上讲就是不懂得把马克思主义基本原理同本国实际相结合。俄国十月革命的某些基本特点具有国际意义，但并不是所有特点都具有国际意义。第二国际机会主义从根本上否定十月革命经验，左派共产党人过分夸大十月革命的国际意义，这都是错误的。他们并不真正了解俄国十月革命的基本经验及其意义，不从本国本民族的特点出发，不分析本国客观革命形势、条件是否成熟、阶级力量的对比，不能客观看待十月革命的经验，这就会产生左倾学理主义的错误。列宁还指出，每个国家的共产党人同右倾机会主义和左倾学理主义作斗争，必须考虑到各国的具体特点。不能脱离本国的实际，不能把马克思主义基本原理和俄国十月革命的经验生搬硬套。

列宁以俄国的经验和做法，形象地阐释了这一原理。他指出:“在这个坚如磐石的理论基础上产生的布尔什维主义，有了15年(1903—1917年)实践的历史，这段历史的经验之丰富是举世无比的。这是因为任何一个国家在这15年

① 《列宁选集》第4卷，人民出版社1995年版，第200页。

内，在革命经验方面，在各种运动形式——合法的和不合法的、和平的和激烈的、地下的和公开的、小组的和群众的、议会的和恐怖主义的形式——更替的迅速和多样性方面，都没有哪怕类似这样丰富的经历。任何一个国家都没有在这样一个短短的时期内，集中了现代社会一切阶级进行斗争的如此丰富的形式、特色和方法，而且由于俄国的落后和沙皇制度的残酷压迫，这个斗争成熟得特别迅速，它如饥如渴又卓有成效地吸取了欧美政治经验方面相宜的'最新成就'。"①

（二）加强党的组织纪律建设和思想理论建设，把党建设成为坚强的领导集体

针对西欧左派否定党的领导和党的纪律的无政府主义错误倾向，列宁在第二章中从无产阶级夺取和巩固政权的高度，深刻阐述了无产阶级政党组织纪律建设和思想理论建设的重大意义，并介绍了俄国布尔什维克的成功经验。

列宁鲜明地指出，具有严格的铁的纪律是布尔什维克成功的基本条件之一。他说："如果我们党没有极严格的真正铁的纪律，如果我们党没有得到整个工人阶级全心全意的拥护，就是说，没有得到工人阶级中所有一切善于思考、正直、有自我牺牲精神、有威信并且能带领或吸引落后阶层的人的全心全意的拥护，那么布尔什维克别说把政权保持两年半，就是两个半月也保持不住。"②他还说，无产阶级实现无条件的集中和极严格的纪律，是战胜资产阶级的基本条件之一："无产阶级专政是新阶级对更强大的敌人，对资产阶级进行的最奋勇和最无情的战争。资产阶级的反抗，由于资产阶级被推翻（哪怕是在一个国家内）而凶猛十倍；资产阶级的强大不仅在于国际资本的力量，在于它的各种国际联系牢固有力，而且还在于习惯的力量，小生产的力量。这是因为世界上可惜还有很多很多小生产，而小生产是经常地、每日每时地、自发地和大批地产生着资本主义和资产阶级的。由于这一切原因，无产阶级专政是必要的，不进行长期的、顽强的、拼命的、殊死的战争，不进行需要坚持不懈、纪律严明、坚定不移、百折不挠和意志统一的战争，便不能战胜资产阶级。"③

那么，无产阶级政党的纪律是靠什么来维持、检验和巩固呢？列宁总结布尔什维克党的历史经验，从党员、党与群众、党的领导机关三方面进行了论证。一是靠党员的觉悟和自觉遵守。党的铁的纪律以自觉自愿的服从为前提，无产阶级先锋队的觉悟和它对革命的忠诚，是靠它的坚忍不拔、自我牺牲和英雄气

① 《列宁选集》第4卷，人民出版社1995年版，第137页。

② 《列宁选集》第4卷，人民出版社1995年版，第134～135页。

③ 《列宁选集》第4卷，人民出版社1995年版，第135页。

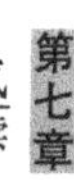

概。党员必须无条件地执行党的决议，遵守党的纪律。按照这一建党思想，不仅一般党员要遵守党的纪律，而且尤其是负责的党员必须带头执行党的纪律；在党的纪律面前一律平等，不允许任何“特殊党员”存在。二是靠党与群众的密切联系，靠群众对党的拥护和爱戴。党要善于同最广大的劳动群众，首先是同无产阶级劳动群众，但同样也同非无产阶级劳动群众联系、接近，甚至可以说在某种程度上同他们打成一片。党必须全心全意为人民服务，接受人民的监督。三是靠党的正确的政治路线。党所实行的政治领导正确，靠它的政治战略和策略正确，并由最广大的群众根据切身经验也确信其正确。这三条可以说是无产阶级政党纪律的特征，与左、右倾机会主义的组织原则是根本对立的。“没有这些条件，建立纪律的企图，就必然会成为空谈，成为漂亮话，成为装模作样。”①

维护、检验和巩固党的纪律的这些条件，并不是一下子就产生的，“只有经过长期的努力和艰苦的实践才能造成这些条件；正确的革命理论——而理论并不是教条——会使这些条件容易造成，但只有同真正群众性的和真正革命的运动的实践密切地联系起来，这些条件才能最终形成”②。这些主要条件包括靠正确的革命理论和革命觉悟理想，在艰苦条件下和斗争中加强组织纪律建设，以及加强思想建设。这里，列宁在强调了党的组织建设之后，接着阐述了党的思想理论建设的重大意义。他指出，千百万人的习惯势力是最可怕的势力，党的建设不仅依靠阶级革命，还要依赖社会思想文化习惯的革命，即思想理论建设和理论武装。列宁还形象地描述了俄国人寻找革命理论的经过，指出布尔什维克党之所以有力量，就在于“饱经苦难才找到了马克思主义这个唯一正确的革命理论”③，而且还在于它善于结合俄国实际运用这个理论，用极其丰富的斗争经验丰富和充实了这个理论。

（三）必须反对左、右两种错误倾向，坚持左、右两条战线的斗争

列宁从党的政治建设这一重要方面出发，在本书的第四章集中阐述了这个问题。为了教育各国年轻的共产党人，帮助他们纠正错误，列宁总结了布尔什维克党内政治斗争的历史经验，揭示了党的发展规律，指出布尔什维克党是在反对左、右倾机会主义斗争中成长壮大和得到锻炼的。列宁认为，进行两条战线的斗争是新型无产阶级政党的主要标志和成长道路。

该书回顾了俄国的两条战线的斗争，指出布尔什维克党首先是而且主要是在反对右倾机会主义的斗争中成长和发展起来的。右倾机会主义是当时的一

① 《列宁选集》第4卷，人民出版社1995年版，第136页。

② 《列宁选集》第4卷，人民出版社1995年版，第136页。

③ 《列宁选集》第4卷，人民出版社1995年版，第137页。

个国际现象，第二国际大多数政党都受到右倾机会主义的严重侵蚀。列宁认定右倾机会主义是当时工人运动的主要危险，并坚决与之斗争，如第二国际机会主义、俄国的经济派、孟什维克、取消派、社会沙文主义等。这是国外熟知的。

布尔什维克党同时还是在反对左倾机会主义中成长和得到锻炼的。列宁指出，这一点，国外还极少知道。列宁认为，左倾的阶级根源，当时是流落到工人阶级中被资产阶级压得发了狂的昨天的小有产者，即小业主(这一社会类型的人在欧洲许多国家中都十分普遍地大量存在着)。他们在资本主义制度下一直受到压迫，生活往往异常急剧地恶化，以至遭到破产，所以容易转向极端的革命性，却不能表现出坚韧性、组织性、纪律性和坚定性。他们的这种革命性有些像无政府主义，或者说，有些地方照搬无政府主义；它在任何重大问题上，都背离无产阶级进行坚韧的阶级斗争的条件和要求；这种革命性动摇不定，华而不实，而且很容易转为俯首听命、消沉颓丧、耽于幻想，甚至转为“疯狂地”醉心于这种或那种资产阶级的“时髦”思潮。当革命高潮笼罩，反革命退却，胜利好像逼近的时候，就会精神倍增地高喊，要求采取极端措施，幻想在一朝一夕一蹴而就地实现社会主义；而当天空出现乌云，反革命疯狂反扑，革命需要迂回前进时，就宣称革命失败，惊慌失措，迅速地从“革命狂热”转为气馁消沉，转为向当权势力的驯服、妥协和变节。

列宁指出，左同右倾机会主义一样，都是顽症，两条路线的斗争长期而且艰巨。右倾机会主义和左倾机会主义，虽然表现不同，但都是工人阶级内部非血统工人的产物，形而上学是其共同的理论基础。这种斗争不仅在共产国际这个组织范围内存在，而且在全世界范围内都存在。这是个具有普遍性的结论。有时左倾机会主义更具有欺骗性，它往往用革命词句伪装自己，蛊惑人心，所以需要在这方面开展更艰巨的斗争。列宁指出：“如果说从前不在思想上和政治上彻底战胜机会主义和社会沙文主义，就不能完成第一个历史任务(把觉悟的无产阶级先锋队争取到苏维埃政权和工人阶级专政方面来)，那么，现在不肃清左倾学理主义，不彻底克服和摆脱左倾学理主义的错误，也就不能完成已经提到日程上来的第二个任务，即善于引导群众采取能够保证先锋队取得革命胜利的新立场。”[①]总之，布尔什维克党内的斗争历史告诉我们：无产阶级无论在夺取政权以前还是在建立无产阶级专政政权以后，都必须开展两条路线的斗争，既要反对右倾机会主义，也要反对左倾机会主义。

(四)正确处理领袖、政党、阶级、群众之间的相互关系

这是第五章阐述的主要内容。

---

① 《列宁选集》第4卷，人民出版社1995年版，第201页。

列宁是从分析批判国外特别是德国左派共产党人的反动论点开始的。德国左派共产党人由于缺乏历史唯物主义立场和方法，提出了许多错误观点。如：在过渡时期即无产阶级专政时期，“谁应当是专政的执行者，是共产党，还是无产阶级？……原则上应该力求实现的是共产党的专政，还是无产阶级的专政？”又如：“……现在有两个共产党彼此对立着：一个是领袖的党，它力图从上面来组织和指挥革命斗争，不惜实行妥协和参加议会活动，以便造成一种形势，使他们可以参加掌握专政大权的联合政府。另一个是群众的党，它等待革命斗争从下面高涨起来，为了进行这一斗争，它只知道并且只采用一个明确地引向目的的方法，而排斥任何议会方法和机会主义方法；这个唯一的方法就是无条件地推翻资产阶级，以便随后建立无产阶级的阶级专政来实现社会主义。”再如：“……那里是领袖专政，这里是群众专政！”“是党专政还是阶级专政？是领袖专政（领袖的党）还是群众专政（群众的党）？”同时，德国左派共产党人由于受了无政府主义思想影响，看到第二国际的“领袖”成了叛徒，便认为一切领袖都是不好的，提出了“打倒领袖”、“摧毁政党”的口号。列宁指出，单是这些问题的种种提法就已经证明思想混乱到了不可思议的无可救药的地步，严重混淆了领袖、政党、阶级、群众之间的相互关系，把党和阶级对立起来，把领袖和群众对立起来，从而否认党的作用和领袖的作用。这些观点十分荒谬，危害极大。

同左派错误观点作针锋相对的斗争，列宁运用历史唯物主义观点，全面阐发了领袖、政党、阶级、群众之间的相互关系，至今仍有重要价值：其一，群众是划分为阶级的，只有把不按照生产的社会结构中的地位区分的大多数同在生产的社会结构中占有特殊地位的集团对立时，才可以把群众和阶级对立起来。其二，在通常情况下，在多数场合，至少在现代的文明国家内，阶级是由政党来领导的。其三，政党通常是由最有威信、最有影响、最有经验、被选出担任最重要职务而称为领袖的人们所组成的比较稳定的集团来主持的。应该按照历史唯物主义的观点辩证地对待无产阶级政党领袖的作用。一概排斥领袖、否定领袖的作用是不对的；另一方面，领袖也不能脱离群众。其四，要学会把领袖和阶级、领袖和群众结成一个整体，结成一个不可分离的整体，领袖不仅仅是某一个人，而且是一个“比较稳定的集团”。列宁指出：以上方面，“这都是起码的常识。这都是简单明了的道理”[①]。

为更彻底地批判左派在该问题上的错误观点，列宁进一步阐述了其实质与危害：“否认政党和党的纪律，——这就是反对派得到的结果。……这也恰恰就是小资产阶级的散漫、动摇、不能坚持、不能团结、不能步调一致，而这些一旦得

---

① 《列宁选集》第4卷，人民出版社1995年版，第151页。

到纵容，就必然断送无产阶级的任何革命运动”，“谁哪怕是把无产阶级政党的铁的纪律稍微削弱一点（特别是在无产阶级专政时期），那他事实上就是在帮助资产阶级来反对无产阶级”。[①] 如果纵容左派的这种小资产阶级的散漫、动摇，不能坚持团结统一的行为，那就必然使革命遭到失败。无产阶级政党在任何时候，都不能脱离与群众的血肉联系，更别说与群众对立起来。人民群众是历史的创造者，革命的阶级是社会发展的推动力量。无产阶级是最先进的革命阶级，其领导作用是通过自己的先锋队共产党来实现的；而共产党又是在党的领袖领导下进行活动的。无产阶级革命领袖是在群众中涌现出来的，是经过长期锻炼考验而深受人民群众爱戴和拥护的，他们是革命思想的创立者和传播者，是革命斗争的组织者和领导者。列宁指出，无产阶级要战胜资产阶级，就必须造就自己的无产阶级的“阶级政治家”，而且要使这种政治家比资产阶级的政治家毫不逊色，否则无产阶级革命就不可能取得胜利。列宁尖锐地指出，德国左派那种把领袖、政党、阶级、群众对立起来的、割裂开来的理论，是极端荒唐和可笑的幼稚病。一个无产阶级的革命政党如果不学会把领袖和阶级、领袖和群众结成一个不可分离的整体，它便不配拥有这种称号。

（五）正确对待妥协，力求建立最广泛的统一战线，最广泛地团结和依靠群众

西欧一些共产党左派，轻视群众和同盟军的作用，在战略、策略的一系列具体问题上，否认一切妥协、通融和机动的必要性。他们错误地认为，“共产党不应当实行妥协……它必须保持自己学说的纯洁，保持自己的独立性，不为改良主义所沾污；共产党的使命是勇往直前，中途不停顿，不转弯，径直走向共产主义革命”；“……我们所以是共产主义者，是因为我们要达到自己的目的，不在中间站停留，不作妥协，因为妥协只会推迟胜利到来的日子，延长奴隶制的时期”；“革命家、共产党人不需要甚至不容许在黄色的、社会沙文主义的、妥协主义的、列金派的、反革命的工会里做工作”；“……凡是回头再去采用在历史上和政治上已经过时的议会制斗争形式……都应当十分坚决地拒绝”；等等。列宁一针见血地指出：左派在“原则上”反对妥协，不论什么妥协都一概加以反对，这简直是难于当真对待的孩子气。

列宁在第八章中指出，共产党人不能一概拒绝一切妥协，有些妥协是必要而且可行的。这首先是因为无产阶级革命事业是个崭新的事业，需要灵活的策略。列宁印证俄国伟大的革命民主主义者车尔尼雪夫斯基的话说：“政治活动并不是涅瓦大街的人行道。”共产党人要取得事业的胜利，不仅要有直接进攻，

① 《列宁选集》第4卷，人民出版社1995年版，第154、155页。

也要有迂回包围。事先拒绝一切通融和妥协，是错误的、有害的。正如列宁所说："为了推翻国际资产阶级而进行的战争，比国家之间通常进行的最顽强的战争还要困难百倍，费时百倍，复杂百倍；进行这样的战争而事先拒绝采用机动办法，拒绝利用敌人之间利益上的矛盾（哪怕是暂时的矛盾），拒绝同各种可能的同盟者（哪怕是暂时的、不稳定的、动摇的、有条件的同盟者）通融和妥协，这岂不是可笑到了极点吗？这岂不是正像我们千辛万苦攀登一座未经勘察、人迹未到的高山，却预先拒绝有时要迂回前进，有时要向后折转，放弃已经选定的方向而试探着从不同的方向走吗？"①其次，社会主义事业"单靠先锋队是不能胜利的"，共产党人必须坚持群众立场，不仅要善于领导自己，而且要善于在群众走向和转向新立场的过程中团结和领导他们，"叫先锋队独自去进行决战，那就不仅是愚蠢，而且是犯罪"②。再次，"要战胜更强大的敌人，就必须尽最大的努力，同时必须极仔细、极留心、极谨慎、极巧妙地一方面利用敌人之间的一切'裂痕'，哪怕是最小的'裂痕'，利用各国资产阶级之间以及各个国家内资产阶级各个集团或各种类别之间利益上的一切对立，另一方面要利用一切机会，哪怕是极小的机会，来获得大量的同盟者，尽管这些同盟者可能是暂时的、动摇的、不稳定的、不可靠的、有条件的。谁不懂得这一点，谁就是丝毫不懂得马克思主义，丝毫不懂得现代的科学社会主义"③。

列宁指出，妥协的实质，从战略意义上讲，是利用暂时同路人和联合同盟者的问题；从策略意义上讲，是实行迂回进攻的策略。也就是说，马克思主义策略战略的重要目的和原则是最广泛地争取群众和同盟军。阶级还存在，而且在任何地方，在无产阶级夺取政权之后都还要存在好多年。许多阶级群众不能驱逐，不能镇压，必须同他们和睦相处；可以（而且必须）改造他们，重新教育他们，这只有通过很长期、很缓慢、很谨慎的组织工作才能做到。没有铁一般的在斗争中锻炼出来的党，没有为本阶级一切正直的人们所信赖的党，没有善于考察群众情绪和影响群众情绪的党，要顺利地进行这种斗争是不可能的。在伟大的革命斗争中，单凭情绪来领导群众是不够的；绝不能只根据革命情绪来制定革命策略。为了更充分地论证，为让人更清楚地理解，列宁还列举了布尔什维克党在自己的历史上若干为发展革命事业而实行的成功妥协。例如，早期为战胜民粹派同合法马克思主义者的妥协，1903～1912 年同孟什维克维持在一个党内的妥协，十月革命胜利初期在组织政府过程中同左派社会革命党人的妥协，1918 年为保存年轻的苏维埃共和国在《布列斯特和约》问题上同德国帝国主义

① 《列宁选集》第 4 卷，人民出版社 1995 年版，第 179 页。
② 《列宁选集》第 4 卷，人民出版社 1995 年版，第 201 页。
③ 《列宁选集》第 4 卷，人民出版社 1995 年版，第 180 页。

的妥协,等等。

那么,共产党人应当如何对待妥协?首先,总的原则是,共产党人不能一概拒绝一切妥协,有些妥协是容许的。其次,总的战略是,是否妥协要以妥协的性质为转移,有各种各样的妥协,应当善于分析每一个妥协或每一种妥协的环境和具体条件。列宁指出,有两种不同性质的妥协:一是放弃目的、原则、任务的机会主义叛卖式性的妥协;二是为了发展革命事业在某种困难条件下不得不实行的必要妥协。我们要从战略上反对前者的妥协,实施后者的必要妥协。他还举了通俗的例子来说明:“有各种各样的妥协。应当善于分析每一个妥协或每一种妥协的环境和具体条件。应当学习区分这样的两种人:一种人把钱和武器交给强盗,为的是要减少强盗所能加于的祸害和便于后来捕获、枪毙强盗;另一种人把钱和武器交给强盗,为的是要入伙分赃。这在政治上决不总是像这个极其简单的例子那样容易分辨。但如果有人异想天开,要替工人们打一张包票,能包治百病,或者能保证在革命无产阶级的政治活动中不会遇到任何困难和任何错综复杂的情况,那他简直就是一个江湖骗子。”[①]再次,从具体策略上看,就是要充分利用工会斗争、议会斗争、报刊工作等形式。党必须直接依靠工会来进行自己的工作。工会现在仍然是、将来在一个长时期内也还会是一所必要的“共产主义学校”和无产者实现其专政的预备学校,是促使国家整个经济的管理职能逐渐转到工人阶级(而不是某个行业的工人)手中,进而转到全体劳动者手中所必要的工人联合组织。如果没有同工会的极密切的联系,没有工会的热烈支持,没有工会不仅在经济建设方面而且在军事建设方面奋不顾身的工作,那么别说我们能管理国家和实行专政两年半,就是两个半月也不成。“那些不善于把不合法斗争形式和一切合法斗争形式结合起来的革命家,是极糟糕的革命家。”[②]为进行合法斗争,要加以利用议会,其目的是利用议会讲坛,揭露资产阶级,教育人民群众,积蓄革命力量。总之,全部问题在于要善于运用这个策略,来提高无产阶级的觉悟性、革命性、斗争能力和制胜能力的总的水平,而不是降低这种水平。

三、历史意义和现实意义

列宁这篇著作撰写于俄国实行“战时共产主义”政策时期,因此自然打上了时代的烙印,有些观点不免有一定的局限性,但这并不能否定这部著作的历史

① 《列宁选集》第4卷,人民出版社1995年版,第148页。

② 《列宁选集》第4卷,人民出版社1995年版,第204页。

意义和现实价值。从上面的分析看，尽管有些表述已经过时而不合时宜，尽管有些观点显得偏颇而不够严谨，但排除这些因素后，我们仍可以看到其中闪光的思想，看到其中所包含的关于马克思主义战略策略的带有普遍意义的指导原则。我们今天重学此书，就是要辩证地看待并学习这些马克思主义战略策略的带有普遍意义的指导原则，在此基础上顺应新的形势和条件，将这些马克思主义战略策略原则加以发展和灵活运用于新的实践，推动社会主义发展进程。正如列宁在该书中指出的：“我们共产党人的责任，就是要掌握一切形式，学会以最快的速度用一种形式去补充另一种形式，用一种形式去代替另一种形式，使我们的策略适应并非由我们的阶级或我们的努力所引起的任何一种形式的更替。”①

从国际共产主义运动史来看，列宁通过该书，把俄(共)布成长的经验教训介绍给欧美各国的共产党人，帮助他们克服幼稚病，把马克思主义战略策略基本原则同本国实际结合起来，对于各国共产党的建设，对于他们制定正确的路线策略，推动国际共产主义运动健康发展发挥了不可磨灭的历史意义。可以说，这部著作，在很大程度上成为世界各国共产党人反对左倾机会主义的强大思想武器。从整个国际共产主义运动史来看，思想路线和战略策略上的“主义”之争，始终与国际共产主义运动如影随形，相依相伴。而这些“主义”之路线斗争又基本上可划归左、右两大阵营。整个国际共产主义运动史一再证明，什么时候将该书中的马克思主义战略策略原则运用得正确恰当，什么时候的共产主义运动的发展就健康顺利；而国际共产主义运动遭受重大挫折的时候，也大都是没有坚持该书中的马克思主义战略策略原则的时候。

中国共产党一贯重视对该书的学习，该书在历史上也对中国共产党的建设以及中国社会主义革命和建设起了重要的指导作用。该书发表不久，早期留法勤工俭学的蔡和森就最早翻译了该书。大革命时期出版的《中国青年》在1926年还曾连载该书的部分章节。后由上海浦江书店出版了该书的中译本。1929年，我党六大时又重新翻译了该书。七大时我们党将该书作为五本干部必读的马列著作之一。抗战时期解放社重新翻译了该书。在整个民主革命期间，毛泽东针对我们党的实际情况，曾多次提出要全党干部认真学习该书，这对于克服左的错误起了重大作用。毛泽东多次要求，党的高级干部深入学习该书。解放战争期间，毛泽东又向全党建议，将该书作为纠正无政府主义和无组织、无纪律的学习文件。可见，该书在我党从建立到成长壮大的过程中，曾发挥了重要的指导作用。我们党在党的建设过程中以及在领导中国社会主义革命和建设过

① 《列宁选集》第4卷，人民出版社1995年版，第211页。

程中，从诸多地方和方面，都可以看到该书阐述的马克思主义战略策略原则在我国灵活运用的身影和体现。

在我们改革开放、推进社会主义现代化、不断夺取中国特色社会主义事业新胜利的今天，学习该著作仍具有重大的实践价值。本书阐发的关于马克思主义战略策略的带有普遍意义的指导原则——比如：将马克思主义基本原理同各国具体革命实践相结合，灵活制定和运用各种形式的战略策略；加强党的组织纪律建设和思想理论建设，把党建设成为坚强的领导集体；必须反对左、右两种错误倾向，坚持左、右两条战线的斗争；正确处理领袖、政党、阶级、群众之间的相互关系，密切党同群众的密切联系，提升党的先进性和纯洁性；正确对待妥协，力求建立最广泛的统一战线，最广泛地团结和依靠群众；等等——仍在战略策略层面具有重大实践价值。如今，我们搞改革开放，推进新时期党的建设新的伟大工程，实现“两个一百年”奋斗目标和伟大“中国梦”，同样左和右的干扰还都存在。右的表现主要是否定四项基本原则，搞资产阶级自由化，甚至制造政治动乱。左的表现主要是否定改革开放，认为和平演变的主要危险来自经济领域，甚至用“阶级斗争为纲”的思想影响和冲击经济建设这个中心。邓小平高屋建瓴地指出：“现在，有右的东西影响我们，也有‘左’的东西影响我们，但根深蒂固的还是‘左’的东西……右可以葬送社会主义，‘左’也可以葬送社会主义。中国要警惕右，但主要是防止‘左’。”[①]对于今天领导中国特色社会主义建设的执政党中国共产党来说，必须把马克思主义战略策略原则同改革开放和现代化建设实际结合起来加以灵活运用，既有效排除左与右的干扰，又能在中国的整个的政策执行当中或者制定政策当中超越左右之分，才能不断加强自身建设以保持和发挥党的先进性，才能不断密切同人民群众的联系，把最广大人民群众的根本利益作为制定路线方针政策和战略的出发点和落脚点，才能踏踏实实、又好又快地推进中国特色社会主义事业，也才能为国际共产主义运动事业作出应有的贡献。这，就是这篇著作在今天所具有的指导意义。

---

① 《邓小平文选》第3卷，人民出版社1993年版，第375页。

对社会主义道路的新探索

——列宁晚年八篇著作导读

这是列宁晚年于重病之际口授的一组文章，其中包括《给代表大会的信》、《关于赋予国家计划委员会以立法职能》、《关于民族或"自治化"问题》三封信件，以及《日记摘录》、《论合作社》、《论我国革命》、《我们怎样改组工农检察院》、《宁肯少些，但要好些》五篇论文。上述文章之后，列宁再也没有只言片语问世，因此这八篇著作就成了留给后人的"政治遗嘱"。在这些文献里，列宁集中回答了在经济文化相对落后的俄国能否以及如何建设社会主义的系列问题，体现了他在总结十月革命后社会主义建设经验教训的基础上，对俄国如何走向社会主义道路的新探索，凝结了其毕生的思考和智慧，是留给世人的宝贵思想财富。

一、历史背景

列宁晚年的这八篇著作，是在苏俄实行重大政策调整、全面推进新经济政策的历史背景下完成的。十月革命成功不久，列宁领导布尔什维克迅速提出了一个在俄国建设社会主义经济基础的初步方案。这是一个比较慎重的逐步过渡的计划。他从小生产仍然在俄国国民经济中占优势的事实出发，提出要尽可能逐步地且不经过特别破坏地过渡到社会主义生产关系的设想，以保护和发展俄国的生产力。当时考虑国有化的范围仅限于土地、银行、交通、邮电以及最大的工业垄断性企业，而对于中小企业，只是实行工人对生产和产品的分配和监督，试图通过和利用在苏维埃政权计划和监督下的国家资本主义逐步走向社会主义。但一方面，国内的资本家采取了与新政权不合作的态度，积极筹备力量组织和支持白匪叛乱；另一方面，日、美、英、法等主要帝国主义国家纠集十几个国家对新生的苏维埃政权发动了经济封锁和武装干涉，和平局面被中断，新政权面临着生死存亡的搏斗。匆忙组建起来的红军，不得不进行多条战线的艰苦战斗。仓促应战的苏俄政权，面临着组织严密、装备精良的外国武装干涉和白匪叛乱，很快失去了四分之三的国土，最主要的粮食、原料和燃料来源被切断，国家面临着严重的饥荒和工业破坏，历史上的第一个无产阶级政权面临着严重的被颠覆的危险。

为了集中一切力量用于战争，苏维埃实行了一系列非常措施，按战争需要和军事原则改组整个国民经济，把全部国家生活纳入到战时轨道，这就是著名的“战时共产主义”政策。其基本措施有：一是实行余粮收集制，农民必须按照规定的价格将全部余粮交给国家，以保证军队和城市的供应，这是战时共产主义政策的基础；二是实行政府对商业的垄断，禁止粮食和其他日用品的私人买卖，由国家实行基本消费品的集中分配；三是继大工业国有化之后，政府将中小企业全部收归国有，实行高度集中的计划管理体制；四是实行普遍的义务劳动制，工作年龄的人必须参加由政府统一组织的劳动，有计划地集中分配全部劳力。战时共产主义政策为最大限度地集中资源以保障战争的胜利，起到了自己的历史作用；但它只是在当时苏俄经济极度衰败的条件下应付战争需要所采取的临时性政策，带有某种强制性的军事色彩，因此后来列宁称之为“战时共产主义”。但也必须看到，这一政策的采取，也与当时布尔什维克党包括列宁“直接过渡”的思想相联系，也就是在一个小农国家里，无产阶级政权可以不经过任何中间阶段，以革命的方式废除一切旧有的经济形式，建立起由国家直接进行产品生产和分配的纯粹社会主义制度。据列宁后来的回忆，“我们计划（说我们计划欠周地设想也许较确切）用无产阶级国家直接下命令的办法在一个小农国家里按共产主义原则来调整国家的产品生产和分配。现实生活说明我们错了”[①]。因此，在直接过渡思想指导下，国内战争结束以后，以牺牲农民为基础的战时共产主义仍然维持实施。

等到和平到来的时候，利益的无限制牺牲激起了农民的普遍不满，他们是“本能地而不是自觉地”反对苏维埃政权，这种不满不仅表现为绝望的农民大幅度缩减播种面积，粮食产量和农村生产力迅速萎缩，而且也表现为受敌人煽动

---

① 《列宁选集》第4卷，人民出版社1995年版，第570页。

的农民暴动和农民骚乱此起彼伏，大有愈演愈烈之势。直到1921年的春天，农民的这种不满达到极端，波罗的海沿岸的喀琅施塔得军事要塞上主要由农民组成的水兵发生哗变，矛头直指布尔什维克党。经济危机迅速转变为一场政治危机，十月革命后形成的工农军事和政治联盟已失去经济基础，无产阶级的政权岌岌可危，严峻的形势要求党立即实行政策上的重大转变。

在极端危险的形势下，列宁表现出了一个伟大马克思主义者的决断，在他的领导下，苏俄果断地终止了战时共产主义，实行以粮食税为基础的新经济政策。其主要内容包括：以粮食税代替余粮收集制，粮食税额规定得比余粮收集额低，农民纳税之后的剩余可以自由处置，包括在自由市场上买卖；利用国家资本主义来恢复工业和振兴国民经济，允许将已经没收的中小企业租借给私人资本家经营，将油田矿山等资源租让给外国资本家经营；允许和利用商品货币、市场机制和商业来沟通工农之间、城乡之间的经济联系，保护私人生产和经营的正当利益。新经济政策的各项措施，恢复和保护了农民的生产积极性，减轻了农民在余粮收集制下的沉重负担，因而大大缓解和改善了工农关系，农民的情绪稳定下来，遍及全国的农民暴动逐步平息。

新经济政策的推行，最初是一种被动的策略上的选择，是社会主义者的一种暂时的退却，但列宁经过认真总结战时共产主义以来的经验和教训，越来越将新经济政策视为经济文化落后和小生产占多数的国家走向社会主义道路的战略性选择。列宁反思到，我们必须认识到战时共产主义“是战争和经济破坏迫使我们实行的。它不是而且也不能是一项适应无产阶级经济任务的政策。它是一种临时的办法”①。“新经济政策的基本的、有决定意义的、压倒一切的任务，就是使我们开始建设的新经济……同千百万农民赖以为生的农民经济结合起来。”②有了这种结合，才能建立作为苏维埃共和国基础的工农两个阶级的经济联盟和政治联盟。同时这种新的基础上的结合，目的是为社会主义作好准备，但不是用战时共产主义政策时期直接过渡的办法，而是不得不采取“迂回的方法”，即采取中间环节——商品、货币、市场和国家资本主义来间接过渡。列宁强调，在小农经济占绝对优势而工业又遭到严重破坏的情况下，必须采取一系列“中间的途径、方法、手段和辅助办法，才能使资本主义以前的各种关系过渡到社会主义”。我们“必须善于考虑那些便于从宗法制度、从小生产过渡到社会主义的中间环节”③。

新经济政策的实施，拯救了已经千疮百孔、濒临崩溃的苏俄经济，迅速解除

① 《列宁选集》第4卷，人民出版社1995年版，第502页。

② 《列宁选集》第4卷，人民出版社1995年版，第662页。

③ 《列宁选集》第4卷，人民出版社1995年版，第509、510页。

了国内的经济和政治危机，局势渐趋稳定，经济走上了恢复的轨道。到1921年，农业虽然遭受严重的旱灾，粮食产量仍比1920年增加20%，到了1925～1926年度，农业生产达到战前1913年的101.3%，农民情绪稳定，工农联盟奠定在新的经济基础之上。轻工业普遍高涨，初步改善了人民生活，并为重工业积累了资金，促进了重工业的恢复。商品流通不断恢复和发展，国家财政开始好转，币值逐步稳定。新经济政策不仅在恢复生产、发展经济、稳定局势上取得了立竿见影的效果，更重要的在于通过实践找到了一条经济文化落后国家走向社会主义的正确道路。

但遗憾的是，正当这条路刚刚展开之际，列宁的身体状况急剧恶化。1918年遇刺对列宁的身体造成极大损害，从1921年下半年起，他就经常头疼，严重失眠。1922年12月，列宁发生了第二次中风，右臂和右腿瘫痪。他清楚地意识到自己病情的危险，决定把自己认为最重要的想法和考虑口授出来。他以完全拒绝治疗的"最后通牒"的方式迫使医生允许他每天口授5～10分钟，后来健康状况有了好转后，医生允许他每天口授30～40分钟。这样，从12月23日至1923年3月2日，列宁共口授了八篇著作，由秘书记录下来。1923年3月初，列宁第三次中风，右半身瘫痪加重并丧失语言能力，直到1924年1月去世，列宁再也没有只言片语发表，因而这八篇文章就成了列宁最后的"政治遗嘱"。其中的五篇论文发表在当时的《真理报》上，而三封信件则只是在小范围内宣读过，直到1956年才在《共产党人》杂志第9期上首次公开发表。

二、主要内容

列宁晚年的系列著作围绕着一个主题，那就是在一个经济文化落后的俄国，在没有得到西方革命胜利的支持下，能不能进行无产阶级革命，能不能走向社会主义，以及如何走向社会主义。列宁回答这个问题的历史条件是马克思和恩格斯所不曾设想的。按照马克思和恩格斯的理想，未来实现社会主义革命和建立社会主义社会，起码具备两个前提：一是资本主义条件下发展起来的先进生产力，二是各个主要资本主义国家无产阶级的同时行动。而列宁所领导的俄国革命和建设，是在经典作家所没有设想到的条件下进行的，是前无古人的开创性事业。重病在身的列宁，以其马克思主义者的理论创造性和远见卓识，集中思考并回答了落后国家能否和如何进行革命和建设的一系列基本问题。

（一）以革命的辩证法论述了十月革命的合理性

在俄国这样一个小农占多数、经济文化落后的国家，能否进行无产阶级革命以实现向社会主义的过渡，这一直是以列宁为代表的布尔什维克党人所面临的最大挑战。围绕着这一问题，社会革命党人、孟什维克和布尔什维克之间曾经有过激烈的争论。即使是在十月无产阶级革命胜利之后，这种争论也没有停息过。第二国际的领袖、曾经被誉为“马克思主义教皇”的考茨基，就明确反对十月革命，认为布尔什维克的十月革命无非是一种想要超越或者用法令取消那些自然发展阶段的大规模实验而已，就像一个怀孕的妇女，她疯狂万分地跳跃，为的就是把她无法忍受的怀孕期缩短并引起早产，因此十月革命是列宁在俄国布朗基式的密谋突击所引致的历史“早产儿”。普列汉诺夫也认为，俄国并不具备实行无产阶级专政的条件，十月革命只会把俄国连同俄国的无产阶级推向最大的历史灾难的道路。孟什维克理论家苏汉诺夫在其《革命札纪》中，对十月革命提出了系统的怀疑，认为在俄国“还没有实行社会主义的文明前提”，“俄国的生产力还没有发展到可以实行社会主义的高度”，按照马克思的唯物史观，革命搞早了，无产阶级专政不该搞。如何论证十月社会主义革命的历史合理性，坚定党和人民走向社会主义的信心，这成为列宁首先需要解决的课题。在《论我国革命》一文中，列宁集中回答了这一问题。

列宁正确地指出，十月革命是俄国特殊历史条件的选择，不仅没有违反历史发展的一般规律，反而是历史一般规律与特殊规律相结合的生动体现。针对苏汉诺夫认为俄国还没有实行社会主义文明前提的质疑，列宁反问道：“面对第一次帝国主义大战所造成的那种革命形势的人民，在毫无出路的处境逼迫下，难道他们就不能奋起斗争，以求至少获得某种机会去为自己争得进一步发展文明的并不十分寻常的条件吗？”①“你们说，为了建立社会主义就需要文明。好极了。那么，我们为什么不能首先在我国为这种文明创造前提，如驱逐地主，驱逐俄国资本家，然后开始走向社会主义呢？你们在哪些书本上读到过，通常的历史顺序是不容许或不可能有这类改变的呢？”②非常明显，列宁的想法是，在特殊的历史条件下，可以首先革命，在无产阶级专政下为发展到社会主义准备物质文化前提，而无须经过资本主义条件下的发展。具体地说来，当时的俄国存在着一种特殊的形势，那就是：由于帝国主义战争而造成了俄国大面积饥荒，人民要求和平、土地和面包的呼声一浪高过一浪，出现了有利于革命的形势；帝国主义战争削弱了国际资本势力，使得他们没有可能联合起来绞杀革命；毫无出路的处境十倍地增强了工农的力量，削弱了资本和贵族的统治。这种形势的存在，使得无产阶级夺权的行动不仅成为一种可能，而且也是一种必然。

进一步地，针对俄国革命背离历史发展规律的指责，列宁提出了对唯物史

① 《列宁选集》第4卷，人民出版社1995年版，第777页。

② 《列宁选集》第4卷，人民出版社1995年版，第778页。

观的深刻的辩证的理解:"世界历史发展的一般规律,不仅丝毫不排斥个别发展阶段在发展的形式或顺序上表现出特殊性,反而是以此为前提的。"①俄国革命所表现出来的仅仅是历史发展顺序上的特殊性,它不仅没有改变历史发展的共同路线,反而是历史一般规律的具体体现。正是基于对于历史规律的辩证的革命的理解,列宁挖苦道:"他们都自称马克思主义者,但是对马克思主义的理解却迂腐到无以复加的程度。马克思主义中有决定意义的东西,即马克思主义的革命辩证法,他们一点也不理解。"②他认为,必须丢掉那种认为教科书规定历史发展一切形式的想法,有这种想法的人简直就是傻瓜。基于这种革命的辩证法,列宁显示了其卓越的历史洞见力:"我们的欧洲庸人们做梦也没有想到,在东方那些人口无比众多、社会情况无比复杂的国家里,今后的革命无疑会比俄国革命带有更多的特殊性。"③

列宁的论证是深刻的。在特殊的历史条件下,俄国革命是一种革命者的主动选择。马克思主义者是实践主义者,只有投入真正的战斗,积极地行动,历史的结果才能把握。用列宁的逻辑来讲,就是只有傻瓜才会坐等历史必然性的到来。列宁以其积极的革命辩证法,论证了十月革命的合理性,从理论上武装了人民,增强了人民走向社会主义的信心,也鼓舞了广大东方落后国家积极进取、争取社会主义前途的努力。

(二)以合作社的方式引导农民走向社会主义道路

农民问题,对于社会主义者来说,从来就是一个重大问题;特别是在一个小农占人口绝大多数的国家进行社会主义革命和建设,更是有着至关重要的意义。实践证明,战时共产主义政策只能引起农民的反抗,动摇无产阶级政权的基础,布尔什维克被迫战略退却,实行了新经济政策。新经济政策的实质是粮食税,农民在完成国家上缴任务之后的余粮,可以拿到市场上用以交换。这样一来,新经济政策实际上就承认了农民作为一个小私有者的地位。而在战时共产主义之下,虽然农民也拥有自己的土地,但土地的产出并不为农民个体所有。按照马克思主义的传统观点,小农是一个过渡性的中间阶级,它的进一步发展,或者是资本主义的农场主,或者是破产的雇佣劳动者。这是经济的必然。也就是说,作为小私有者的农民,其本能的发展是倾向于资本主义的。按照列宁的理解,在小农经济的基础上每时每刻地都产生着资本主义,小农经济离资本主义更近一些,而离社会主义更远一些。如此便产生了这样的矛盾:无产阶级性

① 《列宁选集》第4卷,人民出版社1995年版,第776页。

② 《列宁选集》第4卷,人民出版社1995年版,第775页。

③ 《列宁选集》第4卷,人民出版社1995年版,第778页。

质的、以社会主义和共产主义为目标的政权，却面临着本能地走向资本主义的广大小农。于是，在社会主义革命胜利后，在无产阶级政权下，如何采取积极稳妥的方式，既要充分承认农民作为小生产者和小私有者的地位，保护农民的积极性，同时又引导小农不是走向资本主义道路，而是走向社会主义道路，这是摆在共产党人面前的严峻挑战。在这个问题上，列宁继承了恩格斯《论法德农民问题》中的合作社思想，并进一步加以深化，这具体反映在《论合作社》一文中。

列宁的思想很明确，就是以合作社的方式引导农民走向社会主义道路："从实质上讲，在实行新经济政策的条件下，使俄国居民充分广泛而深入地合作化，这就是我们所需要的一切。"[①]必须注意，列宁所言的"合作社"和我们以往所理解的生产合作社有着很大的差异，在很大程度上，这里的合作社是指流通领域的合作社。它有两个基础：一是组成合作社的是作为小私有者的个体农民，生产资料、土地和农产品都归农民个人所有，只不过产品的销售、部分生产资料和生活资料的购买通过合作社进行，国家尊重并保护农民作为小私有者的地位，作为小商人的地位，允许私人贸易和商品流转。就是说，合作社以农民的小私有制为前提。二是合作社的生产经营活动必须接受无产阶级国家的监督、检查和计划，而在列宁看来，国家的监督、检查和计划，就是引入社会主义因素。这样的合作社，基础是农民私有的，这就保护了农民的积极性；同时又有了社会主义性质的监督、检查和计划，这就保障了个体农民发展的社会主义方向。于是在列宁看来，通过合作社的方式，就找到了一条将私有的农民引向社会主义的途径。对于合作社，列宁给予了高度评价："在新经济政策中，我们向作为商人的农民作了让步，即向私人买卖的原则作了让步；正是从这一点（这与人们所想的恰恰相反）产生了合作社的巨大意义……因为现在我们发现了私人利益即私人买卖的利益与国家对这种利益的检查监督相结合的合适程度，发现了私人利益服从共同利益的合适程度。"[②]

列宁进一步指出，在无产阶级掌政权的条件下，合作社取得了与历史上不同的经济性质。他认为："在我国的条件下合作社往往是同社会主义完全一致的。""现在我们有理由说，对我们来说，合作社的发展也就等于（只有上述一点'小小的'例外）社会主义的发展，与此同时我们不得不承认我们对社会主义的整个看法根本改变了。"[③]列宁得出结论说："在生产资料公有制的条件下，在无产阶级对资产阶级取得了阶级胜利的条件下，文明的合作社工作者的制度就是

① 《列宁选集》第 4 卷，人民出版社 1995 年版，第 768 页。

② 《列宁选集》第 4 卷，人民出版社 1995 年版，第 767～768 页。

③ 《列宁选集》第 4 卷，人民出版社 1995 年版，第 772、773 页。

社会主义的制度。”[①]紧接着，列宁进一步指出了通过合作社来建设社会主义的经济和政治条件，那就是国家支配着一切大的生产资料，无产阶级掌握着国家政权，这种无产阶级和千百万小农及极小农结成了联盟，这种无产阶级对农民的领导得到了保证，等等。这就是无产阶级通过合作社来“建成社会主义社会所必需而且足够的一切”。

而为了引导农民走向合作的道路，列宁提出了国家支持合作社的几条原则：一是物质支持原则，任何一种社会制度，只有在一定阶级的财政支持下才会产生，必须在政策上给予合作社一定的优待，在经济、财政、信贷方面予以实际的支持。二是自愿原则，必须尊重农民的意愿，遵循循序渐进的方法，因而引导农民走上合作社的道路必然是一个长期过程，因此列宁估计，“为了通过新经济政策使全体居民人人参加合作社，这就需要整整一个历史时代”[②]。三是文化提高原则，必须提高合作社成员的文明素质，不做到人人识字，没有足够的见识，合作社就不能健康发展，因而需要一个使全体居民的文化水平得到提高的阶段，不能完成文化革命，合作化就不可能完成。

（三）依靠自身内部的积累为社会主义奠定工业化基础

社会主义是现代大工业的产物，没有工业化作为物质支撑，社会主义终究是空中楼阁。落后国家基于特殊国情而爆发社会主义革命后，就面临着一个在无产阶级政权之下回头补工业化课的问题。列宁高度重视工业化对于社会主义的重大意义，他指出，建立社会主义的真正的和唯一的基础只有一个，这就是现代化的大工业。如果没有资本主义大工厂，没有高度发达的大工业，那就根本谈不上社会主义，而对于一个农民国家来说就更谈不上社会主义了。同时，列宁特别强调要在现代最新科学技术基础上发展工业化，强调“社会主义的物质基础只能是同时也能改造农业的大机器工业。但是不能停留在这个一般的原理上。必须把它具体化。适应最新技术水平并能改造农业的大工业就是全国电气化”[③]。他甚至把电气化的计划视为“第二个党纲”，即经济建设的纲领。列宁指出，只有当国家实现了电气化，为工业、农业、运输业打下了现代化大工业的技术基础的时候，我们才能得到最后的胜利并使苏维埃的经济建设成为未来欧洲和亚洲的榜样。他进一步提出了“共产主义＝苏维埃政权＋全俄电气化”的著名公式。

而要进行工业化，首先面临的便是工业化资金的原始积累问题。资本主义

---

① 《列宁选集》第 4 卷，人民出版社 1995 年版，第 771 页。

② 《列宁选集》第 4 卷，人民出版社 1995 年版，第 770 页。

③ 《列宁选集》第 4 卷，人民出版社 1995 年版，第 542 页。

的原始资本积累是通过殖民掠夺、奴隶贸易、圈地运动和战争赔款等血与火的方式进行的，而对于新生的苏维埃政权，重走资本主义的老路是不可能的。当时苏维埃俄国既没有欧洲国家社会主义革命胜利的帮助，租让政策也未能取得预期的效果，也没有得到大批贷款。列宁说："我们不恢复资本家和地主所有制，别人是不愿借款给我们的，可是我们不能这样做。"①他指出，所有的上述资金来源我们都没有，我们只能依靠内部积累来发展重工业了，应当通过提高劳动生产率，实现对外贸易垄断，实行经济核算，厉行节约来为工业化积累资金。"只要我们能够保持工人阶级对农民的领导，我们就有可能在我国靠大力节约把任何一点积蓄都保存起来，以发展我们的大机器工业，发展电气化，发展泥炭水力开采业，完成沃尔霍夫水电站工程，如此等等。""我们的希望就在这里，而且仅仅在这里。只有这样，我们才能够——打个比喻说——从一匹马上跨到另一匹马上，就是说，从农民的、庄稼汉的、穷苦的马上，从指靠破产的农民国家实行节约的马上，跨到无产阶级所寻求的而且不能不寻求的马上，跨到大机器工业、电气化、沃尔霍夫水电站工程等等的马上。"②毫无疑问，这是一条漫长的充满艰辛的道路，但也是唯一正确的道路。只有依靠工业和无产阶级国家的自身节约和积累，而不是依靠剥夺农民，才能维持住工农联盟，才能为保持住无产阶级性质的国家政权提供牢固的政治基础。

(四)加快进行文化建设，重点是要加快发展国民教育

社会主义是现代文明的结果，没有发达的文化，就不会有社会主义。但列宁明确指出，俄国并没有建立社会主义所必备的文化基础。"我们的文明程度也还够不上直接向社会主义过渡，虽然我们已经具有这样做的政治前提。"③列宁指出，在当时的俄国，当人们高喊社会主义文化的时候，就是连资产阶级文化的状况也是很差的。这典型地反映在俄国的识字率太低上。而为了改善文化落后的状况，为社会主义准备文化前提，列宁提出要重点发展教育，把国民教育作为文化事业的基础性过程。就如何发展国民教育，列宁有两个重要思想：一是要增加教育经费，"首先应当削减的不是教育人民委员部的经费，而是其他部门的经费，以便把削减下来的款项转用于教育人民委员部"，"使我们的整个国家预算首先去满足初级国民教育的需要"④。二是要提高教师的地位，"应当把

---

① 《列宁全集》第43卷，人民出版社1987年版，第211页。

② 《列宁选集》第4卷，人民出版社1995年版，第797页。

③ 《列宁选集》第4卷，人民出版社1995年版，第796页。

④ 《列宁选集》第4卷，人民出版社1995年版，第763页。

我国国民教师的地位提到在资产阶级社会里从来没有、也不可能有的高度”①。为此苏维埃国家机关要坚持不懈地努力,不仅要振奋教师的精神,也要使他们具有真正符合其崇高称号的全面修养,而最为重要的是提高他们的物质生活水平。列宁强调:“在今年这个粮食供应还比较不错的年份,不要再舍不得增加教师的面包配给额了。”②由此可见,在发展文化教育方面,列宁在这里并没有过于空泛地强调那些用不着证明的理论或原则,而是更加重视行动和实际结果。

同时,列宁特别指出了在农村开展文化教育的政治意义,那就是尽可能地使农民摆脱资产阶级的影响。他强调,要“加强组织国民教师的工作,以便使他们从资产阶级制度的支柱变成苏维埃制度的支柱,以便通过他们去争取农民,使农民脱离同资产阶级的联盟而同无产阶级结成联盟”③。列宁认为,帮助农村发展文化事业是建立新型城乡关系的一个基本政治问题,对于整个革命都有着决定性的意义。革命后城乡的文化联系已经有了另一种性质,因为在资本主义制度下,城市给予农村的是那些在政治、经济、道德、身体等等方面对农村起坏影响的东西。而新政权之下的城市自然而然地开始给予农村的,是相反的东西。而要使这一自然而然的过程带有更多的自觉性、计划性和系统性,也就是说要使新型的城乡关系更好地生根发芽,使农民在思想上和政治上更快地站在无产阶级的立场上,积极推进国民教师的文化工作是实现这一目标的重要一环。

(五)坚持各民族一律平等,反对大俄罗斯主义

由于俄国特殊的历史渊源,民族问题历来是一个高度敏感的问题。民族问题处理不好,势必危及无产阶级政权的根基。十月革命后,作为各民族大监狱的沙皇帝国分崩离析,境内先后成立了多个独立苏维埃共和国,到了 1922 年,各共和国酝酿成立联盟。当时主持该项事务的是斯大林,他的意见是联盟以俄罗斯为主,各独立共和国以自治共和国的身份加入,这引起了有关国家的反对。特别是斯大林的方案规定格鲁吉亚、阿塞拜疆和亚美尼亚三国先组成外高加索联邦,然后以联邦的身份加入到新联盟里面来,使得三国又降到二等国的地位,这立刻激起格鲁吉亚党中央的坚决反对,但遭到斯大林等人的严格压制和粗暴的处理。这就是“格鲁吉亚事件”。列宁对这件事非常不安,以致加剧了病情。在深深忧虑之际,病榻之上的列宁口授了《关于民族或“自治化”问题》,论述了正确处理民族问题的基本原则。

---

① 《列宁选集》第 4 卷,人民出版社 1995 年版,第 764 页。

② 《列宁选集》第 4 卷,人民出版社 1995 年版,第 763 页。

③ 《列宁选集》第 4 卷,人民出版社 1995 年版,第 764 页。

列宁先是对大俄罗斯主义的错误进行了毫不留情的批评，严厉地指出当时党的整个自治化的想法是根本不对的，并且要求斯大林、捷尔任斯基和奥尔忠尼启则等人在格鲁吉亚事件中所表现出来的“真正的大俄罗斯民族主义运动”负政治上的责任。在列宁看来，他们的一些主张和做法是沙皇制度的残余。紧接着，列宁阐述了无产阶级政党处理民族问题的基本原则。他明确指出，在社会主义共和国联盟内，一切民族都享有平等的权利。他甚至要求大民族要处于不平等地位，以抵偿各少数民族生活中事实上形成的不平等。这就是说，大民族要努力消除历史上形成的民族隔阂，以保证无产阶级取得各民族的最大信任。因此，以列宁的无产阶级民族观来看，斯大林等人的态度和做法实质上破坏了无产阶级团结的利益。“因为没有什么比民族问题上的不公正态度更能阻碍无产阶级阶级团结的发展和巩固的了，因为‘受欺侮’民族的人没有比对平等感，对破坏这种平等更敏感的了。”[1]

在这里，列宁指出了正确处理民族问题的国际意义。他预言：“世界史的明天，将是这样一个日子，那时已经被唤醒的、受帝国主义压迫的各民族将彻底觉醒，并开始争取自身解放的长期艰苦的决定性的战斗。”[2]在这个历史时代，“如果在东方登上历史前台的前夜，在它开始觉醒的时候，我们由于对我们本国的异族人采取哪怕极小的粗暴态度和不公正态度而损害了自己在东方的威信，那就是不可宽恕的机会主义”[3]。这就是说，正确处理民族问题是和无产阶级的根本利益联系在一起的。只有在对待自己国内各少数民族上真正拿出平等和帮助的态度，俄国的无产阶级才有可能赢得东方各被压迫民族的信任，才能在反抗帝国主义的斗争中结成广泛的联盟，也才能巩固新生的苏维埃政权和争取无产阶级事业的最后胜利。

(六)改革党和国家领导制度

为了完成上述任务，实现向社会主义的顺利过渡，列宁明确指出，必须对党和国家的领导制度进行改革。他的相关方面的思想，体现于《给代表大会的信》、《我们怎样改组工农检察院》、《赋予国家计划委员会以立法职能》、《宁肯少些，但要好些》等文中。

在有关党的领导制度上，列宁特别提请全党注意权力过度集中的现象。当时权力主要集中于党的中央委员会，而当时正式中央委员只有 27 人，候补委员 19 人。他担心由于权力过度集中于党的中央委员会，少数领袖的意见分歧有可

① 《列宁选集》第 4 卷，人民出版社 1995 年版，第 759 页。

② 《列宁选集》第 4 卷，人民出版社 1995 年版，第 761 页。

③ 《列宁选集》第 4 卷，人民出版社 1995 年版，第 761 页。

能损害到党的稳定。为此,他提出了如下意见:一是扩大中央委员会的人数,增至100人,而新增的中央委员必须是来自于基层的优秀工人和农民。这样做的目的,列宁认为既可以增加党的中央委员会的稳定性,不至于由于上层的斗争造成党的分裂,加强中央的集体领导从而大大增强党的团结;同时又由于来自于基层的大量新鲜血液充实到中央,使得党的领导机构不再是革命和战争年代形成的职业革命家团体,而是由职业革命家和优秀的、与基层群众有直接联系的工农分子共同组成的民主机构。充实这些新生力量有利于大大增强党和群众的联系,革新和改善党的机关。二是增加中央监察委员会的人数,从基层工农中增选75～100名代表加以充实,监察委员享有中央委员的一切权力并参加中央委员会和政治局会议,监督和检查中央委员的工作。这样一来,在党的领导核心便能够形成一支同中央委员会相制衡的力量。三是注意领导人的个人品质,将具备不同素质的领导人安排在不同的岗位上。

在有关国家领导制度上,列宁注意到存在着严重的难以容忍的官僚主义问题。在苏维埃政权建立之初,他就尖锐地指出:"我们所有经济机构的一切工作中最大的毛病就是官僚主义。共产党员成了官僚主义者。"①因此必须改革和改善国家机关的工作,这是一项事关社会主义成败的大事:"如果不进行有步骤的和顽强的斗争来改善机构,那我们一定会在社会主义的基础还没有建成以前灭亡。"②在这里,列宁提出了三点思想:一是赋予国家计划委员会以立法职能。列宁认为,国家计委集中了一批优秀专家,掌握着正确判断事物所需的材料和能力,但却被排挤在决策之外,为此需要增加国家计委的权威,使其意见能够直接实施,而不被通常的苏维埃机关所推翻。二是改组工农检察院,加强人民监察制度。列宁提出首先要把真正具有现代水平的优秀模范人才集中到工农检察院里来,把这一机关改造成真正模范的、受到大家尊敬的机关并赋予它足够的权力。还要把工农检察院和党中央监察委员会结合起来,以增加其权威,使其成为改造一切旧的国家机关的锐利武器。三是提高国家机关质量及人员素质。要本着"宁肯数量少些,但要质量好些"的原则,以极为审慎的态度积极而又稳妥地推进国家机关质量的提高。同时要注意人员素质的提高。为此列宁向全党发出了加强学习的号召,"为了革新我们的国家机关,我们一定要给自己提出这样的任务:第一是学习,第二是学习,第三还是学习,然后是检查,使我们学到的东西真正深入血肉,真正地完全地成为生活的组成部分"③。

---

① 《列宁全集》第52卷,人民出版社1988年版,第300页。

② 《列宁全集》第41卷,人民出版社1986年版,第376页。

③ 《列宁选集》第4卷,人民出版社1995年版,第786页。

三、启示和意义

列宁晚年的八篇著作，紧紧围绕着的是这样一个主题，那就是在一个经济文化落后的国家如俄国，在没有得到西方革命胜利直接支持的条件下，能否进行无产阶级革命，能否向社会主义过渡，以及如何向社会主义过渡。对此列宁给出了肯定的回答，但是是有条件的。这在根本上取决于农民对无产阶级在政治上的支持即牢固的工农联盟，以及无产阶级对农民的领导。为此，在经济上需要一方面恢复农民的小私有者的地位，实行粮食税，允许商品流转和地方贸易，积极进行工农产品的平等交换，以保护农民的积极性；另一方面又要以合作社的方式来引导农民，将农民经济置于无产阶级国家的监督检查之下。只有这样，苏维埃政权才能支持到西方革命胜利的那一天。为了为工农联盟和对农民的领导准备物质基础，必须大力推进工业化；而启动工业化的原始资本积累，只能依靠厉行节约，精简机关，提高效率。同时，为了准备向社会主义过渡的文化前提，必须加大基础教育投入。完成上述任务的政治前提则是，必须改革党和国家的领导制度，其核心是加强基层工人和农民对国家管理的直接参与和对权力的监督和制约。总之，列宁的晚年，初步形成了在一个落后国家能否和如何向社会主义过渡的一整套思想。

列宁晚年的探索和实践，既不同于马克思和恩格斯从欧洲资本主义发达国家出发所论述的社会主义设想，也不同于后来斯大林建立的高度集中的社会主义模式，而是从俄国实际出发的重视改革和创新的新经济政策模式，揭示了经济文化落后国家过渡到社会主义的特殊规律。它大大突破了人们对什么社会主义以及如何实现社会主义的认识，是对马克思主义理论的重大贡献。从其探索俄国如何走向社会主义的整个实践和基本思路来看，列宁晚年的探索，可以说是社会主义历史上的第一次改革尝试，开启了后来社会主义改革的先河。虽然由于过早地去世，列宁的构想仅是雏形，未来得及展开，有些设想也未来得及付诸实践，但是他所提出的问题、解决的问题和遗留的问题，对我们今天继续推进中国特色社会主义的理论创新和实践创新，无疑具有重大的理论价值和实践价值。

作为当代中国马克思主义的中国特色社会主义，无论在精神气质和基本内容上，都是与列宁晚年的探索一脉相承的。列宁讲“在新经济政策下我们对社会主义的整个看法根本改变了”，而邓小平也反复讲“我们要重新认识什么是社会主义、如何建设社会主义”；列宁抛开了第二国际的条条框框，走出了一条在经济文化落后国家搞革命和建设的新路，中国特色社会主义的思想基础也强调要解放思想，实事求是，开拓创新；列宁探索利用小私有制的因素、资本主义的因素来为社会主义准备物质基础，中国特色社会主义的基本经济制度则是强调以公有制为主体，多种所有制经济共同发展；列宁强调利用商品、市场和货币关系来恢复和发展生产力，以作为向社会主义过渡的手段，我们则完全把建立健全社会主义市场经济作为经济改革的基本目标；列宁主张在工农产品正常交换的基础上以工业和国家机关内部节约的方式积累工业化的资金，我们则强调全面协调和可持续的发展；列宁强调文化建设的意义，我们则强调社会主义精神文明建设；列宁试图以扩大民主与加强监督的方式改革党和国家领导机关，我们更是强调加强社会主义民主法制建设，加快推进政治体制改革进程；列宁确定的正确处理民族问题的基本原则，仍然是我们当下处理民族问题的基础。如果说列宁晚年的思想是马克思主义的普遍原理与当时俄国具体实际相结合的一次尝试的话，那么中国特色社会主义则是马克思主义的普遍原理与中国实际相结合的最新成果。从列宁晚年的思想到中国特色社会主义，虽然就其内容而言存在着巨大的差异，但就精神实质而言则是一脉相承的，都是马克思主义本地化和时代化的结果。从列宁晚年的艰辛探索中，我们可以汲取继续探索中国特色社会主义的丰富营养。

第九章 马克思主义中国化的光辉典范

——《新民主主义论》导读

《新民主主义论》是毛泽东运用马克思主义基本原理研究新民主主义实践的创造性理论成果，体现了马克思主义中国化的鲜明特征。在这篇著作中，毛泽东科学总结了鸦片战争以后，特别是中国共产党成立以后中国革命的经验教训，深刻论述了中国民主革命发展的基本规律，第一次旗帜鲜明地提出了新民主主义的完整理论，实现了马克思主义中国化过程中的一次飞跃，丰富和发展了马克思主义有关民族和殖民地革命的理论。

一、写作背景

毛泽东的《新民主主义论》写于 1939 年底和 1940 年初，同一时期他先后发表了《〈共产党人〉发刊词》、《中国革命和中国共产党》等重要文章，在中国第一次旗帜鲜明地提出了新民主主义的完整理论，并对它作了系统的说明。毛泽东在这个时候写出这些著作，绝不是偶然的。

1938 年 10 月下旬广州、武汉相继失守后，抗日战争进入战略相持阶段。日军已无法继续保持原有的进攻势头，把重点转向巩固已有的占领区，并对国民党进行政治诱降。年底，汪精卫公开主张停止抗日，对日求和，蒋介石虽然主张继续抗日，但中共领导的抗日根据地和游击战争的迅速发展却使他忧心忡忡。

1939年4月，国民党中央秘书处秘密颁布《防制异党活动办法》的训令后，国内政治形势恶化，国民党内的顽固派不断制造同八路军的军事摩擦。而此时，国际形势也发生了重大变动：1939年9月3日，英、法对德宣战，第二次世界大战全面爆发。

正是在这样的国际国内的大背景下，1939年与1940年之交，毛泽东先后发表了《〈共产党人〉发刊词》、《中国革命和中国共产党》、《新民主主义论》等文章。1939年12月写成的《中国革命和中国共产党》一文中，最早提出了"新民主主义"这个概念，第一次把中国的民主革命区分为旧民主主义革命和新民主主义革命，并且明确提出了新民主主义革命的总路线。《中国革命和中国共产党》的发表，阐明了有关中国革命的一系列重大问题，高举起了新民主主义的大旗，意义十分重大。但是，新民主主义的政治、经济、文化的特点和具体内容以及其他一些问题还需要进一步说明。这样，1940年1月9日，毛泽东又在延安作了长篇演讲，题目是《新民主主义的政治与新民主主义的文化》。2月20日，在延安出版的《解放》周刊上发表时，题目改为了《新民主主义论》。

客观上：

第一，日本帝国主义要灭亡中国。1939年冬至1940年春，日本帝国主义侵占武汉、广州后，由于自身兵力不足和中国共产党领导下的敌后游击战争的广泛开展，不得不停止对正面战场的进攻，抗日战争进入战略相持阶段。日本帝国主义为了实现其灭亡中国的野心，改变了对中国大地主、大资产阶级及其代表国民党的政策，由武力进攻为主转为以政治诱降和经济拉拢为主。在这种情况下，以汪精卫为首的国民党亲日派公开投降日本，在南京建立傀儡政府。中国面临着是亡国灭种沦为殖民地还是继续抗日赢取最后胜利的重要选择。中国共产党面临着巨大的压力，承担着中流砥柱的作用，必须对时局作出明确回应。

第二，国民党顽固派要消灭共产党。抗战进入相持阶段后，国民党内的顽固派变本加厉地鼓吹"一个主义"、"一个政党"，要求解散共产党，取消边区政府。1938年12月，国家社会党的张君劢发表《致毛泽东先生一封公开信》，公然要求取消共产主义之理论，蒋介石国民党也加紧鼓吹所谓"以党治国"、"以党建国"理论，要通过抗日战争建立起以蒋介石为领袖的新国家，"使抗战胜利之日，即为建国完成之时"。这样就把"如何建国"、"建设什么样的国家"即"中国向何处去"这个十分重大的问题，尖锐地提到每一个关心国家前途命运的国人面前，中国共产党必须对这个问题系统地表明自己的立场和观点。

第三，教条主义继续在党内散发错误影响。中国共产党成立以后，在怎样学习实践马克思主义这个重大的基本问题上，长期存在着教条主义的态度，即将马克思主义经典作家的著作当作本本，只注意马克思主义的具体结论，而忽视引出结论的具体历史背景和过程。1937年底，王明从苏联回国，以共产国际代表自居，生搬硬套马克思主义的个别词句和结论，在党内发号施令。1940年3月，王明把他在1931年所写、集中反映他的左倾错误观点的《为中共更加布尔什维克化而斗争》一书在延安印发第三版，继续宣扬教条主义并要求党内学习。这样下去是十分危险的，党内一旦采用王明这种教条主义思想来指导实践，必将给中国革命带来严重的损失。这些情况也要求中国共产党和党的实际领导人毛泽东对错误理论予以批驳，对党进行符合中国实际的、科学的、马克思主义理论的指导。

主观上：

第一，是表明立场和主张的需要。抗战爆发以后，中共从原来遭受严密封锁的境况中走出来，变成全国性的大党，公开走上全国政治生活的大舞台，受到人们越来越密切的关注。人们希望了解中共对时局和中国未来前途的看法。而中共要在抗日民族统一战线中坚持独立自主，也必须在全国人民面前旗帜鲜明地提出自己区别于其他政治力量的主张。

第二，是反对国民党顽固派的需要。抗战进入相持阶段以后，国民党内的顽固派拼命鼓吹“一个主义、一个政党”的主张。1939年1月召开的国民党五届五中全会通过了《关于党务报告之决议案》，要求国民党“应力求革命理论之领导”，“而使违反主义之思想无从流布于社会，而于战区及敌人后方，尤应特别注意”。号称国民党“理论家”的叶青公开主张三民主义可以满足中国现在和将来的一切要求，中国不需要社会主义，国民党外的一切党派没有独立存在的理由。蒋介石更是鼓吹“以党治国”、“以党建国”，“使抗战胜利之日，即为建国完成之时”。此外，国家社会党的张君劢也主张将马克思主义暂搁一边。这些言论和主张把“中国向何处去”的问题尖锐地提了出来，要求中共必须对此表明自己的立场和观点。

第三，是统一全党思想的需要。党的六届六中全会批判了王明的左倾教条主义，但是党内一些同志对于中国革命的性质、阶段、抗战胜利后中国的前途等问题，仍缺乏明确的认识，甚至存在着错误的看法。这就要求在理论上阐述中国革命的重大问题，指明正确的前进方向，澄清党内的错误思想，统一全党的认识。

二、主要内容

《新民主主义论》全文由十五部分组成，对新民主主义理论作了系统阐述，概括起来，主要论述了以下六个方面的内容：

（一）中国社会的性质

毛泽东曾经指出："认清中国社会的性质，就是说，认清中国的国情，乃是认清一切革命问题的基本的根据。"[①]在这篇著作中，毛泽东对中国社会的性质有了更深刻的认识，他指出："自外国资本主义侵略中国，中国社会又逐渐地生长了资本主义因素以来，中国已逐渐地变成了一个殖民地、半殖民地、半封建的社会。现在的中国，在日本占领区，是殖民地社会；在国民党统治区，基本上也还是一个半殖民地社会；而不论在日本占领区和国民党统治区，都是封建半封建制度占优势的社会。这就是现时中国社会的性质，这就是现时中国的国情。"[②]

（二）中国革命的对象和任务

中国社会的性质决定了中国革命的对象、任务和性质。帝国主义和中华民族的矛盾，封建主义和人民大众的矛盾，是近代中国社会的主要矛盾，而帝国主义和中华民族的矛盾，乃是各种矛盾中的最主要的矛盾，因而中国革命的对象是帝国主义和封建主义，即中国需要进行对外推翻帝国主义压迫的民族革命和对内推翻封建地主压迫的民主革命，而最主要的任务是推翻帝国主义的民族革命。这是互相关联的两项任务。

（三）中国革命必须分两步走

新民主主义革命的一个重要特点是无产阶级的领导，那么，中国无产阶级能否从一开始就实行社会主义革命呢？毛泽东深刻分析了中国社会的政治经济状况，明确指出："中国革命的历史进程，必须分为两步，其第一步是民主主义的革命，其第二步是社会主义的革命，这是性质不同的两个革命过程。"[③]中国革命必须分两步走，这是由中国半殖民地半封建社会性质决定的，是由中国特殊的国情决定的，即由中国社会的主要矛盾，革命的主要对象、主要任务，参加革命的力量决定的。中国革命必须分为两个步骤：第一步，改变这个殖民地、半殖民地、半封建的社会形态，使之变成为一个独立的民主主义的社会。第二步，使革命向前发展，建立一个社会主义的社会。

毛泽东还认为，中国革命的两个阶段，既有联系又有区别，第一个为第二个准备条件，而两个阶段必须衔接，不容横插一个资产阶级专政的阶段。但是，每

① 《毛泽东选集》第2卷，人民出版社1991年版，第633页。

② 《毛泽东选集》第2卷，人民出版社1991年版，第664～665页。

③ 《毛泽东选集》第2卷，人民出版社1991年版，第665页。

个阶段都有自己的一定任务、自己的一定时间。民主主义革命是社会主义革命的必要准备，社会主义革命是民主主义革命的必然趋势。只有认清民主主义革命和社会主义革命的区别，同时又认清二者的联系，才能正确地领导中国革命。在本文中，毛泽东批评了两种“一次革命论”：一种是右的，取消革命的“一次革命论”，即认为中国既然处于资产阶级民主革命阶段，就应该由资产阶级来领导，无产阶级只能在将来再去领导社会主义革命；另一种是左的，混淆革命的步骤，空想的“一次革命论”，即把民主革命同社会主义革命相混淆，急于在民主革命阶段采取一些社会主义革命的措施。

(四)新民主主义革命的动力和领导

毛泽东指出，在中国，谁能领导人民取得反帝反封建斗争的胜利，谁就能取得人民的信任。他逐一分析了中国社会各阶级的特点，认为：资产阶级政党不可能领导人民取得反帝反封建斗争的胜利。中国民族资产阶级的两面性决定了中国革命不能由民族资产阶级来领导。

无产阶级是中国革命的领导力量。这是因为：第一，无产阶级具有坚定的革命性；第二，五四运动以后，中国无产阶级由于自己的成长和俄国革命的影响，已经迅速成为一个觉悟了的独立的政治力量；第三，无产阶级的先锋队中国共产党提出了“打倒帝国主义”的口号和中国革命的彻底的纲领，并且单独进行了土地革命，取得了广泛的支持。

农民是中国革命的动力。中国80％的人口是农民，农民问题是中国革命的基本问题，农民是中国革命的主要力量，所以，中国革命实质上是农民革命。无产阶级领导权的中心问题，是实现无产阶级对农民的领导，结成巩固的工农联盟。

城市小资产阶级和民族资产阶级也是革命的动力。城市小资产阶级是无产阶级可靠的同盟军，民族资产阶级则在一定时期和一定程度上是无产阶级的同盟军，也是革命的动力之一。

(五)中国革命是世界社会主义革命的一部分

通过对时代的特点、中国社会和中国革命的性质以及中国革命在世界革命中的地位和作用的分析，毛泽东进一步论证了“中国革命是无产阶级社会主义世界革命的一部分”这个命题，中国革命是无产阶级领导的革命，无产阶级的领导权、革命的社会主义前途，决定了这种革命是无产阶级世界革命的一部分。十月革命后的殖民地半殖民地革命，虽然其性质仍属于资产阶级民主主义，其客观要求仍是为资本主义的发展扫清道路，但是，无产阶级的领导权，在第一阶段上建立新民主主义的社会和建立各个革命阶级联合专政的国家的目的，恰是为社会主义的发展扫清更大的道路，它的前途只能是社会主义，是无产阶级社会主义世界革命的一部分。

（六）新民主主义革命的政治、经济、文化纲领

新民主主义革命的目的是建立一个新民主主义的共和国。这种共和国既区别于旧形式的、欧美式的、资产阶级专政的、资本主义的共和国，又区别于苏联式的、无产阶级专政的、社会主义的共和国。前者已经过时，因为国际国内的环境都不允许中国再走欧美资产阶级走过的老路——国际上帝国主义不容许，社会主义也不容许，国内人民大众不容许，共产党不容许；而后者当时还不适用于中国。因此，中国在一定历史时期中所采取的国家形式，只能是新民主主义共和国，这决定了其纲领既不同于资本主义又不同于社会主义，是新民主主义的政治、经济、文化纲领。

政治纲领：彻底推翻帝国主义和封建主义的压迫，建立一个无产阶级领导的、工农联盟为基础的、一切反帝反封建的人们联合专政的新民主主义共和国，采取各革命阶级的联合专政的国体和民主集中制的政体。无产阶级、农民、知识分子和其他小资产阶级是决定国家命运的基本力量，是国家构成和政权构成的基本部分，无产阶级则是其中的领导力量。新民主主义共和国的政权构成形式是人民代表大会制，即民主集中制，按这种形式组成的政府，才能充分发挥人民的意志，才能最有力量去反对革命的敌人。

经济纲领：第一，没收帝国主义和官僚资本主义的大银行、大工业、大商业，归国家所有；第二，没收地主土地，分配给无地和少地的农民，在土改的基础上发展合作经济；第三，保护民族工商业。新民主主义的经济由国营经济、私营经济和合作经济三部分组成，其中国营经济是社会主义的性质，是国民经济的领导力量，各种合作经济也具有社会主义因素。中国的经济一定要走“节制资本”和“平均地权”的道路，绝不能是“少数人所得而私”，绝不能让少数资本家和地主“操纵国计民生”。

文化纲领：新民主主义的文化，是以无产阶级思想即共产主义思想为领导的，反对帝国主义和封建主义的，民族的、科学的、大众的文化。

民族的，就是说是反对帝国主义压迫，主张民族尊严和独立，带有中华民族特点的、采取中华民族形式的文化。这种文化不是孤立存在的，要同一切别的民族的社会主义文化和新民主主义文化相结合，共同形成世界的新文化。对于资本主义创造的文化，也应该本着“排除其糟粕，吸收其精华”的原则经过分解有批判地吸收。

科学的，就是指这种文化反对封建思想和迷信思想，主张实事求是，主张客观真理，主张理论和实践相一致。对于传统文化要批判继承，剔除其封建性的糟粕，吸收其民主性的精华。

大众的，就是说这种文化不是为少数人，而是为90%以上的工农民众服务的，并逐渐成为他们的文化，因而这种文化也是民主的。还应看到，虽然新民主主义的文化具有社会主义的因素，但是现阶段整个国民文化的内容还是新民主主义的，不是社会主义的，因此需要作两个区分：既应把对于共产主义的思想体系和社会制度的宣传，同当前新民主主义行动纲领的实践区别开来，又应把作为观察问题、研究学问、处理工作、训练干部的共产主义的理论和方法，同作为整个国民教育和国民文化的新民主主义的方针区别开来。

三、重点提示

(一)关于新民主主义革命的性质

新民主主义革命是资产阶级民主革命，是新式的、特殊的资产阶级民主革命，是世界社会主义革命的一部分。新民主主义革命的对象和任务，决定了新民主主义革命是资产阶级民主革命；无产阶级的领导权、新民主主义革命发生的时代、新民主主义革命的指导思想、新民主主义的前途，决定了新民主主义革命是新式的、特殊的资产阶级民主革命，是世界社会主义革命的一部分。

(二)关于新民主主义革命的前途

新民主主义革命前途，是经过新民主主义逐渐过渡到社会主义。一般地说，资产阶级民主革命的前途，应是建立资产阶级专政的资本主义制度。但是由于中国民族资产阶级多次丧失掉了发展资本主义的机遇，所以新民主主义革命胜利后，不走资本主义道路，但也不是立即建立社会主义，而是经过新民主主义逐渐过渡到社会主义。

(三)关于中国革命必须分两步走

中国革命必须分两步走，这是由中国半殖民地半封建社会性质决定的，是由中国特殊的国情决定的，即由中国社会的主要矛盾，革命的主要对象、主要任务，参加革命的力量决定的。中国革命必须分为两个步骤：第一步，改变这个殖民地、半殖民地、半封建的社会形态，使之变成为一个独立的民主主义的社会；

第二步，使革命向前发展，建立一个社会主义的社会。这两者之间的关系是一篇文章的上篇与下篇的关系，只有上篇做好，下篇才能做好。民主革命是社会主义革命的必要准备，社会主义革命是民主革命的必然趋势。只有认清民主主义革命和社会主义革命的区别，同时又认清二者的联系，才能正确地领导中国革命。

(四)关于民主革命和社会主义革命的关系

关于民主革命和社会主义革命的关系问题，党内曾流行过两种错误倾向：一种是陈独秀的“二次革命论”，把中国革命过程中两个紧密联系的阶段割裂开来，只看到两者之间的区别，没看到两者之间的联系，要在两个阶段之间硬插一个资产阶级专政的和发展资本主义的阶段。二是以王明为代表的左倾教条主义，主张将民主革命和社会主义革命“毕其功于一役”，混淆了民主革命和社会主义革命的界限，企图把两种不同性质的革命阶段并作一步走，一举取得社会主义革命的胜利。这种观点只看到两者之间的联系，而忽视了两者之间的区别。“二次革命论”、“毕其功于一役”的观点都违背了中国革命的发展规律。毛泽东关于中国革命两步走的思想，深刻揭示了中国革命的客观规律，揭示了中国革命的前途，分清了民主革命和社会主义革命的关系，为中国革命指明了方向，丰富和发展了马克思主义资产阶级民主革命的学说。

(五)关于新民主主义共和国

新民主主义革命胜利后采取的国家形式，是新民主主义政治纲领的体现。毛泽东指出，在新民主主义国家的阶级构成上，无产阶级、农民、知识分子和其他小资产阶级，乃是决定国家命运的基本势力。这些阶级，或者已经觉悟，或者正在觉悟起来，他们必然要成为中华民主共和国的国家构成和政权构成的基本部分，而无产阶级则是领导的力量。现在所要建立的中华民主共和国，只能是在无产阶级领导下的一切反帝反封建的人们联合专政的民主共和国，这就是新民主主义的共和国。新民主主义共和国，一方面和旧形式的、欧美式的、资产阶级专政的、资本主义的共和国相区别，那是旧民主主义的共和国，那种共和国已经过时了；另一方面，也和苏联式的、无产阶级专政的、社会主义的共和国相区别，但是那种共和国，在一定的历史时期中，还不适用于脱胎于殖民地、半殖民地国家的中国。新民主主义共和国这种国家形式，是一切殖民地、半殖民地国家的革命，在一定历史时期中所采取的国家形式，因而是过渡的形式，但是不可移易的必要的形式。新民主主义共和国采取各革命阶级联合专政的国体和民主集中制的政体。

(六)关于资产阶级专政的道路在中国走不通

毛泽东对此作了深刻的分析:首先是国际资本主义即帝国主义不允许;其次是世界社会主义不允许;还有就是中国的资产阶级没有力量,中国共产党和中国人民不允许。

(七)关于新民主主义的文化

新民主主义的文化,是以无产阶级思想即共产主义思想为领导的,反对帝国主义和封建主义的,民族的、科学的、大众的文化。民族的,就是说是反对帝国主义压迫,主张民族尊严和独立,带有中华民族特点的,采取中华民族形式的文化;科学的,就是指这种文化反对封建思想和迷信思想,主张实事求是,主张客观真理,主张理论和实践相一致;大众的,就是说这种文化不是为少数人,而是为90%以上的工农民众服务的,并逐渐成为他们的文化。

四、重要意义

《新民主主义论》通篇洋溢着马克思主义中国化的生机与活力。在这篇著作中,毛泽东身体力行,用马克思主义之"矢"具体分析中国革命之"的"。毛泽东多处引用了马克思、列宁和斯大林的论断,结合中国革命的具体情况进行阐释,使马克思主义由教条主义者的晦涩口号变成人民群众喜闻乐见的中国话语,赋予马克思主义以鲜活的中国形态。

毛泽东《新民主主义论》的发表,不仅标志着毛泽东创立了完整的新民主主义革命理论,而且创立了全新的新民主主义社会理论。此后,他在《论联合政府》、《论人民民主专政》等著作中又作了进一步的阐述和发挥,使其更加系统和完整。新民主主义社会论是以毛泽东为代表的中国共产党人把马克思主义和中国革命具体实践相结合而获得的理论创造。它指出新民主主义革命的必然趋势是社会主义,但新民主主义革命的直接后果则既不是无产阶级专政和社会主义社会,也不是资产阶级专政和资本主义社会,而是有着特殊的政治、经济和文化的新民主主义社会。这一理论的提出,是对科学社会主义的重大发展,对新中国的建立及其以后的实践有着深远影响。因此,这一理论尽管实践的时间不长,却具有重大的理论和现实意义。

(一)丰富和发展了马克思主义关于不断革命论和革命发展阶段论相统一的思想

马克思主义者是不断革命论和革命发展阶段论的统一论者,既必须承认革命发展过程的不间断性、连续性和必然性,又必须承认革命发展过程的阶段性。这是中国革命胜利的指南,但是在我国民主主义革命阶段,以陈独秀为代表的右倾机会主义者看不到民主主义革命和社会主义革命的联系,看不到民主主义革命将转变为社会主义革命,提出了所谓的"二次革命论";而以王明为代表的左倾机会主义者,则把当前的民主主义革命和将来的社会主义革命混淆起来,主张在民主革命阶段就消灭资本主义而实现社会主义的任务。这两种错误倾向都给中国革命造成了重大损失。因此,毛泽东在《新民主主义论》中高举不断革命论和革命发展阶段论相统一的武器,深刻有力地驳斥了"资产阶级专政论"和"'左'倾空谈主义",系统地阐述了民主主义革命和社会主义革命的辩证关系。他指出,其一,中国革命的两个阶段必须衔接,不容横插一个资产阶级专政的阶段。中国革命的发展变化是一个不间断的过程,各个阶段是互相衔接、互为条件的。新民主主义革命是社会主义革命的必要准备,社会主义革命是新民主主义革命发展的必然结果,两个阶段之间绝不能横插一个资产阶级专政的阶段。其二,革命发展有阶段之分,不能"毕其功于一役"。毛泽东指出:"中国革命不能不做两步走,第一步是新民主主义,第二步才是社会主义。而且第一步的时间是相当地长,决不是一朝一夕所能成就的。我们不是空想家,我们不能离开当前的实际条件。"①由此,毛泽东正确解决了中国革命两个革命阶段的相互关系。

(二)丰富和发展了马克思主义关于过渡时期的理论

马克思主义的经典作家曾描绘过人类社会发展的一般规律,即经过原始社会、奴隶社会、封建社会、资本主义社会到达社会主义和共产主义社会。晚年的马克思把目光投向东方,认为俄国农村公社"能够不通过资本主义生产的一切可怕的波折而吸收它的一切肯定的成果"。恩格斯也认为,对于东方落后国家来说,只要吸收和借鉴资本主义制度的"一切肯定的成果",就可以跨越资本主义的"卡夫丁峡谷"而直接向社会主义过渡。苏俄十月革命后实行战时共产主义政策,实际上就是准备向共产主义直接过渡,但在实践中遇到了挫折。然而,中国的国情既不同于西欧资本主义国家也不同于俄国。因此,毛泽东在科学分析中国社会具体情况的基础上,创造了既不同于资本主义社会又不同于社会主

---

① 《毛泽东选集》第 2 卷,人民出版社 1991 年版,第 683～684 页。

义社会的崭新的新民主主义社会。他在《新民主主义论》中首先提出和使用了马列经典著作中所没有的"新民主主义社会"的概念，比较全面、系统地阐明了新民主主义社会的政治纲领、经济纲领和文化纲领，初步形成了其新民主主义社会的理论体系。同时，毛泽东明确指出新民主主义社会又是一个过渡性的社会形态，"这是一定历史时期的形式，因而是过渡的形式，但是不可移易的必要的形式"①。它是毛泽东把马克思列宁主义应用于半封建半殖民地的中国而得出的理论创造，是对马克思列宁主义过渡时期理论的丰富和发展。

(三)丰富和发展了马克思主义关于国家形态的理论

马克思和恩格斯认为，无产阶级必须通过暴力革命推翻资产阶级的统治，建立无产阶级的国家政权。不同的国家，无产阶级专政可以有不同的形式。毛泽东在《新民主主义论》中第一次从国体和政体两方面阐述了未来的国家形态——新民主主义共和国，这是马克思主义经典作家在其历史条件下所不能提出的，因此丰富了马克思主义的国家学说。毛泽东经过比较分析后认为，欧美式的资产阶级专政的共和国已经过时，而苏联式的无产阶级专政的共和国也不适用于殖民地半殖民地国家。"因此，一切殖民地半殖民地国家的革命，在一定历史时期中所采取的国家形式，只能是第三种形式，这就是所谓新民主主义共和国。"②毛泽东将其概括为"国体——各革命阶级联合专政。政体——民主集中制。这就是新民主主义的政治，这就是新民主主义的共和国"③。毛泽东创造性地构想了一个全新的新民主主义的共和国，是对马克思主义的国家形态理论的重大发展。

另外，在这篇著作中，毛泽东再次强调了马克思主义中国化的问题，他说："形式主义地吸收外国的东西，在中国过去是吃过大亏的。中国共产主义者对于马克思主义在中国的应用也是这样，必须将马克思主义的普遍真理和中国革命的具体实践完全地恰当地统一起来，就是说，和民族的特点相结合，经过一定的民族形式，才有用处，决不能主观地公式地应用它。公式的马克思主义者，只是对于马克思主义和中国革命开玩笑，在中国革命队伍中是没有他们的位置的。"④

综上所述，掌握马克思主义，最主要的是掌握它的精神实质，运用它的观点、立场和方法来观察分析问题。《新民主主义论》正是毛泽东正确运用马克思

---

① 《毛泽东选集》第 2 卷，人民出版社 1991 年版，第 675 页。

② 《毛泽东选集》第 2 卷，人民出版社 1991 年版，第 675 页。

③ 《毛泽东选集》第 2 卷，人民出版社 1991 年版，第 677 页。

④ 《毛泽东选集》第 2 卷，人民出版社 1991 年版，第 707 页。

主义基本原理对中国革命和社会发展规律进行长期探索所取得的成果，提出的“新民主主义”概念，是对中国革命的科学定位，并且极大地丰富和发展了马克思主义，最终为实现马克思主义中国化的第一次历史性飞跃作了最重要的理论建构，是一脉相承又与时俱进的马克思主义新篇章。

今天，认真学习《新民主主义论》，学习毛泽东善于把马克思主义基本原理与中国实际相结合的思想，对于我们在新的历史条件下不断推进马克思主义中国化，提高理论创新能力，建设中国特色社会主义有着非常重要的现实意义。

第十章 观察和处理社会矛盾问题的经典之作

——《关于正确处理人民内部矛盾的问题》导读

《关于正确处理人民内部矛盾的问题》是毛泽东在社会主义建设时期的一篇十分重要的理论著作。在这篇著作中，毛泽东运用马克思主义哲学的基本方法，分析研究了社会主义社会，提出了社会主义社会的基本矛盾，提出了社会主义社会存在两种性质的矛盾，提出了一系列解决人民内部矛盾的正确原则和方法。毛泽东关于社会主义社会基本矛盾的理论，分析了社会主义社会的基本矛盾及其存在形态、性质、特点和解决途径，揭示了社会主义社会发展的一般规律，丰富和发展了马克思列宁主义关于社会主义社会的学说，为社会主义社会的改革奠定了哲学基础，提供了理论依据；毛泽东关于严格区分和正确处理两类不同性质社会矛盾的思想，丰富了马克思主义的理论宝库，为正确处理社会主义社会各种社会矛盾，协调人与人之间的社会关系，创造有利于生产力发展的良好社会环境和政治局面，提供了理论依据，极大地丰富和发展了科学社会主义理论。57 年过去了，这篇巨著对今天的中国特色社会主义经济建设、政治建设、文化建设、社会建设以及坚持中国特色社会主义的前途方向来说，仍然具有非常重要的理论意义和现实意义。

一、写作背景

《关于正确处理人民内部矛盾的问题》是毛泽东于1957年2月27日在最高国务会议第十一次(扩大)会议上的讲话,后来经过整理并作了若干补充、修改,于6月19日在《人民日报》上发表。毛泽东关于正确处理人民内部矛盾的理论是在深刻总结国际共产主义运动教训、中国革命和建设经验的基础上提出来的。

(一)国际社会主义革命建设的影响

首先,在国际社会中,苏联在进行社会主义建设中的经验及教训对毛泽东正确处理人民内部矛盾思想的形成产生了重要的影响。苏联在斯大林领导下进行的大规模社会主义改造及建设的艰苦探索,为中国社会主义革命及建设提供了借鉴。在政治体制上,苏联实行的中央集权制及领导人终身制导致对斯大林个人崇拜成风,破坏了民主集中制;在经济发展上,中央的权力过大,导致地方经济发展失去自主性;在文化制度方面,实行文化专制,不仅阻碍文化事业的发展,还制造了许多冤假错案;而对于人民内部矛盾问题,斯大林错误地认为,社会主义社会不存在内部矛盾,给苏联的建设带来有害的影响。

赫鲁晓夫上台以后,在苏共二十大上提出了反对斯大林的报告,使国际上其他的社会主义国家产生了混乱,接着又爆发了波兰事件及匈牙利事件。国际上发生的这些大事件对于刚走上执政舞台的中国共产党提出了严峻挑战。毛泽东十分重视国际上的社会主义建设经验教训,并结合中国的实际,提出了关于正确处理人民内部矛盾问题的思想。

(二)国内社会主义建设的影响

1956年,我国完成了三大改造,确立了社会主义制度,但是由于广大人民群众的思想并没有及时地改变,国内还是产生了很多的问题。在阶级结构上,帝国主义被赶出中国,官僚资本主义及地主阶级被消灭,无产阶级队伍不断壮大。我国的主要矛盾已经变成人民日益增长的物质文化需要同当前经济文化不能满足人民需求之间的矛盾。当时在思想政治领域仍然存在着比较严重的官僚主义及主观主义的作风,致使人民内部的许多矛盾凸显出来,人民群众产生了不满情绪,出现了学生罢课、工人罢工、农民退社的现象。

1957年,在最高国务会议第十一次会议上,毛泽东发表了《关于正确处理人民内部矛盾的问题》的讲话，全面系统地分析了当前我国社会主义革命和建设中存在的各类矛盾，并提出了解决这些矛盾的方针和策略，为人民内部矛盾的正确处理指明了道路。

二、主要内容

《关于正确处理人民内部矛盾的问题》分为十二部分，内容十分丰富，归纳起来，主要阐述了六个方面的问题。

(一)关于社会主义社会的基本矛盾及其特点

毛泽东运用历史唯物主义的基本观点考察社会主义社会，指出，我国社会仍然存在着矛盾，正是这些矛盾推动着我们的社会向前发展。在社会主义社会中，基本的矛盾仍然是生产关系和生产力之间的矛盾、上层建筑和经济基础之间的矛盾。社会主义社会基本矛盾的特点是既相适应又相矛盾，适应是总体的、长久的，不适应则是局部的、暂时的。我国的社会主义生产关系已经建立起来，它是和生产力的发展相适应的；但是，它又还很不完善，这些不完善的方面和生产力的发展又是相矛盾的。我国的社会主义上层建筑是和社会主义的经济基础即生产关系相适应的；但是，资产阶级意识形态的存在，国家机构中某些官僚主义作风的存在，国家制度中某些环节上缺陷的存在，又是和社会主义的经济基础相矛盾的。社会主义社会的矛盾同旧社会的矛盾，性质是根本不相同的。旧社会的矛盾表现为激烈的阶级对抗和阶级斗争，不可能由社会制度本身去解决，只有通过革命才能得到解决。社会主义社会的矛盾情况完全不同，它不是对抗性的，可以经过社会主义制度本身，不断地得到解决。在解决矛盾的过程中，社会主义社会将不断得到完善和发展。“矛盾不断出现，又不断解决，就是事物发展的辩证规律。”①

(二)关于两类不同性质的社会矛盾

毛泽东指出，在我国社会中存在着两类性质完全不同的矛盾，一类是敌我之间的矛盾，另一类是人民内部的矛盾。为了正确认识和处理这两类不同的矛盾，首先要弄清什么是人民、什么是敌人。“人民”这个概念在不同的国家和不同的历史时期有着不同的内容。“在现阶段，在建设社会主义的时期，一切赞

① 《毛泽东文集》第7卷，人民出版社1999年版，第216页。

成、拥护和参加社会主义建设事业的阶级、阶层和社会集团，都属于人民的范围；一切反抗社会主义革命和敌视、破坏社会主义建设的社会势力和社会集团，都是人民的敌人。”[①]敌我之间的矛盾是对抗性的矛盾，而人民内部的矛盾，一般来说是在人民利益根本一致基础上的矛盾，是非对抗性的矛盾。敌我矛盾是指人民群众同敌对分子之间的矛盾，人民内部矛盾的情形则广泛和复杂得多。在我国社会，所谓“人民内部矛盾”，包括工人阶级内部的矛盾、农民阶级内部的矛盾、知识分子内部的矛盾、工农之间的矛盾、工农同知识分子之间的矛盾、工人阶级和其他劳动人民同民族资产阶级之间的矛盾。此外，还有国家利益、集体利益同个人利益之间的矛盾，民主同集中的矛盾，领导同被领导之间的矛盾，国家机关某些工作人员的官僚主义作风同群众之间的矛盾，等等。

敌我之间和人民内部这两类矛盾的性质不同，解决的方法也不同。“简单地说起来，前者是分清敌我的问题，后者是分清是非的问题。当然，敌我问题也是一种是非问题。比如我们同帝国主义、封建主义、官僚资本主义这些内外反动派，究竟谁是谁非，也是是非问题，但是这是和人民内部问题性质不同的另一类是非问题。”[②]在区分两类社会矛盾的基础上，毛泽东提出了正确处理两类社会矛盾应当运用的方法。他指出：“我们历来就主张，在人民民主专政下面，解决敌我之间的和人民内部的这两类不同性质的矛盾，采用专政和民主这样两种不同的方法。”“对敌人说来是用专政的方法，就是说在必要的时期内，不让他们参与政治活动，强迫他们服从人民政府的法律，强迫他们从事劳动并在劳动中改造他们成为新人。对人民说来则与此相反，不是用强迫的方法，而是用民主的方法，就是说必须让他们参与政治活动，不是强迫他们做这样做那样，而是用民主的方法向他们进行教育和说服的工作。这种教育工作是人民内部的自我教育工作，批评和自我批评的方法就是自我教育的基本方法。”[③]

(三)关于矛盾性质的转化

毛泽东指出，工人阶级和民族资产阶级的矛盾本来是对抗性的，但是在我国的具体条件下，如果处理得当，可以使这种对抗性的矛盾转变为非对抗性的，用和平的方法加以解决。因为我国的民族资产阶级具有两面性。在民主革命时期，它有革命的一面，又有妥协的一面。在社会主义革命时期，它有剥削工人阶级的一面，又有拥护宪法、愿意接受社会主义改造的一面。可以通过对民族资产阶级采取团结、批评、教育的政策，解决工人阶级和民族资产阶级的矛盾。

① 《毛泽东文集》第7卷，人民出版社1999年版，第205页。

② 《毛泽东文集》第7卷，人民出版社1999年版，第206页。

③ 《毛泽东文集》第7卷，人民出版社1999年版，第211～212页。

他还深刻地指出，非对抗性的矛盾在一定条件下也可以向对抗性的矛盾转化。在一般情况下，人民内部的矛盾不是对抗性的，但是如果处理得不适当，或者麻痹大意，也可能发生对抗，例如匈牙利事件表现的那样。“这种情况，在社会主义国家通常只是局部的暂时的现象。这是因为社会主义国家消灭了人剥削人的制度，人民的利益在根本上是一致的。”①匈牙利事件的发生，是因为有内外反革命因素在起作用的缘故。社会主义国家内部的反动派同帝国主义者相勾结，利用人民内部的矛盾，挑拨离间，兴风作浪，企图实现他们的阴谋，对此必须引起注意。就我国而言，为了从根本上消灭闹事的原因，必须坚决地克服官僚主义，很好地加强思想政治教育，恰当地处理各种矛盾。总之，两类不同性质的矛盾是可以互相转化的，关键是要处理得当。

毛泽东同时认为，好事和坏事也是可以互相转化的。在我国社会中，群众闹事是坏事，但是这种事件发生以后，又可以促使我们接受教训，克服官僚主义，教育干部和群众。从这一点上说，坏事也可以变成好事。

(四)关于正确处理人民内部矛盾的基本原则和方针政策

处理人民内部矛盾，必须采取民主的方法、说服教育的方法。毛泽东还提出了处理政治思想、经济、党派、民族、科学文化等方面问题的一系列具体方针。

在思想领域，实行“团结—批评—团结”的方针。在社会主义社会，人民内部存在各种思想问题，也存在一些错误认识，因此要开展正确的思想批评和说服教育工作。毛泽东指出：“对待人民内部的思想问题，对待精神世界的问题，用简单的方法去处理，不但不会收效，而且非常有害。”②凡属于思想性质的问题，凡属于人民内部的争论问题，只能用民主的方法去解决，只能用讨论的方法、批评的方法和说服教育的方法去解决，而不能用强制的、压服的方法去解决。这样才能真正发展正确的意见，克服错误的意见，才能真正解决问题。他认为，各种错误的思想必然会在社会上反映出来，用压制的办法不让它们反映是不可能的。当错误思想反映出来的时候，应当进行批评，看着错误思想到处泛滥，任凭它们去占领市场是不行的，但是这种批评不应当是教条主义和形而上学的，应当运用辩证的方法，要有科学的分析，要有充分的说服力。正确的东西是在同错误的东西作斗争的过程中发展起来的，马克思主义也必须在斗争中才能发展。毛泽东还强调，要加强对青年的思想政治工作。青年除了学习专业之外，还需要学习马克思主义，学习时事政治，在思想政治上也要有所进步。“我们的教育方针，应该使受教育者在德育、智育、体育几方面都得到发展，成为

① 《毛泽东文集》第7卷，人民出版社1999年版，第211页。

② 《毛泽东文集》第7卷，人民出版社1999年版，第232页。

有社会主义觉悟的有文化的劳动者。”①

在经济工作中，实行统筹兼顾、适当安排的方针。毛泽东认为，我国是一个社会主义大国，又是一个经济落后的穷国，这是一个很大的矛盾；我们各方面的事业在蓬勃发展，但是目前困难还很多，这也是矛盾。因此，我们做计划、办事情、想问题，都要从我国有六亿人口这一点出发，千万不要忘记这一点。“我们的方针是统筹兼顾、适当安排。无论粮食问题，灾荒问题，就业问题，教育问题，知识分子问题，各种爱国力量的统一战线问题，少数民族问题，以及其他各项问题，都要从对全体人民的统筹兼顾这个观点出发，就当时当地的实际可能条件，同各方面的人协商，作出各种适当的安排。”②通过这样的方法，调动一切积极因素，团结一切可能团结的人，化消极因素为积极因素，为建设社会主义社会这个伟大的事业服务。毛泽东还指出，在经济建设过程中，必须从“我国还是一个很穷的国家”这一基本国情出发，实行增产节约，反对浪费，执行勤俭建国的方针。

在共产党和各民主党派的关系上，实行长期共存、互相监督的方针。毛泽东指出，共产党和各民主党派长期共存、互相监督，是我国具体历史条件的产物。在民主革命时期，共产党同民主党派实行过合作；社会主义制度建立以后，致力于团结人民从事社会主义事业、得到人民信任的党派，共产党也没有理由不对它们采取长期共存的方针。至于互相监督，事实上也早已存在，就是各党派互相提意见，作批评。互相监督不是单方面的，共产党可以监督民主党派，民主党派也可以监督共产党。毛泽东曾指出：“这是因为一个党同一个人一样，耳边很需要听到不同的声音。大家知道，主要监督共产党的是劳动人民和党员群众。但是有了民主党派，对我们更为有益。”③

在少数民族问题上，坚持民族团结。毛泽东强调，国家的统一，人民的团结，国内各民族的团结，这是我们的事业必定要胜利的基本保证。中国是一个多民族的国家，少数民族虽然人口数量较少，但是居住面积广大，所以汉族和少数民族的关系一定要搞好。“这个问题的关键是克服大汉族主义。在存在有地方民族主义的少数民族中间，则应当同时克服地方民族主义。无论是大汉族主义或者地方民族主义，都不利于各族人民的团结，这是应当克服的一种人民内部的矛盾。”④

在科学文化工作中，实行“百花齐放，百家争鸣”的方针。毛泽东指出，“百花齐放，百家争鸣”是根据中国的具体情况提出来的，是在承认社会主义社会存

① 《毛泽东文集》第7卷，人民出版社1999年版，第226页。

② 《毛泽东文集》第7卷，人民出版社1999年版，第228页。

③ 《毛泽东文集》第7卷，人民出版社1999年版，第235页。

④ 《毛泽东文集》第7卷，人民出版社1999年版，第227页。

在着各种矛盾的基础上提出来的，是根据发展经济和文化的要求提出来的，它是促进艺术发展和科学进步的方针，是促进我国的社会主义文化繁荣的方针。艺术上不同的形式和风格可以自由发展，科学上不同的学派可以自由争论。利用行政力量，强制推行一种风格、一种学派，禁止另一种风格、另一种学派，有害于艺术和科学的发展。艺术和科学中的是非问题，应当通过自由讨论去解决，通过实践去解决，而不应当采取简单的方法去解决。因为判断正确的东西和错误的东西，常常需要有考验的时间。“因此，对于科学上、艺术上的是非，应当保持慎重的态度，提倡自由讨论，不要轻率地作结论。我们认为，采取这种态度可以帮助科学和艺术得到比较顺利的发展。”①毛泽东指出，百花齐放、百家争鸣是有前提的，就是不能违反我国的宪法。他还提出了六条不能违反的政治标准，其中最重要的是社会主义道路和共产党的领导。这六条标准是实行百花齐放、百家争鸣方针的政治基础，是鉴别人们言论行动是否正确、判断是香花还是毒草的标准，也是区别人民内部矛盾和敌我矛盾的标准。为了鉴别科学论点的正确或者错误，艺术作品的艺术水准如何，当然还需要一些各自的标准，但是这六条政治标准对于任何科学艺术的活动也都是适用的。

（五）关于中国工业化的道路

毛泽东在这篇著作中，探讨了中国的工业化道路问题，主要是重工业、轻工业和农业的发展关系问题。他认为，我国的经济建设是以重工业为中心的，但是同时必须充分注意发展农业和轻工业。在发展重工业的问题上，有两种不同的看法：一种是用少发展农业和轻工业的方法来发展重工业；另一种就是毛泽东所指出的，发展工业和发展农业并举，把发展重工业和发展农业、轻工业结合起来，用多发展一些农业和轻工业的办法来发展重工业。因为，“发展工业必须和发展农业同时并举，工业才有原料和市场，才有可能为建立强大的重工业积累较多的资金。……农业和轻工业发展了，重工业有了市场，有了资金，它就会更快地发展。这样，看起来工业化的速度似乎慢一些，但是实际上不会慢，或者反而可能快一些”②。毛泽东的这一主张是针对苏联在斯大林时期片面强调优先发展重工业，导致农业和轻工业长期不能满足人民生活需要的教训而提出的，为后来提出农业为基础、工业为主导，按农、轻、重的顺序安排经济建设的方针奠定了基础。毛泽东指出，为了把我国变为工业国，还必须向外国学习，“一切国家的好经验我们都要学，不管是社会主义国家的，还是资本主义国家的，这

---

① 《毛泽东文集》第 7 卷，人民出版社 1999 年版，第 229～230 页。

② 《毛泽东文集》第 7 卷，人民出版社 1999 年版，第 241 页。

一点是肯定的”[①]。但是要注意学习方法，不能采取照抄照搬式的教条主义的态度，应当学习适合我国情况的东西，吸取对我们有益的经验。

毛泽东认为，对于经济建设我们还缺乏经验。社会主义社会经济发展的客观规律和我们的主观认识之间还存在矛盾，需要在实践中去解决。这个矛盾也会表现为人同人之间的矛盾，即认识不同的人们之间的矛盾，因此也是人民内部矛盾。

（六）正确处理人民内部矛盾的目的

在我国生产资料私有制的社会主义改造基本完成以后，革命时期的大规模的急风暴雨式的群众阶级斗争基本结束，国家分裂和混乱的局面已经一去不复返了。六亿人民正在工人阶级和共产党的领导下，团结一致地进行着伟大的社会主义建设，我们的主要任务已经从解放生产力变为在新的生产关系下保护和发展生产力。虽然阶级斗争还没有完全结束，敌我矛盾依然存在，但是社会上大量表现出来的已经是人民内部矛盾。在这种情况下，提出人民内部矛盾的问题，目的是什么呢？毛泽东指出：“在这个时候，我们提出划分敌我和人民内部两类矛盾的界限，提出正确处理人民内部矛盾的问题，以便团结全国各族人民进行一场新的战争——向自然界开战，发展我们的经济，发展我们的文化，使全体人民比较顺利地走过目前的过渡时期，巩固我们的新制度，建设我们的新国家。”[②]这实际上是指出了在新的历史条件下，我国政治生活的主题已经是正确处理人民内部矛盾，我们的主要任务是进行生产斗争即经济建设。解决好正确处理人民内部矛盾这个“总题目”，就会使社会主义社会内部的统一和团结日益巩固，推动我们的社会不断向前发展。

三、重点提示

（一）关于社会主义社会的矛盾问题

社会主义社会的矛盾问题，在科学社会主义理论的发展史上，是一个长期没有很好解决的问题。马克思主义的经典著作中虽然也曾涉及过社会主义社会的矛盾，但都没有系统地提出和回答这个问题。马克思和恩格斯指出了人类社会的基本矛盾是生产力和生产关系的矛盾，这个矛盾推动着人类社会的发

---

① 《毛泽东文集》第7卷，人民出版社1999年版，第242页。

② 《毛泽东文集》第7卷，人民出版社1999年版，第216页。

展。但由于他们没有经历社会主义的实践,所以没有也不可能具体阐述社会主义社会的矛盾及其规律问题。列宁在十月革命胜利后多次论及了社会主义社会的矛盾问题,但由于去世过早,也没有对社会主义条件下的矛盾问题作出系统的分析,没有完整地提出社会主义社会矛盾的理论。斯大林长期混淆社会主义社会的人民内部矛盾和敌我矛盾这两类不同性质的矛盾,直到晚年才认为在社会主义条件下,生产关系和生产力之间还可能有矛盾,但没有把这个矛盾视为社会主义社会的基本矛盾,因而也不可能对社会主义社会的矛盾问题作出全面而科学的阐述。

毛泽东运用马克思主义的基本原理,依据国内外社会主义的实践,系统地提出和阐发了社会主义社会的矛盾问题。提出社会主义社会同样充满着矛盾,正是这些矛盾推动着社会主义社会向前发展,指出社会主义社会的基本矛盾仍然是生产力和生产关系、经济基础和上层建筑之间的矛盾,这就贯彻了唯物史观,坚持了辩证法,科学地说明了社会主义社会的客观历史进程及其发展的基本动力;明确划分了社会主义社会的两类不同性质的矛盾,并提出了正确处理两类矛盾特别是人民内部矛盾的原则和方针,回答了社会主义国家政治生活中必须正确认识和解决的重大课题,从而较为系统地解决了社会主义理论和实践上长期没能得到解决的问题,把人们对于社会主义社会矛盾的认识大大向前推进了一步。

(二)关于社会主义社会基本矛盾的性质

毛泽东指出,社会主义社会的基本矛盾同旧社会的生产关系和生产力的矛盾、上层建筑和经济基础的矛盾,具有根本不同的性质和情况。社会主义社会的基本矛盾是在生产关系和生产力基本适应、上层建筑和经济基础基本适应条件下的矛盾,是在人民根本利益一致基础上的矛盾。因此,它不是对抗性的矛盾,而是非对抗性的矛盾。这就精辟地阐述了社会主义社会基本矛盾的非对抗性质。

(三)关于社会主义社会基本矛盾运动的特点

社会主义社会基本矛盾运动的特点是“又相适应又相矛盾”。社会主义生产关系的建立是和生产力的发展相适应的;但是,它又还很不完善,这些不完善的方面和生产力的发展又是相矛盾的。同样的情况还存在于上层建筑和经济基础的关系上。这种“又相适应又相矛盾”的情况,便是社会主义社会基本矛盾运动的特点。其中,相适应的一面是基本方面,相矛盾的一面是非基本方面。

(四)关于解决社会主义社会基本矛盾的途径和办法

社会主义社会的基本矛盾要通过社会主义制度本身来解决。毛泽东指出,资本主义社会的矛盾表现为剧烈的对抗和冲突,表现为剧烈的阶级斗争,那种矛盾不可能由资本主义本身来解决,而只有社会主义革命才能够加以解决。社会主义社会的矛盾是另一回事,它不是对抗性的矛盾,可以经过社会主义制度本身不断地得到解决。这实际上是告诉人们,解决社会主义社会的基本矛盾不是要动摇、背离或推翻社会主义制度,而是要在共产党和人民政府的领导下,依据社会生产力的发展状况和要求,依靠社会主义制度本身的力量,依靠广大人民群众的实践,有领导、有步骤、有秩序地对生产关系不适应生产力的一面、上层建筑不适应经济基础的一面进行调整和改革,使之更好地适应生产力的发展。

(五)关于社会主义社会的两类社会矛盾

毛泽东指出:"在我们的面前有两类社会矛盾,这就是敌我之间的矛盾和人民内部的矛盾。这是性质完全不同的两类矛盾。"[①]两类社会矛盾具有不同性质,敌我矛盾是根本利益对立基础上的矛盾,因而是对抗性的矛盾;人民内部矛盾是在人民利益根本一致基础上的矛盾,因而是非对抗性的矛盾。敌我之间和人民内部这两类矛盾的性质不同,解决的方法也不同。在人民民主专政下面,解决敌我之间的和人民内部的这两类不同性质的矛盾,采用专政和民主这样两种不同的方法。用民主的方法解决人民内部矛盾,这是一个总方针。正确处理人民内部矛盾的问题是国家政治生活的主题。

(六)关于正确处理和解决人民内部矛盾的方针、原则和办法

毛泽东指出,用民主的方法解决人民内部矛盾,这是一个总方针。由于人民内部矛盾是复杂多样的,因此,在运用民主方法解决人民内部矛盾时,必须坚持具体问题具体分析。针对人民内部矛盾在具体实践中的不同表现,毛泽东在坚持用民主方法解决人民内部矛盾的总方针下,提出了一系列具体方针、原则和办法。其中主要有:对于政治思想领域的人民内部矛盾,实行"团结—批评—团结"的方针,坚持说服教育、讨论的方法;对于物质利益、分配方面的人民内部矛盾,实行统筹兼顾、适当安排的方针,兼顾国家、集体和个人三方面的利益;对于人民群众和政府机关的矛盾,要坚持民主集中制原则,要努力克服政府机关

① 《毛泽东文集》第7卷,人民出版社1999年版,第204～205页。

的官僚主义，也要加强对群众的思想教育；对科学文化领域里的矛盾，实行“百花齐放，百家争鸣”的方针，通过自由讨论和科学实践、艺术实践去解决；对于共产党和民主党派的矛盾，实行在坚持社会主义道路和共产党领导的前提下“长期共存，互相监督”的方针；对于民族之间的矛盾，实行民族平等、团结互助的方针，着重反对大汉族主义，也要反对地方民族主义；等等。所有这些方针，都是用民主方法解决人民内部矛盾这一总方针的具体化。它们为解决我国社会主义社会存在着的不同形式的人民内部矛盾指明了方向。

四、重要意义

毛泽东在《关于正确处理人民内部矛盾的问题》中明确提出了正确处理人民内部矛盾是社会主义国家政治生活的主题的思想，指明了调动一切积极因素化解各类矛盾的科学方法。它始终把群众路线作为解决矛盾的方法和原则，一再强调：“调动一切积极因素，团结一切可能团结的人，并且尽可能地将消极因素转变为积极因素，为建设社会主义社会这个伟大的事业服务。”[①]这篇巨著为我国现阶段解决各种社会矛盾提供了重要的基本理论、原则和方法，对于解决我国转型期的各种矛盾有着极大的启示作用。

（一）正确处理人民内部矛盾仍然是我国政治生活的主题

虽然我国经过35年的改革开放，社会已经发生了翻天覆地的变化，但是我国的社会主义国家性质没有变、我国正处于发展中国家的地位没有变，社会主义社会的基本矛盾仍然是生产力与生产关系之间、经济基础同上层建筑之间的矛盾。当前，我国社会的主要矛盾仍然是人民日益增长的物质文化需求同落后的生产力之间的矛盾，如何正确处理人民内部矛盾问题仍然至关重要。目前我国存在着城乡、经济社会发展不平衡，贫富差距拉大，民主法治不健全，就业、医疗、社会保障等问题突出，腐败现象严重等矛盾。如果这些矛盾不能够及时地得到解决，势必会影响到我国的长治久安及和谐社会的建设。因此，我们应当对人民内部矛盾问题的解决给予更多的重视。

（二）正确处理人民内部矛盾是构建社会主义和谐社会的应有之义

建设社会主义和谐社会是党中央结合我国社会主义建设的实际提出的具

① 《毛泽东文集》第7卷，人民出版社1999年版，第228页。

有独创性的构想，和谐社会的基本要求是：民主法治、公平正义、诚信友爱、充满活力、安定有序、人与自然和谐相处。可见，正确处理好人民内部的矛盾问题对于和谐社会的建设具有重要的意义。由于我国正处于社会转型时期，无论是经济领域、政治领域还是思想文化领域都存在着诸多矛盾，只有正确处理好人民内部的矛盾问题，才能调动一切积极力量进行社会主义建设。

（三）结合新时期人民内部矛盾的实际，不断探索解决人民内部矛盾的新途径

认识到正确解决人民内部矛盾问题的重要性还远远不够，在《关于正确处理人民内部矛盾的问题》中，毛泽东提出了很多具有创造性的方针和政策。比如，“团结—批评—团结”方针，“百花齐放，百家争鸣”方针，“长期共存，互相监督”方针等，对我国现阶段仍然具有指导作用，也为我们处理矛盾问题提供了基本原则和思路。现阶段，我们在采用原有的方针、政策基础上还可以不断地探索人民内部矛盾解决的新途径。比如，在经济领域，我们应该不断地深化改革、大力发展生产能力，为社会矛盾的解决奠定雄厚的物质基础；在政治领域，要加强社会主义民主和法制建设，为社会矛盾的解决提供科学依据；在思想领域，不能忽视思想政治工作的重要性；在党的建设方面，为了增强凝聚力和战斗力要不断地加强党自身的建设；更为重要的是，要更加关注困难群体的思想和生活状况，努力缩小贫富差距，更好地建设社会主义和谐社会。

毛泽东关于正确处理人民内部矛盾问题的思想是适应社会主义社会建成之初的社会实际产生的伟大理论，虽然我国现在正处于改革开放及全面建设社会主义阶段，但是，毛泽东关于正确处理人民内部矛盾问题的很多方针和策略，对于我国现阶段人民内部矛盾的解决仍然起着非常重要的指导、启迪作用。

第十一章 新时代的宣言书

——《解放思想，实事求是，团结一致向前看》导读

《解放思想，实事求是，团结一致向前看》(以下简称《解放思想》)是邓小平在1978年12月13日的中共中央工作会议闭幕会上的讲话。这次中央工作会议为随即召开的中共十一届三中全会作了充分准备，邓小平的这个讲话实际上是三中全会的主题报告。① 一个会议上的讲话被称为另一次会议的主题报告，这在党的历史上还不多见。这个讲话能得到如此高的评价不是偶然的，因为在历史转折的关键时刻，它抓住了历史转折中最根本的问题，提出了党和国家继续前进的方向和指导思想，提出了解决中国社会发展中一系列重大问题的思路，对其后把十一届三中全会开成具有伟大转折意义的会议，起了关键性的主导作用。它宣告了一个改革开放新的历史时期的到来。

一、讲话发表的历史背景

邓小平在1978年12月13日发表了《解放思想》这篇讲话，十一届三中全

① 参见《邓小平文选》第2卷，人民出版社1994年版，第140页。

会召开是在1978年12月18日。这些历史事件是有深刻的历史背景的，因为这篇讲话通常与十一届三中全会联系起来，了解十一届三中全会召开的背景就是了解该讲话的历史背景。

到1978年，“四人帮”被粉碎后已历两年。这两年被称为“徘徊中前进”的两年。1980年1月16日，邓小平在中共中央召集的干部会议上的讲话中指出：“打倒‘四人帮’以后三年的前两年，做了很多工作，没有那两年的准备，三中全会明确地确立我们党的思想路线、政治路线，是不可能的。所以，前两年是为三中全会做了准备。”①邓小平的这段话，是对从粉碎“四人帮”到十一届三中全会之前这段历史的客观公正的评价。这两年，邓小平恢复工作，进行了两次思想路线的大讨论，这些都为后来十一届三中全会召开奠定了组织和思想基础。

(一)邓小平的复出及其在中央实际领导地位的确立

1976年4月7日，在“天安门事件”发生几天后，中央政治局根据毛泽东的指示通过决议，撤销邓小平的党内外一切职务，保留党籍。这是邓小平第三次被打倒。“反击右倾翻案风”运动也随之改为“批邓、反击右倾翻案风”运动，以更大的规模和声势在全国强行推开。

在粉碎“四人帮”之后的第二天，1976年10月7日，叶剑英就向华国锋提出为邓小平平反、恢复邓小平工作的建议。此后，叶剑英又多次向华国锋提议。在玉泉山召开的一次中央政治局会议上，叶剑英正式提出，尽快让邓小平出来工作。

群众要求恢复邓小平工作的呼声，从1977年1月开始日益高涨。1977年1月8日，是周恩来逝世一周年的忌日。1月6日起，天安门广场人民英雄纪念碑下就出现了花圈和悼念的诗文、标语。人民群众通过集会、演讲、刷大标语、写大字报等形式，声讨“四人帮”，肯定1975年邓小平主持整顿的成绩，表达要求邓小平出来工作的迫切愿望。北京的李冬民等人在天安门广场贴出大标语：“强烈要求党中央恢复邓小平职务！”“为天安门事件平反！”全国各地也都出现了类似的标语。要求邓小平出来工作的群众呼声越来越高。这段时间，叶剑英、陈云、李先念、徐向前、聂荣臻、王震、许世友等一批老同志在不同场合以不同的方式向华国锋和党中央提出，要尽快让邓小平同志出来工作。但华国锋还是认为时机不成熟，不能“尽快”。之后的一段时间，叶剑英、陈云等老同志仍不断地呼吁让邓小平出来工作。在这样的情势下，华国锋顺乎党心民意，按3月工作会议期间中央政治局的决定，主持召开党的十届三中全会，让邓小平复出。

---

① 《邓小平文选》第2卷，人民出版社1994年版，第242页。

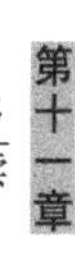

1977年7月17日，全会一致通过《关于恢复邓小平同志职务的决议》，决定恢复邓小平的中共中央委员、中央政治局委员、常委、中共中央副主席、中共中央军委副主席、国务院副总理、中国人民解放军总参谋长的职务。

7月21日，邓小平在十届三中全会上讲话。他全面、系统、深刻地论述了完整地、准确地认识和理解毛泽东思想的问题，同时也明确表态："作为一名老的共产党员，还能在不多的余年里为党为国家为人民做一点力所能及的事情，在我个人来说是高兴的。出来工作，可以有两种态度，一个是做官，一个是做点工作。我想，谁叫你当共产党人呢，既然当了，就不能够做官，不能够有私心杂念，不能够有别的选择，应该老老实实地履行党员的责任，听从党的安排。"①

这是邓小平一生"三落三起"中的第三次复出。正是这次复出，使邓小平成为党的第二代中央领导集体的核心，领导人民走上了改革开放的道路。

邓小平复出后，立即从思想路线的拨乱反正入手。在1977年8月党的十一大前后，邓小平与叶剑英、陈云、聂荣臻、徐向前等老一辈革命家一道反复强调和宣传党和毛泽东倡导的实事求是、群众路线等优良传统和作风，并在他直接分管的科技和教育两条战线着手进行拨乱反正工作。1978年5月，在关于"实践是检验真理的唯一标准"的大讨论展开后，邓小平于1978年9月适时提出党的工作中心转移问题，成为不久后召开的中央工作会议的中心议题之一。而邓小平在闭幕会上作的题为《解放思想，实事求是，团结一致向前看》的讲话，总结了近两年来对"两个凡是"的错误方针的批判和关于真理标准问题的讨论，提出了今后全党的重要任务，为随即召开的十一届三中全会提供了一个根本指导思想。正如十五大报告中指出的，这篇讲话是"开辟新时期新道路、开创建设有中国特色社会主义新理论的宣言书"。

(二)关于真理标准问题的讨论

早在民主革命时期，以毛泽东为代表的中国共产党人就提出和强调实事求是的思想路线问题，并领导党和人民取得了一个又一个伟大胜利。遗憾的是，从1957年反右派斗争扩大化错误发生以后，左的思想重新抬头，特别是在林彪、江青反革命集团的推波助澜和严重破坏下，我们党逐渐偏离了这条思想路线。"四人帮"被粉碎，为恢复党的正确路线提供了一个历史契机。然而，此时作为党中央主席的华国锋却没有能够成为这一历史契机的体现者，而是继续坚持"文化大革命"的错误理论与路线，提出和推行"两个凡是"。它提出后，即引起党内外的不满与抵制。但是，由于华国锋在党中央的领导地位，又是毛泽东

① 中共中央文献研究室编：《邓小平年谱(一九七五——一九九七)》(上)，中央文献出版社2004年版，第162页。

逝世前指定的“接班人”，特别是他在粉碎“四人帮”时是有功的，加上当时部分干部群众的思想仍处于期待和迷茫的状态，要明确指出“两个凡是”的错误，其主客观条件均不具备。因而，邓小平和中央领导层内的老一辈革命家采取的办法，就是在各种场合反复强调和阐释要完整准确地掌握毛泽东思想，要恢复党和毛泽东倡导的实事求是、群众路线等优良传统和作风。

1977年底1978年初，人们的思想逐渐活跃起来，其中思想理论战线表现尤为突出。一些思想理论界的同志开始在理论上思考这么一个问题：判断理论、认识、观点、决策是否正确的标准是什么？判断是非的标准是什么？1978年3月26日，《人民日报》发表一篇题为《标准只有一个》的思想评论，强调真理的标准只能是社会实践，率先公开提出真理标准问题。1978年5月1日，中央党校内部刊物《理论动态》刊登一篇由胡耀邦审定的《实践是检验真理的唯一标准》的文章。第二天，《光明日报》以特约评论员名义公开发表。该文公开发表后当天，新华社予以全文转发。从5月12日起，《人民日报》、《解放军报》和各省级大报纷纷转载。但这篇文章同时也引起了坚持“两个凡是”的同志的无端责难，认为“此文理论上是荒谬的，思想上是反动的，政治上是砍旗的”。在这关键时刻，邓小平等中央领导层的老一辈革命家纷纷站出来，公开表示支持真理标准问题的讨论。从6月起，中央党政军各部门，全国各省、市、自治区及大军区的负责人，先后在各大报刊或地方报刊发表文章和讲话，赞成和支持这场大讨论。这些坚定有力的建设性表态，不仅进一步激发了广大基层干部群众冲破“两个凡是”禁锢的勇气和努力研究新情况、解决新问题的政治热情，而且是对坚持实事求是的邓小平等老一辈革命家的有力支持，同时也削弱了“两个凡是”的力量，从而使转变中的中国政治力量格局发生了有利于党和人民的根本变化。

真理标准问题大讨论的展开，被称为“揭开了新时期伟大解放思想运动的序幕”，为十一届三中全会的胜利召开和重新确立党的解放思想、实事求是思想路线作了充分的舆论准备和思想准备。

（三）粉碎“四人帮”后党和国家民主生活的逐步恢复

新中国成立后，党和国家的民主生活一度是比较正常的。但是从1958年批评反冒进、1959年反“右倾”后，一言堂、个人崇拜等家长制现象不断滋长，党和国家的民主生活逐渐不正常，民主原则和民主精神几乎荡然无存。1976年10月，祸国殃民的“四人帮”被粉碎，结束了十年的“文革”动乱，为党和国家的民主生活的逐步恢复提供了有利条件。

为了纠正毛泽东晚年错误，恢复和重新确立党的正确路线，邓小平、叶剑英、陈云、李先念等老一辈革命家领导党和人民与“两个凡是”的错误方针进行

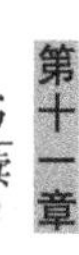

坚决而有力的斗争。但这一斗争始终从维护安定团结大局出发，本着正确处理人民内部矛盾的原则，即“团结—批评—团结”的方针进行的，是讲求民主的，是摆事实、讲道理的。在轰轰烈烈的真理标准问题的全国性大讨论中，批评与被批评的双方，难免有一些过激的言论，但总的来看，是“民主的，平心静气的，而且允许反批评”，并没有乱打棍子，乱抓辫子，更没有进行无端的人身攻击。而对党内外同志的善意批评，华国锋等坚持“两个凡是”的同志也逐渐认识到自己的左的错误，并在十一届三中全会上公开作了自我批评。

在两年徘徊时期，党和国家的民主生活是比较正常的，是朝着健康的方向发展的。正如邓小平在1979年1月1日全国政协举行的座谈讨论会议上所指出的：“在粉碎‘四人帮’以后，出现了举国上下心情舒畅、团结一致的局面。毛主席在一九五七年就提出的那种又有集中又有民主，又有纪律又有自由，又有统一意志又有个人心情舒畅、生动活泼的政治局面，在去年逐渐地形成了。这个情况，特别集中地体现在我们党刚刚开过的中央工作会议和十一届三中全会上。”①粉碎“四人帮”后党和国家的民主生活的逐步恢复，不仅为十一届三中全会的胜利召开和顺利实现伟大转折提供了一个相对安定团结的政治环境，而且为十一届三中全会后进一步推进政治体制改革和民主法制建设、实行依法治国创造了有利条件。

二、主要内容

十一届三中全会，是中国实现伟大历史转折的标志。会议召开前，按照惯例，先召开了中央工作会议。1978年11月10日，中央工作会议开幕。按照原定的安排，议程有三个：一是讨论农业问题，二是商定1979年、1980年两年国民经济计划安排，三是讨论李先念在国务院务虚会上的讲话。当时，党内党外，人们纷纷用各种不同的形式，表示出一种强烈的愿望，就是要求彻底纠正“文化大革命”的错误，要求摒弃过去那些不符合实际需要的各种做法。因此，在中央工作会议开幕之前，在中央政治局常委会上，提出在三中全会上讨论实现党的工作重点的转移问题，同时，对“两个凡是”问题和真理标准讨论问题作出结论。实施战略转移的议题一经提出，即引起了与会者的极大兴趣和广泛的讨论。而邓小平的《解放思想，实事求是，团结一致向前看》这篇讲话，作为中央工作会议闭幕会上的讲话，总结了过去对“两个凡是”的批判和真理标准问题的讨论，指

① 《邓小平文选》第2卷，人民出版社1994年版，第154～155页。

出了国家未来发展的方向,成为继往开来的十一届三中全会的主题报告。

(一)关注解放思想

邓小平在这篇讲话的第一部分把解放思想提到了是“当前的一个重大政治问题”的高度。邓小平认为重新确立正确的思想路线是实现历史转折的最关键的、最根本的问题。按照邓小平的总结,当时人们主要受到了四种因素的影响:第一是因为林彪、“四人帮”大搞禁区、禁令,随意对人们“扣帽子、打棍子”,使人们不敢去开动脑筋思考问题;第二是民主集中制受到了破坏,个人的思考代替了大家的思考;第三是是非功过不清,人们不愿意去思考问题,唯恐给自己带来麻烦;第四是“小生产的习惯势力还在影响着人们”,这种习惯的显著特点就是“安于现状,不求发展,不求进步,不愿接受新事物”。[①] 正是因为这些原因的存在,才导致了思想僵化的现象的存在,思想僵化就容易产生很多怪现象。邓小平把它概括为下面几个方面:(1)思想一僵化,条条、框框就多起来了。(2)思想一僵化,随风倒的现象就多起来了。不讲党性,不讲原则,说话做事看来头、看风向,满以为这样不会犯错误。(3)思想一僵化,不从实际出发的本本主义也就严重起来了。[②] 因此,解放思想很重要。接着邓小平结合当时的形势高度评价了关于真理标准问题的大讨论,认为其“实际上也是要不要解放思想的争论。大家认为进行这个争论很有必要,意义很大。从争论的情况来看,越看越重要。一个党,一个国家,一个民族,如果一切从本本出发,思想僵化,迷信盛行,那它就不能前进,它的生机就停止了,就要亡党亡国”。“从这个意义上说,关于真理标准问题的争论,的确是个思想路线问题,是个政治问题,是个关系到党和国家的前途和命运的问题。”[③]可见,在当时的历史条件下,由于种种原因思想僵化的现象很严重。邓小平认为在这个历史转折的关键时期,要解决当前的所有问题,首要的方面就是要打破思想僵化的局面,重新确立党的实事求是的思想路线。不从思想上解决问题,国家其他方面的建设就无从谈起,中国只会按照“文革”的老路走下去。邓小平高度评价关于真理标准问题大讨论的实质就是借此恢复党的实事求是的思想路线。这条路线在革命战争时期,是带领中国革命取得胜利的思想法宝。而在当时由于“两个凡是”的影响,要实事求是必须解放思想,不解放思想就不能做到真正的实事求是。在历史转折的关键时刻,邓小平正是抓住了解放思想,重新确立党的实事求是的思想路线这个关键的、根本的问题,抓住了当时种种错综复杂的矛盾中的主要矛盾——重新确立党的实事求

---

① 参见《邓小平文选》第2卷,人民出版社1994年版,第141～142页。

② 参见《邓小平文选》第2卷,人民出版社1994年版,第142页。

③ 《邓小平文选》第2卷,人民出版社1994年版,第143页。

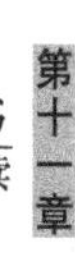

是的思想路线，从而推动了改革开放新时期的到来。正像邓小平自己所说的那样，“今天，我主要讲一个问题，就是解放思想，开动脑筋，实事求是”[①]。实事求是思想路线的重新确立，不仅为随后召开的十一届三中全会作了充分的思想准备，也为以后的改革开放、现代化建设等党和国家的一切事业奠定了思想基础，同时也是我们今天科学发展观的思想路线的理论基础。

（二）强调民主和法制

邓小平在这篇讲话的第二个部分着重谈了民主的问题。民主和法制在“文革”时期基本上遭到了践踏。“文革”结束后，重新强调民主和法制对今后开展工作十分重要。邓小平指出：“解放思想，开动脑筋，一个十分重要的条件就是要真正实行无产阶级的民主集中制”；而“当前这个时期，特别需要强调民主。因为在过去一个相当长的时间内，民主集中制没有真正实行，离开民主讲集中，民主太少”。[②] 邓小平认为，“这种状况不改变，怎么能叫大家解放思想，开动脑筋？四个现代化怎么化法？”要创造民主的条件，“要重申‘三不主义’：不抓辫子，不扣帽子，不打棍子”[③]。这里讲的民主主要是政治民主，实际还是为解放思想，为重新确立党的实事求是的思想路线创造条件，因为没有民主大家都不敢讲话，“解放思想，实事求是”就是一句空话。政治民主之后，邓小平又指出了关于经济民主的问题：“我想着重讲讲发扬经济民主的问题。现在我国的经济管理体制权力过于集中，应该有计划地大胆下放，否则不利于充分发挥国家、地方、企业和劳动者个人四个方面的积极性，也不利于实行现代化的经济管理和提高劳动生产率。应该让地方和企业、生产队有更多的经营管理的自主权。……有必要在统一认识、统一政策、统一计划、统一指挥、统一行动之下，在经济计划和财政、外贸等方面给予更多的自主权。”[④]邓小平认为：“当前最迫切的是扩大厂矿企业和生产队的自主权，使每一个工厂和生产队能够千方百计地发挥主动创造精神。……不讲多劳多得，不重视物质利益，对少数先进分子可以，对广大群众不行，一段时间可以，长期不行。……革命是在物质利益的基础上产生的，如果只讲牺牲精神，不讲物质利益，那就是唯心论。”[⑤]这就为解决我国农村和城市在计划经济体制的束缚下经济落后的问题提出了新思路。在邓小平这种重视扩大地方自主权，重视物质利益，重视按劳分配的思想的指导下，十一

① 《邓小平文选》第2卷，人民出版社1994年版，第141页。
② 《邓小平文选》第2卷，人民出版社1994年版，第144页。
③ 《邓小平文选》第2卷，人民出版社1994年版，第144页。
④ 《邓小平文选》第2卷，人民出版社1994年版，第145～146页。
⑤ 《邓小平文选》第2卷，人民出版社1994年版，第146页。

届三中全会原则上通过了《中共中央关于加快农业发展若干问题的决定(草案)》和《农村人民公社条例(试行草案)》。这两个文件最引人注目之处就是重新肯定我国农业和农村经济应该采取公有制占优势的多种所有制并存的体制,即允许社员经营自留地和家庭副业,开放集贸市场。可以说这是农村经济体制改革的重大突破。

邓小平在讲话中还谈了要加强法制的问题。邓小平指出:"为了保障人民民主,必须加强法制。必须使民主制度化、法律化,使这种制度和法律不因领导人的改变而改变,不因领导人的看法和注意力的改变而改变。现在的问题是法律很不完备,很多法律还没有制定出来。……所以,应该集中力量制定刑法、民法、诉讼法和其他各种必要的法律。"①邓小平加强立法力度、健全法律体系的思想为解决我国的法制建设工作中的问题指明了方向,为我国在改革开放的新时期建立健全法律体系、建设法治社会作出了重大的贡献。

(三)正确处理历史遗留问题,科学评价毛泽东

邓小平在这篇讲话的第三部分讲了处理历史遗留问题,特别是关于对毛泽东和"文革"的评价问题。邓小平指出:"这次会议,解决了一些过去遗留下来的问题,分清了一些人的功过,纠正了一批重大的冤案、错案、假案。这是解放思想的需要,也是安定团结的需要。目的正是为了向前看,正是为了顺利实现全党工作重心的转变。"②正是因为处理历史遗留问题的目的是为了向前看,所以邓小平着重指出:"对过去遗留的问题,应当解决好。不解决不好,犯错误的同志不做自我批评不好,对他们不作适当的处理不好。但是,不可能也不应该要求解决得十分完满。要大处着眼,可以粗一点,每个细节都弄清不可能,也不必要。"③邓小平针对安定团结,对待犯错误的同志和今后选拔干部谈了自己的意见和看法。在谈到对毛泽东和"文革"的看法时,邓小平表现出了一个成熟政治家的卓越的政治智慧。邓小平首先强调,毛泽东在长期的革命斗争中立下的伟大功勋是不可磨灭的,没有毛泽东就没有新中国,没有毛泽东思想就没有今天的中国共产党。他同时指出:"当然,毛泽东同志不是没有缺点、错误的,要求一个革命领袖没有缺点、错误,那不是马克思主义。"④同时,邓小平对"文革"的处理也提出了比较适当的建议:"关于文化大革命,也应该科学地历史地来看。毛泽东同志发动这样一次大革命,主要是从反修防修的要求出发的。至于在实际

---

① 《邓小平文选》第2卷,人民出版社1994年版,第146页。

② 《邓小平文选》第2卷,人民出版社1994年版,第147页。

③ 《邓小平文选》第2卷,人民出版社1994年版,第147~148页。

④ 《邓小平文选》第2卷,人民出版社1994年版,第149页。

过程中发生的缺点、错误，适当的时候作为经验教训总结一下，这对统一全党的认识，是需要的”①，并认为过一段时间再来评价这段历史可能会更好。邓小平关于处理历史遗留问题要大处着眼、有错必纠但不要追求细枝末节，处理遗留问题还是为了向前看的观点，为在“文革”结束后处理大量历史遗留问题提供了很好的思路，使人们不把过多的精力放在那些已经发生过的事情上面，而是把精力主要放在如何才能更好地发展上面，扭转了社会的关注点，促进了党和国家把工作重点转移到正确的发展轨道上来。尤其值得称道的是邓小平对毛泽东本人和毛泽东思想的看法。邓小平在“文革”时期大落大起，对毛泽东心存不满也是可以理解的，但是邓小平对毛泽东思想、对毛泽东的伟大功绩是持充分肯定的态度的，但同时又指出毛泽东也是有错误的，我们应该正确看待这个问题，一个人没有错误和缺点那是不可能的。这就避免了在社会上造成思想混乱，避免了对毛泽东的全面否定，避免了继续毛泽东时代的种种错误政策。邓小平区别看待毛泽东和毛泽东思想，充分肯定毛泽东思想和毛泽东本人的伟大和光荣的同时，又指出毛泽东所犯的错误的思想，为党的十一届六中全会通过的《关于建国以来若干历史问题的决议》全面客观地评价毛泽东、继承和发展毛泽东思想提供了思路，奠定了一定的理论基础，使人们在如何评价毛泽东和毛泽东思想这个重大的历史问题上面，避免了犯像前苏联领导人赫鲁晓夫全盘否定斯大林那样的错误。这样使全党、全国人民既继承发扬了毛泽东思想这一宝贵的精神财富和继续高举毛泽东思想这面大旗，又能够客观评价毛泽东本人。

(四)研究新情况，解决新问题

邓小平在这篇讲话的第四部分特别强调要研究新情况，解决新问题。邓小平认为，“要向前看，就要及时地研究新情况和解决新问题，否则我们就不可能顺利前进”，“尤其要注意研究和解决管理方法、管理制度、经济政策这三方面的问题”。② 在管理方法上，邓小平强调“当前要特别注意克服官僚主义”③。在管理制度上，邓小平认为，“当前要特别注意加强责任制”，“任何一项任务、一个建设项目，都要实行定任务、定人员、定数量、定质量、定时间等几定制度”。④ 为了使责任制能够真正实行，邓小平又建议采取三个方面的措施：一要扩大管理人员的权限；二要善于选用人员，量才授予职责；三要严格考核，赏罚分明。⑤ 在经

① 《邓小平文选》第2卷，人民出版社1994年版，第149页。

② 《邓小平文选》第2卷，人民出版社1994年版，第149页。

③ 《邓小平文选》第2卷，人民出版社1994年版，第149页。

④ 《邓小平文选》第2卷，人民出版社1994年版，第150～151页。

⑤ 参见《邓小平文选》第2卷，人民出版社1994年版，第151页。

济政策上，邓小平认为："要允许一部分地区、一部分企业、一部分工人农民，由于辛勤努力成绩大而收入先多一些，生活先好起来。一部分人生活先好起来，就必然产生极大的示范力量，影响左邻右舍，带动其他地区、其他单位的人们向他们学习。这样，就会使整个国民经济不断地波浪式地向前发展，使全国各族人民都能比较快地富裕起来。"①对西北和西南地区和其他一些地区，由于"那里的生产和群众生活还很困难，国家应当从各方面给以帮助，特别要从物质上给以有力的支持"，并且特别指出"这是一个大政策，一个能够影响和带动整个国民经济的政策"。② 正是在邓小平这些关于经济发展的思想的指导下，在经济领域我们不断开展国际交流，学习先进的管理方法，在企业不断加强责任制的建立和完善，特别是随后经济特区、经济开放区的建立，极大地带动和促进了我国经济的迅速发展。邓小平在这篇讲话的最后为我国今后的发展提出了指导思想和前进方向。邓小平严肃指出："实现四个现代化是一场深刻的伟大的革命。在这场伟大的革命中，我们是在不断地解决新的矛盾中前进的。因此，全党同志一定要善于学习，善于重新学习……学习什么？根本的是要学习马列主义、毛泽东思想，要努力把马克思主义的普遍原则同我国实现四个现代化的具体实践结合起来。"③

通过以上对这篇讲话的具体内容的解读，可以看到邓小平在历史的关键时刻抓住了扭转历史的关键性的、根本性的问题，从而推动了历史的大转折，并且在讲话中鲜明地提出了解决中国社会发展中一系列重大问题的思路，至今仍然有极其重大的理论意义和现实意义。这篇讲话确实是新时期、新道路、新理论的宣言书。改革开放30年的历史证明，这篇讲话无愧于这样的评价。

三、讲话以及十一届三中全会对于我国党和国家建设的伟大历史贡献

（一）重新恢复了"解放思想，实事求是"的正确思想路线

实事求是是马克思主义的具有中国特色的世界观和方法论，是毛泽东思想的精髓。在中国哲学发展史上，实事求是唯物主义传统凝结着中华民族的优良传统和深奥智慧，为先进的中国人接受马克思主义哲学准备了良好的理论思维的条件。毛泽东作为中国共产党的第一代领导核心，从参加共产主义运动，缔

① 《邓小平文选》第2卷，人民出版社1994年版，第152页。

② 《邓小平文选》第2卷，人民出版社1994年版，第152页。

③ 《邓小平文选》第2卷，人民出版社1994年版，第152～153页。

造我们党的最初年代开始就一直提倡和重视调查研究，就一直在同理论脱离实际、一切只从主观愿望和本本出发的错误倾向作斗争。把马克思列宁主义的普遍真理和中国的具体国情相结合，一切从实际出发，理论联系实际，实事求是，是他最伟大的理论贡献。“坚持实事求是，就是坚持一切从实际出发来研究和解决问题，坚持理论联系实际来制定和形成指导实践发展的正确路线方针政策，坚持在实践中检验真理和发展真理。”①实事求是是马克思主义的根本观点、根本方法，是毛泽东思想的精髓，是毛泽东思想的出发点、根本点，是毛泽东思想的活的灵魂。

无论是在中国民主革命时期，还是在社会主义建设初期，毛泽东都一贯倡导尊重客观规律，实事求是，并同主观主义作了坚决的斗争。但是，毛泽东在晚年背离了他一贯倡导的实事求是的思想路线，犯了严重的错误。特别是在十年动乱的年代里，个人崇拜被鼓吹到狂热的程度，引章摘句成了评判是非、指导现实的唯一标准和根据，使我们党的许多工作严重地偏离了马克思主义的思想路线。粉碎“四人帮”后，华国锋又提出“两个凡是”的方针，继续坚持左的错误。在这种情况下，邓小平首先号召全党解放思想，冲破束缚，回到实事求是的思想路线上来。12月22日通过的三中全会公报充分肯定了实事求是的路线。全会决定抛弃“以阶级斗争为纲”的指导思想，重新恢复和确立解放思想、实事求是的思想路线，明确指出，必须进一步继承和发扬毛泽东所倡导的马克思主义学风，坚持唯物主义的思想路线。只有解放思想，努力研究新事物、新问题，坚持实事求是、一切从实际出发、理论联系实际的原则，我们党才能顺利地实现工作重点的转移，才能正确解决实现四个现代化的具体道路、方针、方法和措施，改革同生产力迅速发展不相适应的生产关系和上层建筑。

邓小平倡导的解放思想、实事求是的思想路线的重新确立成为全面拨乱反正、实现历史性转折的先导。正如邓小平指出的：“从一九七八年党的十一届三中全会开始，制定了一系列新的方针政策。这些方针政策，归根到底就是恢复和坚持毛泽东同志提出的实事求是的思想路线，根据这条思想路线来探索中国怎样建设社会主义。”②在这条思想路线的指导下，我们党不但解决了历史遗留下来的许多重大难题，同时也开创了一条建设有中国特色社会主义现代化的崭新道路。

---

① 习近平：《实事求是是毛泽东同志用中国成语对辩证唯物主义和历史唯物主义世界观和方法论所作的高度概括》，2012年5月16日在中央党校春季学期第二批入学学员开学典礼上的讲话。

② 《邓小平文选》第3卷，人民出版社1993年版，第254页。

(二)确定了建设有中国特色社会主义的道路

党的十一届三中全会最重要的决策,就是果断地纠正了“以阶级斗争为纲”的错误,实现了工作重心的转移,把全党工作的重心转移到以经济建设为中心的轨道上来,走上了一条建设有中国特色的社会主义道路。

在中国这样一个经济文化落后、人口众多的国家建设社会主义,究竟应当走什么样的道路,这是我们党长期探索的一个重大问题,走了不少弯路,付出了沉重的代价。党的十一届三中全会实现拨乱反正,确定工作重心的转移,在理论上首先得出的重大成果,就是对我国社会现阶段主要矛盾和根本任务重新作出正确的判断,恢复和发展了八大路线和毛泽东那个时候的科学论断。党在纠正“以阶级斗争为纲”的同时,明确指出阶级斗争在一定范围内仍然存在,一定条件下还有可能激化,但已经不是我国社会的主要矛盾。这样确定主要矛盾,全党全民工作的中心任务自然就是发展生产力和提高人民生活水平。三中全会完成的转折,不是一般意义上的工作重点的转移,而是“从以阶级斗争为纲转到以发展生产力为中心,从封闭转到开放,从固守成规转到各方面的改革”①。说它是划时代的历史转折毫不过分。

思想路线的解决为政治路线的解决开辟了道路,政治路线的解决为社会主义发展道路的解决扫清了障碍。正如江泽民在党的十四大报告中概括的那样:“在社会主义的发展道路问题上,强调走自己的路,不把书本当教条,不照搬外国模式,以马克思主义为指导,以实践作为检验真理的唯一标准,解放思想,实事求是,尊重群众的首创精神,建设有中国特色的社会主义。”②江泽民在党的十五大报告中也指出:“一九七八年邓小平《解放思想,实事求是,团结一致向前看》这篇讲话,是在‘文化大革命’结束以后,中国面临向何处去的重大历史关头,冲破‘两个凡是’的禁锢,开辟新时期新道路、开创建设有中国特色社会主义新理论的宣言书。”③这样的评价充分肯定了这篇讲话对于开辟建设有中国特色社会主义道路的伟大贡献。

中国特色社会主义的发展道路,是我们党根据马克思列宁主义的基本原理,在总结我国社会主义胜利和挫折的历史经验并借鉴其他社会主义国家兴衰成败的历史经验的基础上,围绕着“搞清楚什么是社会主义、怎样建设社会主义”这个首要的基本理论问题进行的深入思考和再认识。在改革开放和现代化建设的新实践中,它是比较系统地初步回答中国社会主义发展的一系列基本问

① 《邓小平文选》第3卷,人民出版社1993年版,第269页。

② 《江泽民文选》第1卷,人民出版社2006年版,第219页。

③ 《江泽民文选》第2卷,人民出版社2006年版,第9～10页。

题的科学答案。中国特色社会主义的发展道路，就是社会主义加中国特色。邓小平指出："我们只能按中国的实际办事"，"根据自己的特点，自己国家的情况，走自己的路"。归结为一句话："社会主义必须是切合中国实际的有中国特色的社会主义"，"这条道路叫做建设有中国特色的社会主义的道路。我们相信，这条道路是可行的，是走对了"。[①]

以党的十一届三中全会为开端，我们党以马克思主义为指导，坚持走自己的路，终于开辟了有中国特色的社会主义建设道路。这是马克思主义在与中国具体实践相结合的过程中，继找到中国新民主主义革命道路，实现第一次历史性飞跃之后的第二次历史性飞跃，是马克思主义在当代中国发展的新阶段。

（三）确立了改革开放的基本国策

改革开放是决定中国命运的重大决策。邓小平指出："十一届三中全会制定了这样的一系列方针政策，走上了新的道路。这些政策概括起来，就是改革和开放。"[②]改革开放是我国新时期的一项基本国策，这项关系中国前途和命运的基本国策就是以党的十一届三中全会为开端的。

党的十一届三中全会开改革开放之先河，它在坚定地把全党工作重点转到经济建设的同时，已深刻地认识到，对束缚生产力发展的经济政治体制进行改革非常必要。三中全会公报明确提出："实现四个现代化，要求大幅度地提高生产力，也就必然要求多方面地改变同生产力发展不适应的生产关系和上层建筑，改变一切不适应的管理方式、活动方式和思想方式，因而是一场广泛、深刻的革命。"[③]在三中全会改革方针的指引下，改革首先在农村开始，很快在中国广大农村形成了以家庭联产承包责任制为主要内容的农村改革。党中央支持中国农民的伟大创造精神，因势利导，使改革沿着正确的轨道不断前进。农村改革取得成功后，又及时把改革的重点转向城市，形成全面改革的大好局面。

邓小平指出："十一届三中全会决定进行改革，就是要选择好的政策"，"现在我们正在做的改革这件事是够大胆的。但是，如果我们不这样做，前进就困难了。改革是中国的第二次革命。这是一件很重要的必须做的事，尽管是有风险的事。"[④]

对外开放，是建设有中国特色社会主义又一项基本国策。邓小平指出，现

---

① 《邓小平文选》第3卷，人民出版社1993年版，第229、256、63、65～66页。

② 《邓小平文选》第3卷，人民出版社1993年版，第266页。

③ 中共中央文献研究室编：《十一届三中全会以来党的历次全国代表大会中央全会重要文件选编》（上），中央文献出版社1997年版，第20～21页。

④ 《邓小平文选》第3卷，人民出版社1993年版，第135、113页。

在的世界是开放的世界。任何一个国家要发展,孤立起来、闭关自守是不可能的,不加强国际交往,不引进发达国家的先进经验、先进科学技术和资金,是不可能的。对外开放政策的提出,又是邓小平对当代世界经济、科技大发展和国际形势发展敏锐观察的结果。邓小平说:“现在世界的发展一日千里,每天都在变化,特别是科学技术,追都难追上。”[①]把自己封闭起来,连信息都不灵,只能越来越落后。只有坚持实行对外开放,积极参与国际经济竞争和合作,发挥自己的比较优势,使国内经济与国际经济实现互接互补,加上我们自己的艰苦奋斗、自力更生、不断创新,才能赶上时代,赶上当代世界的科技和经济发展。

我国的改革开放,也是一场新的革命。这场革命,是相对于我们党领导的第一次革命而言。中国共产党成立以后的几十年,领导中国人民进行了两次伟大的革命。第一次是在以毛泽东为核心的第一代领导集体领导下,建立了中华人民共和国和社会主义制度。第二次是在以邓小平为核心的第二代领导集体领导下,实行改革开放,为实现社会主义现代化而奋斗。改革开放是我们党在新时期走新道路的重大决策。它调动了亿万人民群众的积极性和首创精神。而这场革命,正是由《解放思想》这篇讲话和十一届三中全会发端的。

(四)开创了邓小平理论

一个新的历史时期的开端,同时也必将是一种新的理论的起点。党的十一届三中全会不仅开辟了中国社会历史发展的新纪元,并且也是邓小平理论产生的起点。

江泽民在十五大报告中,首次把“建设有中国特色社会主义理论”概括为“邓小平理论”,并把它写入了修改后的党章,作为我们党的指导思想,指出马列主义、毛泽东思想、邓小平理论是一脉相承的统一的科学体系。在当代中国,坚持邓小平理论,就是真正坚持马克思列宁主义、毛泽东思想;高举邓小平理论的旗帜,就是真正高举马克思列宁主义、毛泽东思想的旗帜。

“文化大革命”使中国遭受了巨大的灾难。在历史重要的转折时期,中国人民从历史的比较中,逐渐认识和接受了把马克思列宁主义同中国国情和时代特征结合起来而形成的新的理论——邓小平理论。而这一理论又是在把马克思列宁主义与中国实践相结合的过程中产生、发展起来的。

“文化大革命”的结束,为探索适合中国国情的社会主义建设道路准备了必要的条件。1978 年召开的党的十一届三中全会和全会形成的以邓小平为核心的中央第二代领导集体,实现了全党工作重点的历史性转移,开创了我国社会

① 《邓小平文选》第 3 卷,人民出版社 1993 年版,第 299 页。

主义事业发展的新时期。以此为开端，中国共产党在把马克思列宁主义基本原理与中国现代化建设实践相结合的过程中，找到了有中国特色的社会主义建设道路，实现了历史性的飞跃。

十一届三中全会标志着一个新的历史时期的开始。邓小平的《解放思想，实事求是，团结一致向前看》的讲话，就是开辟新道路、创立新理论的宣言书。该文重新确立了党的实事求是的思想路线，揭示了建设有中国特色社会主义理论的若干内容，为邓小平理论的形成和发展奠定了坚实的基础。

江泽民在十五大报告中郑重地指出："我们已经走出了一条光明大道，但前面的路并不都是平坦的，还会有各种困难和风险，包括可以预料的和难以预料的，来自国内的和来自国外的，经济生活中的和社会政治生活中的。无论什么困难和风险，都不能动摇我们对邓小平理论的坚定信念，而只会使我们更加自觉地运用这个理论去克服困难，战胜风险，胜利前进。坚持邓小平理论，在实践中继续丰富和创造性地发展这个理论，这是党中央领导集体和全党同志的庄严历史责任。"①

邓小平的《解放思想，实事求是，团结一致向前看》与十一届三中全会，作为党和国家历史性的转折，其重大意义永载中国史册。

① 《江泽民文选》第2卷，人民出版社2006年版，第47～48页。

第十二章 政治体制改革的纲领性文件

——《党和国家领导制度的改革》导读

1980年8月18日，邓小平在中央政治局扩大会议上作了题为《党和国家领导制度的改革》的讲话。这篇讲话深刻揭露和分析了中国现行政治体制中存在的弊端及其产生的根源，系统精辟地论述了政治体制改革的目的、意义和主要内容，形成了较为完整的政治体制改革的基本思想，成为中国政治体制改革的一个纲领性文献。

一、文献的写作背景

《党和国家领导制度的改革》是邓小平1980年8月18日在中共中央政治局扩大会议上的讲话。这篇讲话是在党的十一届三中全会后，党的思想路线、政治路线、组织路线已经端正，经济体制改革初步启动，政治体制改革经过一段时间的酝酿和准备而迫切需要实施的情况下发表的。

(一)国内和国际形势的发展，迫切需要改革政治体制

1. 全国性的拨乱反正已经结束，三中全会开辟的改革之路已经开始。在1980年之前召开的十一届三中全会，是一次具有历史意义的大会，这次政治局扩大会议，继承了三中全会的精神。十一届三中全会前，召开了历时36天的中

央工作会议。在中央工作会议上,党的许多老一辈革命家和领导骨干,对“文化大革命”结束后两年来党的领导工作中出现的失误提出了中肯的批评,对党的工作重点转移到经济工作,以及政治方面的重大决策,党的优良传统的恢复和发扬等,提出了积极建议。邓小平在会议闭幕式上作了题为《解放思想,实事求是,团结一致向前看》的重要讲话。这次中央工作会议,为随即召开的十一届三中全会做了充分准备。邓小平的讲话实际上成了三中全会的主题报告。

十一届三中全会解决的主要问题是:第一,重新确立了党的马克思主义的思想路线。全会坚决批判了“两个凡是”的错误方针,高度评价了关于真理标准问题的讨论,确定了解放思想、开动脑筋、实事求是、团结一致向前看的指导方针。第二,重新确立了马克思主义的政治路线。全会果断地停止使用“以阶级斗争为纲”和“无产阶级专政下继续革命”的口号,作出把工作重点转移到社会主义现代化建设上来的战略决策,并富有远见地提出了对党和国家各个方面的工作进行改革的任务。第三,重新确立了党的正确的组织路线。提出要健全社会主义民主和加强社会主义法制的任务,审查和解决了党的历史上一批重大冤假错案和一些重要领导人的功过是非问题,纠正了过去对彭德怀、陶铸、薄一波、杨尚昆等同志所作的错误结论。全会增选陈云为中共中央副主席,邓颖超、胡耀邦、王震为中央政治局委员,并选举产生了以陈云为首的中央纪律检查委员会。十一届三中全会所作出的这些在领导工作中具有重大意义的转变,标志着中国共产党从根本上冲破了长期“左倾”错误的严重束缚,端正了党的指导思想,使广大党员、干部和群众从过去盛行的个人崇拜和教条主义束缚中解放出来,在思想上、政治上、组织上全面恢复和确立了马克思主义的正确路线,结束了 1976 年 10 月以来党的工作在徘徊中前进的局面,将党领导的社会主义事业引向健康发展的道路。党的十一届三中全会揭开了党和国家历史的新篇章,是新中国成立以来我党历史上具有深远意义的伟大转折。

三中全会开启的改革浪潮成为不可抗拒的时代潮流。在“文化大革命”期间,林彪、江青反革命集团推行极左路线,导致许多理论和政策的极端错误。粉碎“四人帮”后,经过拨乱反正,实现了党的路线的彻底转变:思想路线从僵化教条、“两个凡是”转为解放思想、实事求是,政治路线从“以阶级斗争为纲”转为以经济建设为中心,组织路线从拉帮结派、任人唯亲转为德才兼备、任人唯贤。为了兴利除弊、开创新局面,就必须进行首先从党和国家领导制度入手的政治体制改革。

2. 经济体制改革已经启动。党的十一届三中全会以后,为了解放和发展生产力,开始实行改革开放的政策:启动经济体制改革,在农村推行家庭联产承包责任制,国家实行简政放权,企业推行利改税,在深圳等地设立特区,对外实行开放、引进外资等。而改革经济体制、变革生产关系,必然要求改革政治体制,使上层建筑同经济基础相适应。正如邓小平后来所指出的那样："现在我们的经济体制改革进行得基本顺利。……重要的是政治体制不适应经济体制改革的要求。"①"现在经济体制改革每前进一步，都深深感到政治体制改革的必要性。不改革政治体制，就不能保障经济体制改革的成果，不能使经济体制改革继续前进。"②因而，改革党和国家的领导制度，就是为了推进经济体制改革。

3. 新兴工业化国家和地区集权政治的成效和弊端同时显现。20世纪60～70年代，亚洲一批新兴工业化国家和地区普遍实行集权政治。韩国的朴正熙、卢泰愚，新加坡的李光耀，印尼的苏哈托，菲律宾的马科斯等，都被称作"政治强人"，实施集权统治，使这些国家和地区在20年左右的时间内经济迅速增长，年均增长速度8%～10%，出现了经济奇迹，快速实现了工业化。但是另一方面，集权统治的弊端也逐步显现出来。在这一背景下，正在为实现现代化而奋斗的中国共产党人，必须主动顺应时代，改革历史形成的以权力过分集中为主要特征和弊端的党和国家的领导体制。

(二)政治体制改革经过一段时间的酝酿和准备，为改革党和国家领导制度奠定了基础

我国现行的政治体制，是在社会主义改造时期确立和发展起来的。随着1956年我国社会主义制度的建立和进入和平建设时期，原有的高度集权的政治体制与现代化建设的不适应越来越明显地暴露出来。1957年的反右派斗争，特别是后来的"文化大革命"，使我国的政治体制进一步趋向集权。在新的形势下，为了现代化新局面的开创，进行改革势在必行。

1978年9月，李先念在国务院务虚会上的讲话中鲜明地提出："我们要改革一切不适应生产力的生产关系，改革一切不适应经济基础的上层建筑。"③同年10月，邓小平在中国工会第九次全国代表大会上的致词中说：实现四个现代化是一场伟大的革命，"既要大幅度地改变目前落后的生产力，就必然要多方面地改变生产关系，改变上层建筑，改变工农业企业的管理方式和国家对工农业企业的管理方式，使之适应于现代化大经济的需要"④。在这里，首次明确提出了要改变生产关系、上层建筑和管理方式的问题。1978年12月13日，邓小平在中央工作会议上的讲话中，不仅提出要改革生产关系和上层建筑的问题，还提出和论及了加强党内民主、克服党政不分、下放经济管理权限、保障人民民主、

---

① 《邓小平文选》第3卷，人民出版社1993年版，第176页。

② 《邓小平文选》第3卷，人民出版社1993年版，第176页。

③ 《李先念文选(一九三五——一九八八年)》，人民出版社1989年版，第331页。

④ 《邓小平文选》第2卷，人民出版社1994年版，第135～136页。

加强法制建设、克服官僚主义、改变用人标准、改革国家机关等一系列问题，涉及政治体制改革的诸多方面。1978 年底的十一届三中全会又一次指出："实现四个现代化，要求大幅度地提高生产力，也就必然要求多方面地改变同生产力发展不适应的生产关系和上层建筑，改变一切不适应的管理方式、活动方式和思想方式，因而是一场广泛、深刻的革命。"①1979 年 9 月 29 日，叶剑英在庆祝中华人民共和国成立三十周年大会上的讲话中说："我们要在改革和完善社会主义经济制度的同时，改革和完善社会主义政治制度，发展高度的社会主义民主和完备的社会主义法制。"②首次把改革社会主义政治制度作为党的主要任务和长远奋斗目标之一。

总之，从 1978 年 12 月的十一届三中全会到 1980 年 7 月，党中央提出了许多有突破性的理论观点，为政治体制改革特别是党和国家领导制度的改革作了一定的思想理论准备。邓小平《党和国家领导制度的改革》的讲话就是在这样的背景下发表的。这篇重要讲话经过讨论、补充、修改，由政治局通过发至全党，成为中共中央的一项重大决策。

二、文献的主要内容

在《党和国家领导制度的改革》这篇讲话中，邓小平总结了国内外社会主义国家政权建设的历史经验，特别是中国十年"文革"的深刻教训，尖锐地揭露和分析了现行政治体制存在的种种弊端及其产生的原因，系统精辟地论述了政治体制改革的目的、意义、主要内容和必须遵循的原则，形成了较为完整的政治体制改革的基本思想。因而，这篇讲话是指导我国政治体制改革，特别是党和国家领导制度改革的纲领性文件。

这篇讲话分五个部分，共 14000 余字。第一、五部分讲的是党和国家领导制度改革的内容；第二部分讲的是党和国家领导制度改革的总体要求和检验标准；第三、四部分讲的是党和国家领导制度改革的原因。

（一）国务院领导成员的调整是党和国家领导制度改革的第一步

1. 国务院领导成员调整的方案

邓小平指出，根据中央决定，在即将召开的全国人大五届三次会议上，要调

① 中共中央文献研究室编：《十一届三中全会以来重要文献选读》（上册），人民出版社 1987 年版，第 4 页。

② 《叶剑英选集》，人民出版社 1996 年版，第 540 页。

整国务院领导成员，具体方案是：华国锋不兼任总理，由赵紫阳接任；邓小平、李先念、陈云、徐向前、王震、王任重不兼任副总理，由精力较强的同志担任；同意解除陈永贵的副总理职务。

2. 国务院领导成员调整的原因

邓小平在讲话中说明了国务院领导成员调整的四条原因，并逐条进行了分析。“一是权力不宜过分集中。权力过分集中，妨碍社会主义民主制度和党的民主集中制的实行，妨碍社会主义建设的发展，妨碍集体智慧的发挥，容易造成个人专断，破坏集体领导”①，产生官僚主义。“二是兼职、副职不宜过多。”“左右上下兼职过多，工作难以深入，特别是妨碍选拔更多更适当的同志来担任领导工作。副职过多，效率难以提高，容易助长官僚主义和形式主义。”②“三是着手解决党政不分、以党代政的问题。”“这样做，有利于加强和改善中央的统一领导，有利于建立各级政府自上而下的强有力的工作系统，管好政府职权范围的工作。”③“四是从长远着想，解决好交接班的问题。”“让比较年轻的同志走上第一线，老同志当好他们的参谋，支持他们的工作，这是保持党和政府正确领导的连续性、稳定性的重大战略措施。”④

3. 党和国家领导制度改革的目的和意义

邓小平在讲话中郑重指出：“这次国务院领导成员的变动，是改善政府领导制度的第一步。为了适应社会主义现代化建设的需要，为了适应党和国家政治生活民主化的需要，为了兴利除弊，党和国家的领导制度以及其他制度，需要改革的很多。”⑤具体地说，改革党和国家领导制度的目的和意义是为了适应社会主义现代化建设的需要，为了保证十一届三中全会路线的连续性和稳定性的需要，也是为了兴利除弊，防止“文化大革命”悲剧重演的需要。

（二）改革党和国家领导制度及其他制度是为了充分发挥社会主义制度的优越性和加速现代化建设事业的发展

1. 党和国家领导制度改革的要求和检验标准

邓小平在讲话中指出：“改革党和国家领导制度及其他制度，是为了充分发挥社会主义制度的优越性，加速现代化建设事业的发展。”⑥而要充分发挥社会主义制度的优越性，主要应当实现三方面的要求：(1)“经济上，迅速发展社会生

---

① 《邓小平文选》第2卷，人民出版社1994年版，第321页。

② 《邓小平文选》第2卷，人民出版社1994年版，第321页。

③ 《邓小平文选》第2卷，人民出版社1994年版，第321页。

④ 《邓小平文选》第2卷，人民出版社1994年版，第321页。

⑤ 《邓小平文选》第2卷，人民出版社1994年版，第321～322页。

⑥ 《邓小平文选》第2卷，人民出版社1994年版，第322页。

产力，逐步改善人民的物质文化生活。”[①](2)“政治上，充分发扬人民民主，保证全体人民真正享有通过各种有效形式管理国家、特别是管理基层地方政权和各项企业事业的权力，享有各项公民权利，健全革命法制，正确处理人民内部矛盾，打击一切敌对力量和犯罪活动，调动人民群众的积极性，巩固和发展安定团结、生动活泼的政治局面。”[②](3)“组织上，迫切需要大量培养、发现、提拔、使用坚持四项基本原则的、比较年轻的、有专业知识的社会主义现代化建设人才。”[③]进行社会主义现代化建设，同样要达到三项要求：“要在经济上赶上发达的资本主义国家，在政治上创造比资本主义国家的民主更高更切实的民主，并且造就比这些国家更多更优秀的人才。”[④]这三条要求同发挥社会主义制度的优越性要实现的三项要求，其基本精神是完全一致的。邓小平进一步指出：“党和国家的各项制度究竟好不好，完善不完善，必须用是否有利于实现这三条来检验。”[⑤]就是说，党和国家领导制度及其他制度的改革，其基本要求和检验标准就是有利于实现经济、政治、组织三方面的要求。

2. 选拔优秀中青年干部是现代化建设的迫切需要

(1)选拔、使用优秀中青年干部的重要性。邓小平指出：“人才问题，主要是个组织路线问题。”要“从组织上发挥社会主义的优越性”，必须“自觉地更新各级党政领导机关，逐步实现领导人员年轻化、专业化”，“目前的主要任务，是善于发现、提拔以至大胆破格提拔中青年优秀干部。这是国家现代化建设事业客观存在的迫切需要”。[⑥]

(2)选拔、使用优秀中青年干部必须扫除的思想障碍。当时存在三种思想障碍：第一，在选拔中青年干部的时候，可能会把一些帮派分子甚至打砸抢分子选上来。针对这种认识，邓小平明确表示，跟随林彪、江青一伙造反起家的人，帮派思想严重的人，打砸抢分子，绝对不能提上来。已经在领导岗位上的，必须坚决撤下去。第二，有些同志认为干部还是一个台阶、一个台阶地上好。针对这种认识，邓小平说：“干部要顺着台阶上，一般的意义是说，干部要有深入群众、熟悉专业、积累经验和经受考验锻炼的过程。但是我们不能老守着关于台阶的旧观念。干部的提升，不能只限于现行党政干部中区、县、地、省一类台阶，各行各业应当有不同的台阶，不同的职务和职称。”[⑦]“将来很多职务、职称，只要

① 《邓小平文选》第 2 卷，人民出版社 1994 年版，第 322 页。
② 《邓小平文选》第 2 卷，人民出版社 1994 年版，第 322 页。
③ 《邓小平文选》第 2 卷，人民出版社 1994 年版，第 322 页。
④ 《邓小平文选》第 2 卷，人民出版社 1994 年版，第 322 页。
⑤ 《邓小平文选》第 2 卷，人民出版社 1994 年版，第 323 页。
⑥ 《邓小平文选》第 2 卷，人民出版社 1994 年版，第 323 页。
⑦ 《邓小平文选》第 2 卷，人民出版社 1994 年版，第 324 页。

考试合格，就应当录用或授予。打破那些关于台阶的过时的观念，创造一些适合新形势新任务的台阶，这才能大胆破格提拔。”[①]第三，有些同志担心，年轻人经验不够，不能胜任。针对这种思想顾虑，邓小平指出：“这种担心是不必要的。经验够不够，只是比较而言。”[②]许多老干部“当大干部、做大事”时也很年轻，经验也不多，即使现在，对现代化建设中的新问题也没有什么经验。一些年轻同志经验少是客观条件造成的，“不在其位，不谋其政嘛。放在那个位置上，他们就会逐步得到提高。……好的中青年干部到处都有”[③]。“我们有正确的思想路线、政治路线和组织路线，只要大胆而谨慎地工作，只要经过周密的调查研究，广泛听取群众意见，就完全有把握把大批优秀的中青年干部提拔起来，保证我们的事业后继有人，后来居上。”[④]

(3)选拔、使用优秀中青年干部的标准。这就是要在注意德才兼备的前提下，实现干部队伍的年轻化、知识化、专业化。针对现行的组织制度和为数不少的干部的思想方法不利于选拔和使用四个现代化所急需的人才这一问题，邓小平强调各级党委和组织部门要坚决解放思想，克服重重障碍，打破老框框，勇于改革不合时宜的组织制度、人事制度，大力培养、发现和破格使用优秀人才，坚决同一切压制和摧残人才的现象作斗争。

(三)党和国家现行的具体制度存在的弊端

1. 党和国家的领导制度、干部制度方面存在的主要弊端

邓小平在这一部分开头首先指出，党和国家现行的一些具体制度中，还存在不少的弊端，妨碍甚至严重妨碍社会主义优越性的发挥。从党和国家的领导制度、干部制度方面来说，主要的弊端就是官僚主义现象、权力过分集中的现象、家长制现象、干部领导职务终身制现象和形形色色的特权现象。

关于官僚主义现象，邓小平着重阐述了官僚主义的主要表现和危害及官僚主义产生的病根两个问题；关于权力过分集中的现象，邓小平着重阐述了权力过分集中的表现、危害、产生原因和反对权力过分集中要注意把握的尺度四个问题；关于家长制现象，邓小平着重阐述了家长制的实质、家长制在我党历史上的表现和克服家长制作风的方法三个问题；关于干部领导职务终身制现象，邓小平着重阐述了干部领导职务终身制形成的原因和废除干部领导职务终身制的关键两个问题；关于特权现象，邓小平着重讲了特权的危害、产生原因和克服

---

① 《邓小平文选》第2卷，人民出版社1994年版，第324页。
② 《邓小平文选》第2卷，人民出版社1994年版，第324页。
③ 《邓小平文选》第2卷，人民出版社1994年版，第325页。
④ 《邓小平文选》第2卷，人民出版社1994年版，第326页。

特权现象的途径三个问题。

要克服党和国家各项具体制度中存在的种种弊端，根本的问题是改革制度。邓小平深刻指出："我们过去发生的各种错误，固然与某些领导人的思想、作风有关，但是组织制度、工作制度方面的问题更重要。这些方面的制度好可以使坏人无法任意横行，制度不好可以使好人无法充分做好事，甚至会走向反面。"①"不是说个人没有责任，而是说领导制度、组织制度问题更带有根本性、全局性、稳定性和长期性。这种制度问题，关系到党和国家是否改变颜色，必须引起全党的高度重视。"②"如果不坚决改革现行制度中的弊端，过去出现过的一些严重问题今后就有可能重新出现。只有对这些弊端进行有计划、有步骤而又坚决彻底的改革，人民才会信任我们的领导，才会信任党和社会主义，我们的事业才有无限的希望。"③

2. 正确评价毛泽东和毛泽东思想

邓小平指出："我们在讲到党和国家领导制度方面的弊端的时候，不能不涉及到毛泽东同志晚年所犯的错误。"④这里涉及对毛泽东和毛泽东思想的评价问题。邓小平郑重指出："毛泽东同志在他的一生中，为我们的党、国家和人民建立了不朽的功勋。他的功绩是第一位的，他的错误是第二位的。因为他的功绩而讳言他的错误，这不是唯物主义的态度。因为他的错误而否定他的功绩，同样不是唯物主义的态度。"⑤"经过长期实践检验证明是正确的毛泽东思想的科学原理，不但在历史上曾经引导我们取得胜利，而且在今后长期的斗争中，仍将是我们的指导思想。"⑥

（四）肃清封建主义和资产阶级思想影响的问题

1. 肃清封建主义残余影响的问题

围绕这个问题，邓小平从肃清封建主义残余影响的原因和如何肃清封建主义残余影响两个方面进行了阐述。邓小平指出，党和国家在领导制度、干部制度方面存在的种种弊端，多少都带有封建主义色彩，除此以外，封建主义的残余影响还大量存在。因此，现在应该明确提出继续肃清思想政治方面的封建主义残余影响的任务，并在制度上作一系列切实的改革，否则国家和人民还要遭受损失。就如何肃清封建主义残余影响问题，邓小平提出：第一，要有实事求是的

① 《邓小平文选》第2卷，人民出版社1994年版，第333页。
② 《邓小平文选》第2卷，人民出版社1994年版，第333页。
③ 《邓小平文选》第2卷，人民出版社1994年版，第333页。
④ 《邓小平文选》第2卷，人民出版社1994年版，第333页。
⑤ 《邓小平文选》第2卷，人民出版社1994年版，第334页。
⑥ 《邓小平文选》第2卷，人民出版社1994年版，第334页。

科学态度。第二，要进行自我教育和自我改造。第三，要重在改革制度。第四，要掌握政策。

2. 批判资产阶级思想的问题

邓小平指出，在思想政治方面肃清封建主义残余影响的同时，绝不能丝毫放松和忽视对资产阶级思想和小资产阶级思想的批判、对极端个人主义和无政府主义的批判。

(1)为什么要批判资产阶级思想？邓小平分析了这样一些因素：一是历史原因。“我国经历百余年的半封建、半殖民地社会，封建主义思想有时也同资本主义思想、殖民地奴化思想互相渗透结合在一起。”[①]二是外来影响。“由于近年国际交往增多，受到外国资产阶级腐朽思想作风、生活方式影响而产生的崇洋媚外的现象，现在已经出现，今后还会增多。”[②]三是认识偏颇。“由于我们在社会主义革命和社会主义建设的历史上犯过错误，就对社会主义丧失信心，认为社会主义不如资本主义。”[③]“由于要肃清封建主义残余影响，就认为可以去宣扬资本主义的思想。”[④]四是现实生活中资产阶级损人利己、唯利是图的行为大量存在。“现在有些青年，有些干部子女，甚至有些干部本人，为了出国，为了搞钱，违法乱纪，走私受贿，投机倒把，不惜丧失人格，丧失国格，丧失民族自尊心”[⑤]；“通过不同渠道运进了一些黄色、下流、淫秽、丑恶的照片、影片、书刊等”[⑥]；“在国内经济工作中，歪曲现行经济政策，利用经济管理工作中的漏洞而进行各种违法活动”[⑦]；等等。因此，他强调：“必须把肃清封建主义残余影响的工作，同对于资产阶级损人利己、唯利是图思想和其他腐化思想的批判结合起来。”[⑧]

(2)怎样批判资产阶级思想？邓小平指出，要采取科学的态度，不能把有利于发展生产、发展社会主义事业的改革，也当作资本主义去批判。“什么是资产阶级思想中需要坚决批判和防止蔓延的东西，什么是经济生活中需要坚决克服和抵制的资本主义倾向，如何正确地进行批判，还有必要继续进行研究并作出妥善的规定，以防重犯过去的错误。”[⑨]

---

① 《邓小平文选》第2卷，人民出版社1994年版，第336页。
② 《邓小平文选》第2卷，人民出版社1994年版，第336～337页。
③ 《邓小平文选》第2卷，人民出版社1994年版，第337页。
④ 《邓小平文选》第2卷，人民出版社1994年版，第337页。
⑤ 《邓小平文选》第2卷，人民出版社1994年版，第337～338页。
⑥ 《邓小平文选》第2卷，人民出版社1994年版，第338页。
⑦ 《邓小平文选》第2卷，人民出版社1994年版，第338页。
⑧ 《邓小平文选》第2卷，人民出版社1994年版，第338页。
⑨ 《邓小平文选》第2卷，人民出版社1994年版，第338页。

(五)近期党和国家领导制度改革的重大措施和原则方法

1. 近期党和国家领导制度改革的重大措施

在讲话中,邓小平介绍了中共中央经过多次酝酿后决定对党和国家领导制度将逐步进行改革的几项重大措施:第一,建议修改宪法,切实保证人民享有当家作主的各项权利,在宪法中将体现不允许权力过分集中的原则;第二,建议设立中央顾问委员会,连同中央委员会都由党的代表大会选举产生,明确划分各自的任务和权限;第三,真正建立起从国务院到地方各级政府从上而下强有力的工作系统,认真解决党政不分的问题;第四,有准备、有步骤地改变党委领导下的厂长负责制、经理负责制,经过试点,逐步推广,分别实行工厂管理委员会、公司董事会、经济联合体的联合委员会领导和监督下的厂长负责制、经理负责制;还要有准备、有步骤地改革党委领导下的校长负责制、所长负责制;第五,推广和完善各企业事业单位的职工代表大会或职工代表会议制度;第六,各级党委真正实行集体领导和个人分工负责相结合的制度。

2. 党和国家领导制度改革的原则和方法

邓小平指出,在改革党和国家领导制度时,应注意以下一些原则和方法:第一,必须在党的领导下有秩序地进行。“改革党和国家的领导制度,不是要削弱党的领导,涣散党的纪律,而正是为了坚持和加强党的领导,坚持和加强党的纪律。”①同时,只有坚持党的领导,才能保证改革沿着正确的方向顺利展开。第二,必须经过试点,逐步推开。就是说,“要经过试点,取得经验,集中集体智慧,成熟一个,解决一个”②。第三,必须坚持群众路线,倾听群众呼声,做好思想政治工作。

三、文献重点提示

(一)政治体制改革的必要性

进行政治体制改革有基本原因和直接原因,其基本原因是生产关系要适应生产力状况、上层建筑要适应经济基础变化的原理。随着经济体制改革和生产关系的变革,必然要求改革政治体制,使上层建筑同经济基础相适应。直接原因是我们原来党和国家的领导体制,存在着严重的弊端,在改革开放的新局面

---

① 《邓小平文选》第 2 卷,人民出版社 1994 年版,第 341 页。

② 《邓小平文选》第 2 卷,人民出版社 1994 年版,第 341 页。

下，已不适应经济体制改革的要求。正如邓小平后来所指出的那样："现在我们的经济体制改革进行得基本顺利。……重要的是政治体制不适应经济体制改革的要求。"①"现在经济体制改革每前进一步，都深深感到政治体制改革的必要性。不改革政治体制，就不能保障经济体制改革的成果，不能使经济体制改革继续前进。"②

(二)政治体制改革的实质

必须区分我国的基本政治制度和政治体制的关系。政治体制是建立在基本政治制度上的各种具体制度和运行机制的总和，是政治制度的实现形式。我国的基本政治制度是好的，主要的问题是具体的政治体制不完善，有弊端。因此，政治体制改革，是要改革具体的政治体制，而绝不是要改革我国的基本政治制度。

(三)政治体制改革的艰巨性

随着经济体制的改革，政治体制的改革势在必行。但是，由于政治体制改革是一项非常艰巨和复杂的任务，它所涉及的人和事都很广泛、很深刻，触及许多人的利益，会遇到很多的障碍，因此，比起经济体制改革来，需要更加谨慎从事，必须积极稳妥地进行。就此问题，邓小平指出，党和国家领导制度改革，必须在党的领导下有秩序地进行，必须经过试点，逐步推开，必须坚持群众路线，倾听群众呼声，做好思想政治工作。

(四)进行政治体制改革应坚持的基本原则

进行政治体制改革，必须坚持四项基本原则，这是邓小平反复强调的改革的总原则，是我们推进政治体制改革不能逾越的政治界限，否则，改革就会偏离方向，就不能成功；坚持政治体制改革，还必须从中国的国情出发，必须适合中国国情，不能照搬西方的资产阶级民主，这是邓小平反复强调的另一个重要原则。

(五)党和国家领导制度改革中的制度建设问题

党和国家领导制度改革中，邓小平高度重视制度建设。在这篇讲话中，他深刻地总结了党和国家政治生活中的严重教训，指出："我们过去发生的各种错误，固然与某些领导人的思想、作风有关，但是组织制度、工作制度方面的问题

① 《邓小平文选》第3卷，人民出版社1993年版，第176页。

② 《邓小平文选》第3卷，人民出版社1993年版，第176页。

更重要。这些方面的制度好可以使坏人无法任意横行，制度不好可以使好人无法充分做好事，甚至会走向反面。”[①]他进而指出：“不是说个人没有责任，而是说领导制度、组织制度问题更带有根本性、全局性、稳定性和长期性。这种制度问题，关系到党和国家是否改变颜色，必须引起全党的高度重视。”[②]在之后不久同意大利记者奥琳埃娜·法拉奇的谈话中他指出，要避免和防止再次发生诸如“文化大革命”这样的事情，要从改革制度着手，从制度方面解决问题。在注重制度建设方面，邓小平有一个非常独到深刻的见解，就是要从肃清封建主义影响的角度去考虑制度的改革，因为党和国家领导制度存在的种种弊端，多少都带有封建主义的色彩。因此他在本文中强调：“肃清封建主义残余影响，重点是切实改革并完善党和国家的制度，从制度上保证党和国家政治生活的民主化、经济管理的民主化、整个社会生活的民主化，促进现代化建设事业的顺利发展。”[③]

(六)正确评价毛泽东和毛泽东思想的极端重要性

邓小平在这篇讲话中指出：“我们在讲到党和国家领导制度方面的弊端的时候，不能不涉及到毛泽东同志晚年所犯的错误。”[④]在国际共产主义运动史上，对领袖人物的评价事关重大。在苏共二十大上，由于赫鲁晓夫全盘否定斯大林，结果造成了整个国际共产主义运动中的思想混乱和政治动摇，给世界社会主义带来了很大的损害。邓小平强调，对毛泽东的评价，对毛泽东思想的阐述，不仅仅涉及毛泽东个人的问题，这同我们党、我们国家的整个历史是分不开的，要看到这个全局。这不只是个理论问题，尤其是个政治问题，是国际国内的很大的政治问题。因此，他在这篇讲话中郑重指出：“毛泽东同志在他的一生中，为我们的党、国家和人民建立了不朽的功勋。他的功绩是第一位的，他的错误是第二位的。因为他的功绩而讳言他的错误，这不是唯物主义的态度。因为他的错误而否定他的功绩，同样不是唯物主义的态度。”[⑤]“经过长期实践检验证明是正确的毛泽东思想的科学原理，不但在历史上曾经引导我们取得胜利，而且在今后长期的斗争中，仍将是我们的指导思想。”[⑥]这就为坚持马列主义、毛泽东思想，并在新的实践基础上发展马列主义、毛泽东思想奠定了坚实的基础。

---

① 《邓小平文选》第2卷，人民出版社1994年版，第333页。
② 《邓小平文选》第2卷，人民出版社1994年版，第333页。
③ 《邓小平文选》第2卷，人民出版社1994年版，第336页。
④ 《邓小平文选》第2卷，人民出版社1994年版，第333页。
⑤ 《邓小平文选》第2卷，人民出版社1994年版，第334页。
⑥ 《邓小平文选》第2卷，人民出版社1994年版，第334页。

第十三章 中国共产党拨乱反正的重要文献

——《关于建国以来党的若干历史问题的决议》导读

1981年6月，中共中央召开十一届六中全会，通过了《关于建国以来党的若干历史问题的决议》（以下简称《决议》），标志着十一届三中全会后，党在指导思想上拨乱反正任务的完成。这篇《决议》对我们党和国家在思想上和实践上沿着正确道路继续前进具有重要意义。

一、《决议》提出的背景

在党的十一届三中全会后，党中央起草《关于建国以来党的若干历史问题的决议》不是偶然的。

十一届三中全会召开后，如何对新中国成立以来的历史问题作出正确的评价和结论，彻底清除左的错误和右的干扰，将全党的思想统一到十一届三中全会确定的路线方针政策上来，是一项艰巨的任务。此时虽然逐步平反了一些冤假错案，但是要选择一条新的道路，有一个前提条件，就是首先要在思想理论上进行拨乱反正，把党内长期存在的左的错误纠正过来。不这样做，就不能冲破左的思想理论的束缚，开辟出一条社会主义现代化建设的新路来，也不能把党

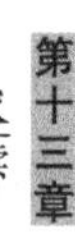

的事业和社会主义事业推向前进。但是要彻底纠正党的左的错误，必然要涉及对“文化大革命”以及毛泽东晚年以至一生的评价问题。当时党内、社会上在思想理论上十分混乱，主要存在两种不正确的倾向：一种认为，三中全会背离了党的一贯的思想政治路线，背离了马列主义、毛泽东思想，是丢刀子，是砍旗；另一种认为，“文化大革命”中，党和毛泽东都犯了错误，以后就不要再提毛泽东思想，光提马列主义就行了。社会上甚至由此出现了否定毛泽东、否定党的历史，进而否定党的领导、否定社会主义制度的错误思潮。所以，如何评价毛泽东的事业和思想，已不是一个简单的对历史人物的评价问题，而是重大的政治问题。党如果不能正确地处理这个问题，就会迷失前进方向。

因此，为了解放思想，拨乱反正，分清是非，统一思想，开辟出一条适合中国特色的社会主义现代化的道路，党中央决定作一个《决议》。其实，党的十一届三中全会期间，邓小平已经提出了要对“文化大革命”的历史进行总结的问题。他说：“关于文化大革命……在实际过程中发生的缺点、错误，适当的时候作为经验教训总结一下，这对统一全党的认识，是需要的。”[①]邓小平的意见写入了全会公报。

1979 年 9 月，在新中国成立三十周年前夕，中共中央召开十一届四中全会，这次会议的主要任务之一就是讨论和通过叶剑英代表中共中央、人大常委会和国务院在庆祝中华人民共和国成立三十周年大会上所作的讲话稿。这个讲话稿全面回顾了新中国成立三十年来社会主义革命和建设的历程，深刻批判了林彪、“四人帮”反革命阴谋集团所蓄意制造和推行的极左路线，初步总结了社会主义革命和社会主义建设的基本经验。全会一致认为有必要对这一时期党的历史作一个决议，来澄清理论是非，统一全党思想。在做了一系列充分准备之后，11 月，党中央便开始着手起草《关于建国以来党的若干历史问题的决议》。

二、《决议》的起草与形成

《决议》的起草工作，是在中共中央政治局、中央书记处直接领导下，在邓小平、胡耀邦亲自主持下进行的。文件起草小组主要由胡乔木负责。邓小平对《决议》的起草和形成起了重要的指导作用。起草的过程大概分作以下几个阶段。

1980 年 3 月，文件起草小组提出了《决议》的初步设想，并将提纲呈送邓小

① 《邓小平文选》第 2 卷，人民出版社 1994 年版，第 149 页。

平。邓小平看后感到提纲面铺得太宽，不够集中。3 月 19 日，邓小平与几位中央负责同志谈话，对起草《决议》的总的原则、总的指导思想、总的要求以及写作方法，谈了三条指导性的意见："第一，确立毛泽东同志的历史地位，坚持和发展毛泽东思想。这是最核心的一条。……第二，对建国三十年来历史上的大事，哪些是正确的，哪些是错误的，要进行实事求是的分析，包括一些负责同志的功过是非，要做出公正的评价。第三，通过这个决议对过去的事情做个基本的总结。还是过去的话，这个总结宜粗不宜细。总结过去是为了引导大家团结一致向前看。"①邓小平强调，这三条中最重要、最根本、最关键的还是第一条。对毛泽东的评价，对毛泽东思想的评价，党内党外和国内国外都很关心。这是一个很重大的政治问题。

1980 年 4 月 1 日，邓小平对决议稿的框架结构作了设计，而且对新中国成立后 17 年的历史谈了看法：第一，"建国后十七年这一段，有曲折，有错误，基本方面还是对的"。第二，"讲错误，不应该只讲毛泽东同志，中央许多负责同志都有错误"。中央犯错误，不是一个人负责，是集体负责。第三，再次强调："决议中最核心、最根本的问题，还是坚持和发展毛泽东思想。党内党外、国内国外都需要我们对这一问题加以论证，加以阐述，加以概括。"②

1980 年 6 月，起草小组拿出了初稿。由于初稿对核心问题即对毛泽东的评价问题没有写好，邓小平看后当即指出："整个文件写得太沉闷，不像一个决议。看来要进行修改，工程比较大。重点放在毛泽东思想是什么、毛泽东同志正确的东西是什么这方面。错误的东西要批评，但是要很恰当。单单讲毛泽东同志本人的错误不能解决问题，最重要的是一个制度问题。"③

1980 年 8 月，邓小平在回答外国记者提问时再次谈了中国共产党对于毛泽东的评价和态度。主要强调了两点：一是毛泽东作为中国共产党和中华人民共和国的主要缔造者，功绩是第一位的，错误是第二位的。他一生的大部分时间是做了非常好的事情，没有毛泽东，至少我们中国人民还要在黑暗中摸索更长的时间。毛泽东最伟大的功绩是把马列主义的原理同中国革命的实际结合起来，指出了中国夺取革命胜利的道路。他的错误是从 50 年代后期开始的，这是一个不算小的政治错误。但错误的责任不仅仅是毛泽东一个人的。二是毛泽东思想是毛泽东一生中正确的部分。毛泽东思想不是毛泽东一个人的创造，老一辈革命家，如周恩来、刘少奇、朱德等等，都参与了毛泽东思想的建立和发展。其中主要是毛泽东的贡献，所以我们概括为"毛泽东思想"。毛泽东思想不仅过

---

① 《邓小平文选》第 2 卷，人民出版社 1994 年版，第 291～292 页。

② 《邓小平文选》第 2 卷，人民出版社 1994 年版，第 296 页。

③ 《邓小平文选》第 2 卷，人民出版社 1994 年版，第 297 页。

去引导我们取得革命的胜利,现在和将来还应该是中国共产党和国家的宝贵财富,所以我们要永远坚持毛泽东思想。

1980 年 9 月中旬,起草小组再次拿出了《决议》草案。为了修改《决议》,中央召集全国各省、市、自治区和中央各部门的党员干部共 4000 人,集中 20 天时间进行认真的讨论。讨论中也流露出一些对毛泽东和毛泽东思想否定的情绪,比如毛泽东前期是马克思主义者、共产主义者,后期不是;"文化大革命"的错误,说到底,就是毛泽东的品质不好,甚至有人主张《决议》中不要提毛泽东思想。

针对这一倾向,邓小平一方面要求起草小组"对有些同志在有些问题上的错误意见,要硬着头皮顶住。重要的问题要加以论证"[①]。另一方面他指出:"不提毛泽东思想,对毛泽东同志的功过评价不恰当,老工人通不过,土改时候的贫下中农通不过,同他们相联系的一大批干部也通不过。毛泽东思想这个旗帜丢不得。丢掉了这个旗帜,实际上就否定了我们党的光辉历史。"[②]"不写或不坚持毛泽东思想,我们要犯历史性的大错误。""现在有些同志把许多问题都归结到毛泽东同志的个人品质上。实际上,不少问题用个人品质是解释不了的。即使是品质很好的人,在有些情况下,也不能避免错误。"[③]"对于错误,包括毛泽东同志的错误,一定要毫不含糊地进行批评,但是一定要实事求是,分析各种不同的情况,不能把所有的问题都归结到个人品质上。"[④]

1981 年 5 月,中共中央政治局又邀请了多位同志对决议稿讨论了 12 天。在讨论的基础上起草小组又进行了反复修改,终于拿出了一个较成熟的稿子。1981 年 5 月 19 日,邓小平在中央政治局扩大会议上指出:这个文件要尽快拿出来,"不能再晚了,晚了不利。……为了要早一点拿出去……现在的方法,就是开政治局扩大会议,七十几个人,花点时间,花点精力,把稿子推敲得更细致一些,改得更好一些,把它定下来;定了以后,提到六中全会,设想就在党的六十周年发表"[⑤]。

6 月 22 日,在十一届六中全会预备会上,中央再次对《决议》进行了讨论。同时,中央还邀请民主党派和无党派民主人士 130 人在中南海座谈,征求对《决议》稿的意见。邓小平在会上再次谈了他对稿子的看法。他指出:"这个决议是个好决议……核心问题是对毛泽东同志的评价……这次要强调恰如其分。"[⑥]经过一年多的起草、讨论和反复修改,其中大范围的讨论有四五次,每一次都充分吸取大家的意见,终于使多数同志的意见逐步统一起来,实现了起草《决议》的目的。

---

① 《邓小平文选》第 2 卷,人民出版社 1994 年版,第 294 页。
② 《邓小平文选》第 2 卷,人民出版社 1994 年版,第 298 页。
③ 《邓小平文选》第 2 卷,人民出版社 1994 年版,第 300~301 页。
④ 《邓小平文选》第 2 卷,人民出版社 1994 年版,第 301 页。
⑤ 《邓小平文选》第 2 卷,人民出版社 1994 年版,第 306 页。
⑥ 《邓小平文选》第 2 卷,人民出版社 1994 年版,第 307~309 页。

在此基础上，1981 年 6 月 27～29 日，在党的十一届六中全会上，一致通过了《关于建国以来党的若干历史问题的决议》。

三、《决议》的主要内容

《决议》运用马克思主义辩证唯物主义和历史唯物主义立场、观点、方法，对新中国成立 32 年来党的重大历史事件特别是"文化大革命"作出了全面总结。

(一)对新中国成立前 28 年间的革命斗争胜利进行总结，对毛泽东在新中国成立前这段时间所起到的重要作用进行概括

《决议》指出："中国革命的胜利，是在马克思列宁主义的指导下取得的……主要是依靠我们党所领导的完全新型的与人民血肉相连的人民军队，通过长期人民战争战胜强大敌人取得的。"①"中国共产党是无产阶级的先锋队，是全心全意为人民服务的不谋任何私利的政党，是敢于并善于领导人民百折不挠地向敌人作斗争的政党。"②"新民主主义革命的胜利是无数先烈和全党同志、全国各族人民长期牺牲奋斗的结果。我们不应该把一切功劳归于革命的领袖们，但也不应该低估领袖们的重要作用。在党的许多杰出领袖中，毛泽东同志居于首要地位。……如果没有毛泽东同志多次从危机中挽救中国革命，如果没有以他为首的党中央给全党、全国各族人民和人民军队指明坚定正确的政治方向，我们党和人民可能还要在黑暗中摸索更长时间。同中国共产党被公认为全国各族人民的领导核心一样，毛泽东同志被公认为中国共产党和中国各族人民的伟大领袖，在党和人民集体奋斗中产生的毛泽东思想被公认为党的指导思想，这是中华人民共和国建国以前二十八年历史发展的必然结果。"③

(二)总结了新中国成立后 32 年间所取得的社会主义建设的成果以及在建设过程中出现的问题，同时回顾了"文化大革命"的过程和原因，对毛泽东在"文化大革命"期间所犯错误进行了中肯的评价

1.《决议》首先对新中国成立后 32 年间中国在党的领导、国家统一、工业、

---

① 中共中央党史研究室编：《两个历史问题的决议及十一届三中全会以来党对历史的回顾》(简明注释本)，中央党史出版社 2013 年版，第 91 页。

② 中共中央党史研究室编：《两个历史问题的决议及十一届三中全会以来党对历史的回顾》(简明注释本)，中央党史出版社 2013 年版，第 91 页。

③ 中共中央党史研究室编：《两个历史问题的决议及十一届三中全会以来党对历史的回顾》(简明注释本)，中央党史出版社 2013 年版，第 92 页。

农业、对外贸易、国防和军队建设、对外政策等各方面所取得的成绩进行了总结。《决议》指出："三十二年来我们取得的成就还是主要的，忽视或否认我们的成就，忽视或否认取得这些成就的成功经验，同样是严重的错误。我们的成就和成功经验是党和人民创造性地运用马克思列宁主义的结果，是社会主义制度优越性的表现，是全党和全国各族人民继续前进的基础。"①

2. 对新中国成立后17年的历史作出了详细的分析和正确的总结。《决议》指出："从一九四九年十月中华人民共和国成立到一九五六年，我们党领导全国各族人民有步骤地实现从新民主主义到社会主义的转变，迅速恢复了国民经济并开展了有计划的经济建设，在全国绝大部分地区基本上完成了对生产资料私有制的社会主义改造。在这个历史阶段中，党确定的指导方针和基本政策是正确的，取得的胜利是辉煌的。"②但也有某些缺点和偏差，例如："在一九五五年夏季以后，农业合作化以及对手工业和个体商业的改造要求过急，工作过粗，改变过快，形式也过于简单划一，以致在长期间遗留了一些问题。一九五六年资本主义工商业改造基本完成以后，对于一部分原工商业者的使用和处理也不很适当。"③

开始全面建设社会主义的十年(1957～1966年)，我们取得了很大的成就，但也遭到过严重挫折。成绩主要表现在工业、农业、教育、科技等各方面。挫折则主要体现在党的工作指导方针上：1958年后期轻率地发动了"大跃进"运动和农村人民公社化运动；庐山会议后期，毛泽东错误地发动了对彭德怀同志的批判，进而在全党错误地开展了"反右倾"斗争。之后虽然对左倾路线作过一部分修正，但是左倾错误思想在经济工作等方面并未得到修正，在政治和思想方面还有所发展。

《决议》指出："这十年中的一切成就，是在以毛泽东同志为首的党中央集体领导下取得的。这个期间工作中的错误，责任同样也在党中央的领导集体。毛泽东同志负有主要责任，但也不能把所有错误归咎于毛泽东同志个人。"④

3. 对"文化大革命"的理论与实践进行了有充分说服力的全面否定。《决议》指出："文化大革命""使党、国家和人民遭到建国以来最严重的挫折和损失。

① 中共中央党史研究室编：《两个历史问题的决议及十一届三中全会以来党对历史的回顾》(简明注释本)，中央党史出版社2013年版，第94页。

② 中共中央党史研究室编：《两个历史问题的决议及十一届三中全会以来党对历史的回顾》(简明注释本)，中央党史出版社2013年版，第94～95页。

③ 中共中央党史研究室编：《两个历史问题的决议及十一届三中全会以来党对历史的回顾》(简明注释本)，中央党史出版社2013年版，第96页。

④ 中共中央党史研究室编：《两个历史问题的决议及十一届三中全会以来党对历史的回顾》(简明注释本)，中央党史出版社2013年版，第100页。

这场‘文化大革命’是毛泽东同志发动和领导的。……发动‘文化大革命’的主要论点既不符合马克思列宁主义，也不符合中国实际……是完全错误的。……‘文化大革命’不是也不可能是任何意义上的革命或社会进步”[①]。“历史已经判明，‘文化大革命’是一场由领导者错误发动，被反革命集团利用，给党、国家和各族人民带来严重灾难的内乱。”[②]这是中共中央第一次正式对“文化大革命”作出完全否定的结论。显然，这一结论比以往的提法更准确、更符合历史实际。

对于党在新中国成立以来产生左倾错误的主观原因和社会历史原因，《决议》认为，首先是毛泽东在领导上犯了左倾错误，除此以外还因为：社会主义运动的历史不长，党缺乏进行社会主义建设的思想准备和科学研究；毛泽东在他的威望达到高峰后，逐渐骄傲，脱离实际和群众，主观主义和个人专断作风日益严重，日益凌驾于党中央之上，破坏了党和国家政治生活中的集体领导原则；而我们党和国家的领导制度和个人崇拜的传统习惯又使毛泽东的错误难于得到制止，结果导致了“文化大革命”的发生，以致持续了十年之久。

4. 1976 年 10 月粉碎江青反革命集团的胜利，使我们国家进入了新的历史发展时期。1978 年 12 月召开的十一届三中全会是新中国成立以来我党历史上具有深远意义的伟大转折。全会结束了 1976 年 10 月以来党的工作在徘徊中前进的局面，开始全面地认真地纠正“文化大革命”中及其以前的左倾错误。这次全会之后，党掌握了拨乱反正的主动权，有步骤地解决了新中国成立以来的许多历史遗留问题和实际生活中出现的新问题，进行了繁重的建设和改革工作，使我们的国家在经济上和政治上都出现了很好的形势。正如《决议》所指出的：“三中全会以来，毛泽东思想的科学原理和党的正确政策在新的条件下得到了恢复和发展，党和国家的各项工作重新蒸蒸日上。我们的工作中还有失误和缺点，我们的面前还有许多困难。但是，胜利前进的航道已经打通，党在人民中的威信正在日益提高。”[③]

（三）对毛泽东的历史地位和毛泽东思想作了实事求是、恰如其分的评价

在这一部分一开篇，《决议》就已经明确指出：“毛泽东同志是伟大的马克思主义者，是伟大的无产阶级革命家、战略家和理论家。他虽然在‘文化大革命’中犯了严重错误，但是就他的一生来看，他对中国革命的功绩远远大于他的过

① 中共中央党史研究室编：《两个历史问题的决议及十一届三中全会以来党对历史的回顾》（简明注释本），中央党史出版社 2013 年版，第 100～101 页。

② 中共中央党史研究室编：《两个历史问题的决议及十一届三中全会以来党对历史的回顾》（简明注释本），中央党史出版社 2013 年版，第 102 页。

③ 中共中央党史研究室编：《两个历史问题的决议及十一届三中全会以来党对历史的回顾》（简明注释本），中央党史出版社 2013 年版，第 109 页。

失。他的功绩是第一位的，错误是第二位的。他为我们党和中国人民解放军的创立和发展，为中国各族人民解放事业的胜利，为中华人民共和国的缔造和我国社会主义事业的发展，建立了永远不可磨灭的功勋。他为世界被压迫民族的解放和人类进步事业作出了重大的贡献。"[①]这是对毛泽东的功过所作的提纲挈领的评价。

首先，《决议》对毛泽东思想作了充分阐述，指出："毛泽东思想是马克思列宁主义在中国的运用和发展，是被实践证明了的关于中国革命的正确的理论原则和经验总结，是中国共产党集体智慧的结晶。我党许多卓越领导人对它的形成和发展都作出了重要贡献，毛泽东同志的科学著作是它的集中概括。"[②]毛泽东思想的科学体系主要包括以下几部分内容：

1. 关于新民主主义革命

毛泽东"从中国的历史状况和社会状况出发，深刻研究中国革命的特点和中国革命的规律，发展了马克思列宁主义关于无产阶级在民主革命中的领导权的思想，创立了无产阶级领导的，工农联盟为基础的，人民大众的，反对帝国主义、封建主义和官僚资本主义的新民主主义革命的理论。这方面的主要著作有：《中国社会各阶级的分析》、《湖南农民运动考察报告》、《星星之火，可以燎原》、《〈共产党人〉发刊词》、《新民主主义论》、《论联合政府》、《目前形势和我们的任务》"[③]。

2. 关于社会主义革命和社会主义建设

毛泽东提出的对人民内部的民主方面和对反动派的专政方面互相结合起来就是人民民主专政的理论，丰富了马克思列宁主义关于无产阶级专政的学说。他提出人民内部要在政治上实行"团结—批评—团结"，在党与民主党派的关系上实行"长期共存，互相监督"，在科学文化工作中实行"百花齐放，百家争鸣"，在经济工作中实行对全国城乡各阶层统筹安排和兼顾国家、集体、个人三者利益等一系列正确方针。[④] 毛泽东关于社会主义革命和社会主义建设的重要思想，集中地体现在《在中国共产党第七届中央委员会第二次全体会议上的报告》、《论人民民主专政》、《论十大关系》、《关于正确处理人民内部矛盾的问题》、

---

① 中共中央党史研究室编：《两个历史问题的决议及十一届三中全会以来党对历史的回顾》(简明注释本)，中央党史出版社 2013 年版，第 109 页。

② 中共中央党史研究室编：《两个历史问题的决议及十一届三中全会以来党对历史的回顾》(简明注释本)，中央党史出版社 2013 年版，第 109 页。

③ 中共中央党史研究室编：《两个历史问题的决议及十一届三中全会以来党对历史的回顾》(简明注释本)，中央党史出版社 2013 年版，第 110 页。

④ 参见中共中央党史研究室编《两个历史问题的决议及十一届三中全会以来党对历史的回顾》(简明注释本)，中央党史出版社 2013 年版，第 110～111 页。

《在扩大的中央工作会议上的讲话》等主要著作中。

3. 关于革命军队的建设和军事战略

毛泽东系统地解决了以农民为主要成分的革命军队如何建设成为一支无产阶级性质的、具有严格纪律的、同人民群众保持亲密联系的新型人民军队的问题。他在《关于纠正党内的错误思想》、《中国革命战争的战略问题》、《抗日游击战争的战略问题》、《论持久战》、《战争和战略问题》等军事著作中，总结了中国长期革命战争的经验，系统地提出了建设人民军队的思想，提出了以人民军队为骨干，依靠广大人民群众，建立农村根据地，进行人民战争的思想。①

4. 关于政策和策略

毛泽东精辟地论证了革命斗争中政策和策略问题的极端重要性，指出政策和策略是党的生命，是革命政党一切实际行动的出发点和归宿，必须根据政治形势、阶级关系和实际情况及其变化制定党的政策，把原则性和灵活性结合起来。毛泽东的这些政策和策略思想，表现在他的许多著作中，特别是集中表现在《目前抗日统一战线中的策略问题》、《论政策》、《关于打退第二次反共高潮的总结》、《关于目前党的政策中的几个重要问题》、《不要四面出击》、《关于帝国主义和一切反动派是不是真老虎的问题》等著作中。②

5. 关于思想政治工作和文化工作

在这两个方面，毛泽东主要的思想例如：关于思想政治工作是经济工作和其他一切工作的生命线，要实行政治和经济的统一、政治和技术的统一、又红又专的方针；关于发展民族的、科学的、大众的文化，实行百花齐放、推陈出新、古为今用、洋为中用的方针；关于知识分子在革命和建设中具有重要作用，知识分子要同工农相结合，通过学习马克思列宁主义、学习社会和工作实践树立无产阶级世界观的思想，等等。这方面的主要著作是《青年运动的方向》、《大量吸收知识分子》、《在延安文艺座谈会上的讲话》、《纪念白求恩》、《为人民服务》、《愚公移山》等。③

6. 关于党的建设

这方面的主要著作有：《反对自由主义》、《中国共产党在民族战争中的地位》、《改造我们的学习》、《整顿党的作风》、《反对党八股》、《学习和时局》、《关于健全党委制》、《党委会的工作方法》等。毛泽东特别着重于从思想上建设党，提

---

① 参见中共中央党史研究室编《两个历史问题的决议及十一届三中全会以来党对历史的回顾》(简明注释本)，中央党史出版社 2013 年版，第 111 页。

② 参见中共中央党史研究室编《两个历史问题的决议及十一届三中全会以来党对历史的回顾》(简明注释本)，中央党史出版社 2013 年版，第 112 页。

③ 参见中共中央党史研究室编《两个历史问题的决议及十一届三中全会以来党对历史的回顾》(简明注释本)，中央党史出版社 2013 年版，第 112 页。

出党员不但要在组织上入党，而且要在思想上入党，经常注意以无产阶级思想改造和克服各种非无产阶级思想。①

在上述组成部分中，贯穿着三个基本方面，是毛泽东思想的活的灵魂，这就是实事求是、群众路线、独立自主。实事求是，就是从实际出发，理论联系实际，就是要把马克思列宁主义普遍原理同中国革命具体实践相结合。群众路线，就是一切为了群众，一切依靠群众，从群众中来，到群众中去。把马克思列宁主义关于人民群众是历史的创造者的原理系统地运用在党的全部活动中，形成党在一切工作中的群众路线，这是我们党长时期在敌我力量悬殊的艰难环境里进行革命活动的无比宝贵的历史经验的总结。独立自主、自力更生，是从中国实际出发、依靠群众进行革命和建设的必然结论。

关于毛泽东思想的地位，《决议》指出："毛泽东思想是我们党的宝贵的精神财富，它将长期指导我们的行动。……我们必须继续坚持毛泽东思想，认真学习和运用它的立场、观点和方法来研究实践中出现的新情况，解决新问题。……因为毛泽东同志晚年犯了错误，就企图否认毛泽东思想的科学价值，否认毛泽东思想对我国革命和建设的指导作用，这种态度是完全错误的。对毛泽东同志的言论采取教条主义态度，以为凡是毛泽东同志说过的话都是不可移易的真理，只能照抄照搬，甚至不愿实事求是地承认毛泽东同志晚年犯了错误，并且还企图在新的实践中坚持这些错误，这种态度也是完全错误的。"②

(四)对我们国家未来的建设提供了方向，指出我们总结新中国成立以来32年历史经验的根本目的就是要在坚持四项基本原则的基础上，把全党、全军和全国各族人民的意志和力量进一步集中到建设社会主义现代化强国这个伟大目标上来

《决议》确立了一条适合我国国情的社会主义现代化建设的正确道路，指出了我国的主要矛盾，论证了社会主义经济建设、生产关系变革、社会主义政治制度、精神文明、民族关系、国防建设、对外关系等方面的内容，为我国社会主义建设指明了方向，统一了思想。

---

① 参见中共中央党史研究室编《两个历史问题的决议及十一届三中全会以来党对历史的回顾》(简明注释本)，中央党史出版社2013年版，第113页。

② 中共中央党史研究室编：《两个历史问题的决议及十一届三中全会以来党对历史的回顾》(简明注释本)，中央党史出版社2013年版，第115页。

四、《决议》的历史地位

《决议》作为我们党转折时期一份重要的历史文件，具有重大的理论和现实意义。

(一)实现了全面拨乱反正，统一了全党的思想

十一届三中全会以后，随着拨乱反正的全面展开和历史遗留问题的逐步解决，如何全面地看待新中国成立以来的历史道路，科学地总结新中国成立以来特别是“文化大革命”的经验教训，越来越成为摆在中国共产党和全国人民面前的重大政治课题。

《决议》正确地评价了毛泽东和毛泽东思想。在拨乱反正、纠正左倾错误的过程中，如何评价毛泽东成为这时人们面临的核心问题。正如邓小平所说，评价毛泽东是重大的政治问题。因为新中国成立以来，毛泽东作为党和国家的重要领导人，“成就是在他的领导之下取得的，错误是在他的领导之下犯的。一切重大的功过是非都与他的作用分不开”[①]。

《决议》本着对党、对历史和对人民高度负责的精神，对毛泽东作出了客观、公正的评价，指出：“毛泽东同志是伟大的马克思主义者，是伟大的无产阶级革命家、战略家和理论家。他虽然在‘文化大革命’中犯了严重错误，但是就他的一生来看，他对中国革命的功绩远远大于他的过失。他的功绩是第一位的，错误是第二位的。”[②]而对于毛泽东思想，则指出：毛泽东思想是马克思列宁主义在中国的运用和发展，是被实践证明了的关于中国革命的正确的理论原则和经验总结，是中国共产党集体智慧的结晶。毛泽东思想是我们党的宝贵精神财富，将长期指导我们的行动。我们必须继续坚持毛泽东思想，认真学习和运用它的立场、观点和方法来研究实践中出现的新情况，解决新问题。[③] 对毛泽东和毛泽东思想的公正评价，有力地统一了全党全国人民的思想，从而避免了犯苏联的错误，避免了转折时期人民思想的混乱，对之后改革开放的推进和国家的政治经济建设奠定了坚实的思想基础。

---

① 红旗杂志编辑部：《伟大的历史文献——学习〈关于建国以来党的若干历史问题的决议〉的体会》，红旗出版社 1984 年版，第 13 页。

② 中共中央党史研究室编：《两个历史问题的决议及十一届三中全会以来党对历史的回顾》（简明注释本），中央党史出版社 2013 年版，第 109 页。

③ 参见中共中央党史研究室编《两个历史问题的决议及十一届三中全会以来党对历史的回顾》（简明注释本），中央党史出版社 2013 年版，第 109、115 页。

(二)为新时期加强党的建设奠定了理论基础

1. 加强集体领导,禁止个人崇拜

列宁曾指出:“政党通常是由最有威信、最有影响、最有经验、被选出担任最重要职务而称为领袖的人们所组成的比较稳定的集团来主持的。”[①]可见,马克思列宁主义者所说的党的领袖或领导者不是一个人,而是由若干人组成的集体。由此可以说,按照马克思列宁主义的观点,党的领导必须是集体的领导,而不是个人的领导。《决议》规定:“一定要树立党必须由在群众斗争中产生的德才兼备的领袖们实行集体领导的马克思主义观点,禁止任何形式的个人崇拜。”[②]同时《决议》强调在高度民主的基础上实行高度的集中,坚持少数服从多数、个人服从组织、下级服从上级、全党服从中央。[③] 高度的民主是基础,只有高度的民主才能真正使党和群众息息相通,才能永葆党的生机。也只有高度的集中,才能保持全党和全国人民行动统一,调动各方面的力量投入到伟大的社会主义建设中去。

2. 加强和改善党的领导

《决议》强调:“党的领导不会没有错误,但是党和人民的亲密团结必定能够纠正这种错误,任何人都不能用党曾犯过错误作为削弱、摆脱甚至破坏党的领导的理由。削弱、摆脱和破坏党的领导,只会犯更大的错误,并且招致严重的灾难。”[④]在改善党的领导方面,《决议》指出:为了坚持党的领导,必须改善党的领导,强调“只要我们认真坚持和不断改善党的领导,我们党就一定能够更好地担负起历史所赋予的巨大的责任”[⑤]。在此基础上,要求“党在对国家事务和各项经济、文化、社会工作的领导中,必须正确处理党同其他组织的关系,从各方面保证国家权力机关、行政机关、司法机关和各种经济文化组织有效地行使自己的职权,保证工会、共青团、妇联、科协、文联等群众组织主动负责地进行工作。党要加强同党外人士的合作共事,发挥人民政协的作用,在国家事务的重大问题上同民主党派和无党派人士认真协商,尊重他们和各方面专家的意见。党的

---

① 《列宁选集》第4卷,人民出版社1995年版,第151页。

② 中共中央党史研究室编:《两个历史问题的决议及十一届三中全会以来党对历史的回顾》(简明注释本),中央党史出版社2013年版,第119页。

③ 参见中共中央党史研究室编《两个历史问题的决议及十一届三中全会以来党对历史的回顾》(简明注释本),中央党史出版社2013年版,第119页。

④ 中共中央党史研究室编:《两个历史问题的决议及十一届三中全会以来党对历史的回顾》(简明注释本),中央党史出版社2013年版,第116~117页。

⑤ 中共中央党史研究室编:《两个历史问题的决议及十一届三中全会以来党对历史的回顾》(简明注释本),中央党史出版社2013年版,第117页。

各级组织同其他社会组织一样，都必须在宪法和法律的范围内活动”①。

(三)为我们党和国家的建设指明了未来发展的方向

新中国成立以后，我们党在领导人民进行社会主义改造的同时，曾经用很大的力气开展大规模的经济建设，并取得了很大的成就。但是，在社会主义改造完成后的很长时期内，我们却没能够长期地连贯地集中地进行经济建设，以致到了“文革”时期，脆弱的经济被破坏殆尽，给社会主义和人民生活带来很大损失，使我们与世界发达国家的差距越来越大。正是基于这一深刻教训，《决议》明确指出：“今后，除了发生大规模外敌入侵(那时仍然必须进行为战争所需要和容许的经济建设)，决不能再离开这个重点。党的各项工作都必须服从和服务于经济建设这个中心，全党干部特别是经济部门的干部要努力学习经济理论、经济工作和科学技术。”②同时《决议》认为，我们进行经济建设，必须立足于我国的国情，按照客观规律办事，努力做到各经济部门按比例协调发展。虽然基于当时的历史时期，《决议》仍然要求在经济建设中以计划经济为主、市场经济为辅，但毕竟承认了商品经济的充分发展是社会主义经济发展不可逾越的阶段。这就为今后的市场经济建设和经济改革奠定了基础。《决议》运用马克思主义历史唯物主义的方法，对新中国成立以来的历史经验教训作出了深刻的总结，对三十多年的重大历史是非作出了明确的结论，同时为我们党和国家今后的发展指明了方向，使我们党在这个方向的指引下，自身建设和国家的社会主义现代化建设不断取得新的成就，而且在发展过程中不断丰富着党的基础，把现代化建设不断推向前进。

党的十一届六中全会是一次具有重大历史意义的会议。《决议》的通过，澄清了思想理论上的大是大非，克服和纠正了当时存在的左的和右的错误观点，维护和重新确立了毛泽东思想的科学体系，科学地评价了毛泽东的历史地位，起到了统一全党和全国人民思想，加强团结，共同建设社会主义现代化的作用。在“文化大革命”结束后不长的时间内，在当时思想混乱的情况下，《决议》的产生表明了我们党对自身建设的准确定位，显示了党中央领导集体的远见卓识。这次会议标志着拨乱反正目标的完成。

---

① 中共中央党史研究室编：《两个历史问题的决议及十一届三中全会以来党对历史的回顾》(简明注释本)，中央党史出版社2013年版，第119～120页。

② 中共中央党史研究室编：《两个历史问题的决议及十一届三中全会以来党对历史的回顾》(简明注释本)，中央党史出版社2013年版，第117页。

第十四章 科学社会主义的春天

——邓小平南方谈话导读

本篇文献是《邓小平文选》三卷中的最后一篇，是邓小平1992年年初去南方巡视的一个谈话要点，全名是《在武昌、深圳、珠海、上海等地的谈话要点》。本篇文献，内容丰富，思想解放，观点突出，体现了邓小平实事求是的一贯作风，是科学社会主义的经典文献。谈话对社会主义的认识提高到一个新的高度，是解放思想的光辉篇章，对坚持实事求是的思想路线、促进改革开放起到了不可估量的作用，现在读来还很受启发。本篇文献，是邓小平理论主要观点的集大成，深刻回答了一系列长期困扰人们的思想理论问题，特别是关于社会主义的本质问题、姓"资"姓"社"问题、"三个有利于"标准等等。谈话的发表，极大地促进了全国的思想解放，促进了改革开放的新局面，从一定意义上讲，本篇文献也是邓小平的一个政治遗嘱，需要我们认真学习与解读。

一、"南方谈话"的历史背景

1992年初，邓小平之所以视察南方并发表重要谈话，是有着深刻的国际国内背景的。从国际形势来看，20世纪80年代末90年代初，发生了二战以来最为重大的变化，东欧剧变，苏联解体，国际共产主义运动陷入低潮。原先的10多个社会主义国家减少了一大半，180多个共产党组织减少到130多个，共产党员的数量减少了三分之一，这是社会主义历史上遭遇的最重大挫折。为此，西方资本主义政治家弹冠相庆，陶醉在“不战而胜”[①]的喜悦之中，宣称“社会主义终结论”[②]，终结于资本主义。在这一严峻的态势下，社会主义应当怎么办？社会主义向何处去？一切真正的社会主义者及其同情者陷入彷徨与困惑之中。就发展而言，进入20世纪80年代以后，世界各国尤其是发达国家呈现出一种迅猛发展的态势。我国周边一些国家和地区的经济发展较快，亚洲“四小龙”（新加坡、韩国和我国的台湾、香港地区）的发展势头已经远远超过我国内地，后起的泰国、马来西亚、印度尼西亚等国的发展也很快，有的在发展速度上也超过了中国。可以说，我国经济正面临着来自世界发达国家及周边国家和地区的新的挑战和压力，如何才能做到处变不惊，稳步推进我们的社会主义事业，迫切地需要作出抉择。

从国内情况来看，我国的改革开放和现代化建设处于一个关键时刻。时间进入80年代末90年代初，中国改革开放搞了10年了，中国又到了一个重要时刻，面临着国内国际形势发生重大变化的严峻挑战。在国内，与国际共产主义低潮相联系，1987年发生学潮，1989年出现“六四”风波。由于治理整顿，加上外国制裁的因素，中国经济出现下滑，1990年只增长3.56%，处于改革开放以来最低点。面对这一复杂的形势，有些人对党的基本路线产生了疑虑和动摇，认为改革开放犯了方向性错误；蛰伏多年的否定改革开放的左的思潮开始泛滥；有人甚至对以经济建设为中心也提出了质疑。舆论上是一片反资本主义自由化的肃杀之声，改革开放和社会主义现代化建设面临极大的困扰和阻力，有人提出所谓的“两种改革观”即社会主义改革和资本主义改革，认为经济特区是在搞资本主义，甚至有人重提阶级斗争。严峻的事实发人深思：今后世界向何处去？社会主义命运将会如何？中国今后怎么办？面对国际风云变幻和苏联东欧一些社会主义国家发生剧变的影响，有些人不能科学客观地认识国际国内形势，对我国的改革开放和现代化建设产生了诸多的疑虑和困惑，提出了一些不正确的主张，在社会上产生了不良影响。比如，有人公开发问：中国正在进行的改革是社会主义的改革，还是资本主义的改革？有人提出诘问：只说以经济建设为中心，那么把政治置于何处？他们认为应当有两个中心，政治中心就是

---

① 《1999：不战而胜》是美国前总统理查德·尼克松在1988年出版的一部著作。

② 1989年夏，福山在《国家利益》杂志上发表了《历史的终结?》一文，认为西方国家实行的自由民主制度也许是“人类意识形态发展的终点”和“人类最后一种统治形式”，并因此构成了“历史的终结”。此论一出，在东西方学界掀起轩然大波，批评、拥护之声此起彼伏，很快形成了一股弥漫全球的“终结热”。

以反和平演变为中心，等等。他们或者出于对马克思主义某些论点的教条式理解和对社会主义的一些不科学认识，或者停留在那些不符合社会主义初级阶段实际的不正确思想认识上，总认为只有坚持那种传统而又僵化的社会主义实践模式，才算是走社会主义道路，而搞市场经济就是复辟资本主义。中国又到了一个历史性的关键时刻。此时，邓小平再次站了出来。

针对这一复杂的态势，1992 年 1 月 28 日至 2 月 21 日，邓小平发表了南方谈话。在谈话中，邓小平特别强调要坚持改革开放。他说，改革开放还要讲。我们的党还要讲几十年。在这次谈话中，邓小平还就市场经济与社会主义的关系发表了精辟论述。他强调指出，不要以为一说计划经济就是社会主义，一说市场经济就是资本主义。不是那么回事。两者都是手段。市场也可以为社会主义服务。他认为改革需要勇气。他希望人民思想更解放一点，胆子更大一点，步子更快一点。为此，《解放日报》先后于 1992 年 2 月 15 日、3 月 2 日、3 月 22 日和 4 月 12 日，在头版发表了署名“皇甫平”的系列文章：《做改革开放的“带头羊”》、《改革开放要有新思路》、《扩大开放的意识更强些》和《改革开放需要大批德才兼备的干部》。文章结合上海浦东新区的开发开放以及全国改革开放的形势，对邓小平在上海视察期间与上海市负责同志谈话的精神加以阐释和发挥。这四篇文章，观点鲜明，立场坚定，可谓是“一石激起千层浪”，引发了一场全国性的姓“资”姓“社”大争论。主张市场取向的改革者和坚持计划取向的人都纷纷发表文章、言论，对皇甫平文章的观点或表示赞同和支持，或表示异议和反对。主张市场取向的改革者要求进一步深化改革，扩大开放。而坚持计划取向的人则在反对资产阶级自由化、反对和平演变的名义下极力批判皇甫平的观点。他们认为，庸俗的生产力的观点是十分有害的，有人甚至重弹阶级斗争的论调。一时间，众说纷纭，莫衷一是。在姓“社”姓“资”的争论中，由于许多重大的理论问题不能取得共识，严重地阻碍着我国改革开放和现代化建设的进程。中国的改革开放之路究竟怎么走，是停滞倒退，还是沿着中国特色社会主义道路继续前进，这是现实提出的必须从理论上回答的重大政治问题。它涉及要不要继续坚持改革开放以来逐步形成的“一个中心，两个基本点”的基本路线，要不要把建设有中国特色社会主义的伟大事业继续推向前进。如果不能正确地回答和解决这一问题，改革开放就不能向深层次拓展，社会主义现代化事业就不能顺利前进。

1992 年，也是我国改革开放过程中一个十分重要的年份。1989 年“六四”事件之后，中央领导集体进行了调整，江泽民同志担任总书记，组成了新的领导集体。1992 年秋天，要在北京召开党的十四大，这是改革开放以来特别是“六四”事件以来十分重要的一次大会，在这次大会上如何回答面对的一系列问题，成为人们关注的焦点。

正是在这一重要的历史关头，88岁高龄的邓小平在家人和有关人员的陪同下，从北京起程，自1992年1月18日至2月21日，历时35天，行程6000公里，先后视察了武昌、深圳、珠海和上海等地。在视察过程中，邓小平就一系列重大问题，如坚定不移地执行党的“一个中心，两个基本点”的基本路线，坚持走有中国特色的社会主义道路，抓住有利时机，加快改革开放的步伐，集中精力把经济建设搞上去等，发表了极为重要的谈话，明确回答了改革开放以来经常困扰和束缚人们思想的许多重大理论问题，为我国改革开放和社会主义现代化建设进一步指明了前进的方向。邓小平的南方谈话，对一系列重大理论问题作出了明确回答，为十四大确立了正确的方向。

二、“南方谈话”的主要内容

邓小平南方谈话，共六个部分，主要内容是：

第一部分，主要讲必须始终不渝地坚持党的基本路线。这一部分中，邓小平论述了两个问题：第一，“革命是解放生产力，改革也是解放生产力”①。邓小平指出，只讲在社会主义条件下发展生产力，没有讲还要通过改革解放生产力，这是不完全的。应该把解放生产力和发展生产力两个讲全了。第二，坚持党的基本路线一百年不动摇。邓小平指出，要坚持党的十一届三中全会以来的路线、方针、政策，关键是坚持“一个中心，两个基本点”。不坚持社会主义，不改革开放、发展经济，不改善人民生活，只能是死路一条。因此，基本路线要管一百年，动摇不得。只有坚持党的基本路线才会取得人民的信任和拥护，一定要坚定不移地推进改革开放，保持党的基本政策长期稳定。

第二部分，主要讲加快改革开放。邓小平指出：“改革开放胆子要大一些，敢于试验”，“看准了的，就大胆地试，大胆地闯”。② 为了加快改革开放的步伐，在理论上和政策上要解决四个问题：第一，姓“社”和姓“资”的问题。邓小平针对当时改革开放中存在的凡事都要问一问姓“社”姓“资”的左倾思潮，针对人们因思想受到束缚而迈不开改革步子的状况，明确提出了判断改革开放中一切工作得失、是非、成败的三条根本标准，即是否有利于发展社会主义社会的生产力，是否有利于增强社会主义国家的综合国力，是否有利于提高人民的生活水平，这是邓小平反复思考社会主义建设问题得出的重要结论。第二，计划和市

① 《邓小平文选》第3卷，人民出版社1993年版，第370页。

② 《邓小平文选》第3卷，人民出版社1993年版，第372页。

场的问题。邓小平针对长期以来人们把计划经济等同于社会主义、市场经济等同于资本主义的传统观念，指出计划和市场都是经济手段，计划和市场不是社会主义与资本主义的本质区别，资本主义也有计划，社会主义也有市场。这就解除了把社会主义与市场经济对立起来的思想束缚。第三，“先富”和“共富”问题。邓小平针对长期存在的分配上的平均主义和防止在改革开放中产生两极分化的问题，指出：“走社会主义道路，就是要逐步实现共同富裕。”①但共同富裕不等于同步富裕，要允许和鼓励一部分地区、一部分人靠诚实劳动和守法经营先富起来，然后先富起来的地区带动后富起来的地区，最终达到共同富裕。第四，反左和反右的问题。邓小平针对以往总认为“‘左’比右好”、“越‘左’越革命”的错误观念，指出：“右可以葬送社会主义，‘左’也可以葬送社会主义。”②同时根据当时中国的实际状况指出：“中国要警惕右，但主要是防止‘左’。”③

在这一部分，邓小平还第一次揭示了社会主义的本质，指出：“社会主义的本质，是解放生产力，发展生产力，消灭剥削，消除两极分化，最终达到共同富裕。”④

第三部分，主要讲要抓住时机，加快经济发展。这一部分中，邓小平主要论述了两个问题，第一，经济发展要快一点，力争隔几年上一个台阶。邓小平指出，社会主义现代化建设必须抓住时机，加快发展，力争出现若干个发展速度比较快、效益比较好的阶段，每隔几年经济发展上一个台阶，从而提出了“台阶式”的发展战略思想。第二，发展经济必须依靠科技和教育。邓小平通过近几十年来世界科学技术飞速发展，高科技领域的一个突破就能带动一批产业的发展这一事实，通过我国依靠科学技术实现经济快速增长这一事实，提出了“科学技术是第一生产力”的著名论断。

第四部分，主要讲三个问题。第一，要坚持两手抓，两只手都要硬。两手抓是指一手抓改革开放，一手抓打击各种犯罪活动；一手抓物质文明建设，一手抓精神文明建设。只有坚持两手抓、两手都要硬，才能发挥社会主义制度的优越性，才能保证改革开放的顺利进行。第二，要坚持四项基本原则，反对资产阶级自由化。如果资产阶级自由化泛滥，我们几十年的经济建设成就将毁于一旦，所以在整个改革开放的过程中，必须始终注意坚持四项基本原则，旗帜鲜明地反对资产阶级自由化。第三，要依靠无产阶级专政保卫社会主义制度。邓小平指出，我们搞社会主义才几十年，还处在初级阶段。巩固和发展社会主义制度，

① 《邓小平文选》第3卷，人民出版社1993年版，第373页。
② 《邓小平文选》第3卷，人民出版社1993年版，第375页。
③ 《邓小平文选》第3卷，人民出版社1993年版，第375页。
④ 《邓小平文选》第3卷，人民出版社1993年版，第373页。

还需要一个很长的历史阶段,需要我们几代人、十几代人,甚至几十代人坚持不懈地努力奋斗。在这个很长的历史阶段中必须运用人民民主专政的力量,巩固人民的政权,保卫社会主义制度,这是马克思主义的一个基本观点,这是正义的事情,没有什么输理的地方。对此,绝不能掉以轻心。

第五部分,主要讲培养接班人问题。邓小平论述了培养接班人的重要性,他指出,正确的政治路线要靠正确的组织路线来保证。办好中国的事情,“关键在人”。所以,革命接班人的培养至关重要,这是由于帝国主义搞和平演变,把希望寄托在我们以后的几代人身上,而“中国要出问题,还是出在共产党内部”[①]。对这个问题一定要清醒,“要按照‘革命化、年轻化、知识化、专业化’的标准,选拔德才兼备的人进班子”,“要选人民公认是坚持改革开放路线并有政绩的人”进新的领导机构,要注意培养好接班人,选好接班人。此外,邓小平在讲话的这一部分还讲了另外两个问题:一是反对形式主义和官僚主义;二是学马列要精,要管用,要提倡实事求是。

第六部分,主要讲三个问题:第一,虽然道路是曲折的,但社会主义代替资本主义是历史发展不可逆转的总趋势,要坚定社会主义信念。第二,和平与发展仍是当代世界的两大主题,但是由于霸权主义和强权政治的存在,这两个问题至今一个都没有解决。第三,我们要埋头苦干,在建设有中国特色的社会主义道路上继续前进,用一百年的时间把中国建成中等水平的发达国家。

三、“南方谈话”的启示与意义

邓小平南方谈话,高屋建瓴,明辨是非,内涵丰富,意义深远。江泽民在十四大开幕式上,对邓小平南方谈话作出了高度评价:“今年初邓小平同志视察南方发表重要谈话,精辟地分析了当前国际国内形势,科学地总结了十一届三中全会以来党的基本实践和基本经验,明确地回答了这些年来经常困扰和束缚我们思想的许多重大认识问题。”[②]中央政治局完全赞同邓小平的重要谈话,认为谈话不仅对当前的改革和建设,对开好党的十四大,具有十分重要的作用,而且对整个社会主义现代化建设事业具有重大而深远的意义。党的十五大,江泽民又强调指出,邓小平南方谈话是“把改革开放和现代化建设推进到新阶段的又一个解放思想、实事求是的宣言书”[③]。

---

① 《邓小平文选》第3卷,人民出版社1993年版,第380页。

② 《江泽民文选》第1卷,人民出版社2006年版,第217页。

③ 《江泽民文选》第2卷,人民出版社2006年版,第10页。

(一)“南方谈话”的历史地位

“南方谈话”的历史地位主要表现在以下几个方面：

1.“南方谈话”是伟大的思想解放。回顾改革开放的历程，在解放思想、实事求是思想路线的指引下，邓小平领导全党拨乱反正，掀起了三次思想大解放的浪潮：第一次思想解放，克服了“两个凡是”唯书、唯上的形而上学的思维模式，重新确立和发展了党的实事求是的思想路线；第二次思想解放，冲破了姓“资”姓“社”争论的束缚，创造性地提出了社会主义本质论，破除了姓“资”姓“社”二元对立的形而上学思维方式，确立了经济体制改革目标模式；第三次思想解放，冲破了姓“公”姓“私”的疑惑，创造性地提出发展多种所有制。三次思想解放都很重要，邓小平南方谈话是第二次思想解放，尤其更加重要。因为邓小平南方谈话是在中国政治、经济发展到了一个关键的历史时刻发表的，它对改革进程有着更重大影响。当时的中国经济发展一度放缓，改革开放遇到较大困难，不少人质疑改革、怀疑改革，甚至否定改革。邓小平南方谈话明确指出：不改革就没有希望，不改革就没有出路；改革必须要试要闯。这就扫除了中国改革开放的前进道路上的思想障碍，坚定了中国人民改革的信念。

2.“南方谈话”是对马克思主义的重大发展。邓小平南方谈话，在马克思主义思想史上明确地揭示了社会主义的本质特征，科学地回答了“什么是社会主义”的问题，为“如何建设社会主义”奠定了理论基础。邓小平明确指出：“社会主义的本质，是解放生产力，发展生产力，消灭剥削，消除两极分化，最终达到共同富裕。”①这是对社会主义本质的科学概括，继承了科学社会主义的基本原则，是探索建设中国特色社会主义道路的最重大理论成果之一，是对马克思主义的重大发展。这一科学概括，既包括了社会主义社会的生产力问题，又包括了以社会主义生产关系为基础的社会关系问题，是一个有机的整体；这一科学概括，为我们坚持、完善和发展公有制指出了明确方向；这一科学概括，突破了把计划经济当作社会主义本质特征的传统观念。

3.“南方谈话”开辟了中国社会主义市场经济的新时代。“南方谈话”第一次明确提出建立市场经济体制，这是最重要的理论成果。建立什么样的经济体制，这是建设中国特色社会主义的一个重大理论和实践问题。邓小平是社会主义市场经济理论的奠基人。早在改革开放初期，邓小平就提出了社会主义与市场经济的关系问题。特别是邓小平在南方谈话中明确指出：“计划多一点还是市场多一点，不是社会主义与资本主义的本质区别。计划经济不等于社会主

① 《邓小平文选》第3卷，人民出版社1993年版，第373页。

义，资本主义也有计划；市场经济不等于资本主义，社会主义也有市场。计划和市场都是经济手段。”[①]这一精辟论述，从理论上破除了计划经济和市场经济是制度属性的陈旧观念，从根本上解除了把计划经济和市场经济作为社会基本制度范畴的束缚，为形成社会主义市场经济理论奠定了坚实基础。据此，党的十四大明确把建立社会主义市场经济体制作为我国经济体制改革的目标，使我们党在社会主义经济理论上又实现了一次重大突破。从此市场经济体制改革浪潮席卷天下，市场经济体制的建立极大地释放了经济活力，使中国经济和改革开放驶上了发展的快车道。

4.“南方谈话”坚定了世人社会主义信念。邓小平南方谈话前夕，国际风云激荡：1991 年，东欧剧变、苏联解体，世界社会主义运动遭受重大挫折、陷入低潮。与此同时，苏联解体后，华约集团消失，世界格局发生了重大变化。全球战略力量对比严重失衡，以美国为首的西方国家在力量对比上处于明显优势，它们加紧了对华推行“西化”、“分化”战略，试图以压促变。

面对如此复杂的国际环境，有人认为社会主义是失败了，对社会主义前途悲观失望，动摇了社会主义信念。为了教育广大人民及世人坚定社会主义信念，邓小平南方谈话旗帜鲜明地向世人宣示：“我坚信，世界上赞成马克思主义的人会多起来，因为马克思主义是科学。”[②]邓小平根据马克思主义历史唯物主义的基本原理，明确提出：社会主义必然代替资本主义，“这是社会历史发展不可逆转的总趋势，但道路是曲折的”[③]。从一定意义上说，某种暂时复辟也是难以完全避免的规律性现象。一些国家出现严重曲折，社会主义好像被削弱了，但人民经受锻炼，从中吸取教训，将促使社会主义向着更加健康的方向发展。他语重心长地告诫人们：“不要惊慌失措，不要认为马克思主义就消失了，没用了，失败了。哪有这回事！”[④]邓小平南方谈话，言简意赅，见解精辟，高屋建瓴，极大地坚定了世人的社会主义信念，促进了国际共产主义事业的发展。

（二）对一系列重大理论问题的深刻回答

1. 关于“三个有利于”标准。在本文中，邓小平明确提出了判断改革开放中一切工作得失、是非、成败的“三个有利于”标准，即是否有利于发展社会主义社会的生产力，是否有利于增强社会主义国家的综合国力，是否有利于提高人民的生活水平，这是对生产力标准的深化，是邓小平反复思考社会主义建设问题

---

① 《邓小平文选》第 3 卷，人民出版社 1993 年版，第 373 页。

② 《邓小平文选》第 3 卷，人民出版社 1993 年版，第 382 页。

③ 《邓小平文选》第 3 卷，人民出版社 1993 年版，第 382～383 页。

④ 《邓小平文选》第 3 卷，人民出版社 1993 年版，第 383 页。

得出的重要结论。它的提出，划清了科学社会主义和种种空想的界限，恢复了历史唯物主义的基本观点。“三个有利于”的判断标准，重点突出了“有利于”，突出以往容易被人们忽略的价值问题，体现了一切从实际出发和从人民利益出发的统一、真理标准与价值标准的统一。“三个有利于”标准具有内在的联系性，其中，最基本的是生产力标准，没有生产力的发展，综合国力的提高和人民生活水平的改善就是一句空话。所以坚持“三个有利于”的判断标准，首先必须坚持生产力标准。

“三个有利于”标准是解放思想、实事求是的产物，是对我国社会主义实践经验的科学总结。它对于我们排除姓“资”姓“社”的抽象争论的干扰，深化改革，扩大开放，具有重大的理论意义和实践意义。当然，确立“三个有利于”标准，并不意味在任何情况下都不问姓“资”姓“社”，而是反对离开这三条标准去抽象地谈论社会主义，从而导致改革开放迈不开步子。按照“三个有利于”标准，绝不可以把那些既可为“社”服务又可为“资”服务的东西，或者根本就姓“社”的东西，错误地当作资本主义的东西加以排斥。一切合乎“三个有利于”标准的，就是社会主义的，或者说是为社会主义所需要和允许的；一切违背“三个有利于”标准的，就绝不是社会主义目前所需要和允许的。

2. 关于社会主义的本质。1980 年，邓小平开始提出“社会主义的本质”这一概念，历时 12 年之后，邓小平在南方谈话中，明确提出了社会主义本质的著名论断：“社会主义的本质，是解放生产力，发展生产力，消灭剥削，消除两级分化，最终达到共同富裕。”①这是邓小平对社会主义本质这一重大问题所作的总结性的理论概括，它科学回答了什么是社会主义这个首要的基本问题，解除了人们思想上的严重困扰。社会主义本质论断，具有以下几个显著特点：第一，它不是抽象谈论社会主义的原则，而在目标的层次上界定社会主义的本质。解放生产力、发展生产力是生产力方面的目标；消灭剥削、消除两极分化、最终达到共同富裕是人民利益方面的目标，即价值目标。这两大目标被称为社会主义本质，从而成为邓小平社会主义观中的最高层次。第二，它突出了生产力的基础地位，为进一步改革开放开辟了道路。第三，它突出了社会主义的价值的目标，表明了社会主义和资本主义的本质区别。第四，它破除了对社会主义的僵硬概念和固有观念，在动态中生动地描述了社会主义的本质。邓小平关于社会主义本质的论述，把人们对社会主义的认识提高到了一个新的水平。

3. 发展才是硬道理。把中国发展起来，使中华民族自立于世界强大民族之林，是邓小平终身追求的理想和毕生奋斗的目标。在南方谈话中，邓小平把它

① 《邓小平文选》第 3 卷，人民出版社 1993 年版，第 373 页。

凝聚为一句话："发展才是硬道理。"①这是贯穿于邓小平理论中的一个极为重要的命题。邓小平主要从以下几个方面论证了"发展才是硬道理"这一科学论断：首先，中国发展得越强大，世界和平越靠得住；其次，最终说服不相信社会主义的人要靠中国的发展；再次，中国解决所有问题的关键是要靠自己的发展。因此，邓小平指出，要善于把握时机来解决我们的发展问题。

4. 科学技术是第一生产力。邓小平关于科学技术是第一生产力思想的提出，是社会实践的产物，是马克思主义关于科学技术是生产力思想在认识上的深化。在南方谈话中，邓小平进一步强调了科学技术是第一生产力的思想，这是他以深邃的目光、全新的视角，洞察和分析了20世纪尤其是第二次世界大战以来世界政治经济发展的规律和特点，以卓越的胆识对科学技术在当代生产力和社会经济发展中的第一位变革作用作出的科学判断。这个判断把马克思主义的生产力理论发展到了一个崭新的高度，揭示了科学技术在当代生产力和社会经济发展中产生的巨大变革和推动作用，具有重大的理论价值和实践意义。中国的发展离开科学技术不行，四个现代化关键是科学技术现代化。因此，要把科学技术和教育放到战略高度去认识。我国实行的科教兴国战略，就是对邓小平关于科学技术是第一生产力思想的全面落实。为此，要加快科技进步，要把教育放在优先发展的战略地位，要尊重知识、尊重人才。

5. 关于社会主义和市场经济的关系问题。长期以来，无论是马克思主义经济学还是西方经济学，一般认为计划经济是社会主义制度的基本特征，市场经济是资本主义制度的基本特征，社会主义就必然实行计划经济，实行市场经济就是搞资本主义。这种传统观念严重制约和束缚着人们的思想。在南方谈话中，邓小平指出："计划多一点还是市场多一点，不是社会主义与资本主义的本质区别。计划经济不等于社会主义，资本主义也有计划；市场经济不等于资本主义，社会主义也有市场。计划和市场都是经济手段。"②这就从根本上破除了把计划经济和市场经济看作属于社会基本制度范畴的思想束缚，正确回答了社会主义和市场经济的关系问题，从而创造性地提出了社会主义市场经济理论，使中国的经济体制改革进入了以建立社会主义市场经济体制为目标的新的历史阶段。

6. 关于正确看待国际共产主义运动出现曲折的问题。20世纪80年代末和90年代初，发生了东欧剧变和苏联解体，国际共产主义运动出现严重曲折，开始转入低潮。然而，苏东剧变，并非像西方学者和政界人士所预言的那样，是马克思主义的失败。马克思主义是科学，它运用历史唯物主义揭示了人类社会

---

① 《邓小平文选》第3卷，人民出版社1993年版，第377页。

② 《邓小平文选》第3卷，人民出版社1993年版，第373页。

发展的规律。封建社会代替奴隶社会，资本主义代替封建主义，社会主义经历一个长过程发展后必然代替资本主义。这是社会历史发展不可逆转的总趋势。但道路是曲折的。对此，邓小平在南方谈话中对这个问题的论述，为我们正确看待这种曲折提供了思路和启迪。他指出："资本主义代替封建主义的几百年间，发生过多少次王朝复辟？所以，从一定意义上说，某种暂时复辟也是难以完全避免的规律性现象。一些国家出现严重曲折，社会主义好像被削弱了，但人民经受锻炼，从中吸收教训，将促使社会主义向着更加健康的方向发展。因此，不要惊慌失措，不要认为马克思主义就消失了，没用了，失败了。哪有这回事！"①

历史已经证明，邓小平的南方谈话，精辟地分析了国际国内形势，科学地总结了十一届三中全会以来党的基本经验，明确地回答了一个时期以来经常困扰着人们思想的许多重大认识问题，使建设有中国特色的社会主义理论更加系统，标志着邓小平理论的发展进入了新的境界，已经形成了科学体系。这个谈话成为《邓小平文选》(第三卷)的封篇之作，成为他对后世的政治交代。以这次谈话和中共十四大为标志，中国改革开放进入了新阶段。

---

① 《邓小平文选》第3卷，人民出版社1993年版，第383页。

后 记

《科学社会主义重要文献导读》是中共山东省委党校科学社会主义教研部根据党员领导干部培训、研究生教学工作以及加强教材建设的需要编写的。在编写过程中得到了校委各位校长以及教务处、科研处、研究生部等部处领导和同志们的大力支持和帮助，教研部各位主任和老师积极参与并提出了许多有价值的意见和建议。本书是集体努力的结晶。本教材由丁法迎、魏联合、张远忠任主编。主编集体讨论并安排了写作要求和框架，具体组织了整个编写工作，对书稿进行了统一修改并共同审阅、定稿。

参与本书编写的都是从事马克思主义经典著作教学的老师。具体分工如下：丁法迎，第一、四章；马群，第二、十一、十三章；魏联合，第三、六、七章；李海龙，第五章；张远忠，第八章；王秋波，第九、十章；孙明奇，第十二、十四章。本书在编写过程中，我们学习借鉴了我国学术界关于科学社会主义经典文献研究的已有成果，在此，谨向研究科学社会主义经典文献的专家和学者表示感谢。由于我们的理论和学术水平所限，本书在对重要文献介绍、思想认识等方面还存在许多不足，敬请专家和读者批评指正。

本书编写组

2014 年 12 月